本书受到清华大学研究生教育教学改革项目"《法律职业伦理》课程教学改革"（编号202201J023）和清华大学课堂评估改革项目（编号100320001）的资助

光明社科文库
GUANGMING DAILY PRESS:
A SOCIAL SCIENCE SERIES

·法律与社会书系·

法律人的道德性

职业伦理案例选集

主　编　陈新宇

副主编　阮嘉禾　卢晓航

光明日报出版社

图书在版编目（CIP）数据

法律人的道德性：职业伦理案例选集 / 陈新宇主编；阮嘉禾，卢晓航副主编. --

北京：光明日报出版社，2023.9

ISBN 978－7－5194－7492－8

Ⅰ. ①法… Ⅱ. ①陈… ②阮… ③卢… Ⅲ. ①法伦理

学—案例—高等学校—教材 Ⅳ. ①D90-053

中国国家版本馆 CIP 数据核字（2023）第 224895 号

法律人的道德性：职业伦理案例选集

FALÜREN DE DAODEXING：ZHIYE LUNLI ANLI XUANJI

主　　编：陈新宇	副 主 编：阮嘉禾　卢晓航	
责任编辑：杨　茹	责任校对：杨　娜　李佳莹	
封面设计：中联华文	责任印制：曹　净	

出版发行：光明日报出版社

地　　址：北京市西城区永安路 106 号，100050

电　　话：010-63169890（咨询），010-63131930（邮购）

传　　真：010-63131930

网　　址：http：// book. gmw. cn

E－mail：gmrbcbs@ gmw. cn

法律顾问：北京市兰台律师事务所龚柳方律师

印　　刷：三河市华东印刷有限公司

装　　订：三河市华东印刷有限公司

本书如有破损、缺页、装订错误，请与本社联系调换，电话：010-63131930

开　　本：170mm×240mm

字　　数：296 千字　　　　　　　印　　张：14.5

版　　次：2024 年 3 月第 1 版　　　印　　次：2024 年 3 月第 1 次印刷

书　　号：ISBN 978－7－5194－7492－8

定　　价：95.00 元

编委会

目 录
CONTENTS

第三篇　检察官职业伦理

第四篇　警察职业伦理

导　论

2018 年教育部发布的《法学类教学质量国家标准》明确提出法学专业的培养目标，"法学类专业人才培养应该坚持立德树人、德法兼修，适应建设中国特色社会主义法治体系，建设社会主义法治国家的实际需要。培养德才兼备，具有扎实的专业理论基础和熟练的职业技能、合理的知识结构，具备依法执政、科学立法、依法行政、公正司法、高效高质量法律服务能力与创新创业能力，熟悉和坚持中国特色社会主义法治体系的复合型、职业型、创新型法治人才及后备力量"①。在专业课程设置上，一个重要的新举措是将"法律职业伦理"列入法学 10 门专业必修课程之中。② 2018 年 9 月 17 日《教育部、中央政法委关于坚持德法兼修实施卓越法治人才教育培养计划 2.0 的意见》进一步强调，"加大学生法律职业伦理培养力度，面向全体法学专业学生开设'法律职业伦理'必修课，实现法律职业伦理教育贯穿法治人才培养全过程"。在这一制度和政策的背景下，对于如何开设好"法律职业伦理"课程提出了更高的要求。

我们在"法律职业伦理"课程的教学过程中，希望通过案例情境化研讨的方式，更好地落实法律人"德"的培养目标，实现法律职业伦理"感召"（aspirational）与"规制"（regulatory）的双重使命。本书是我们承担的这门课程的教学改革项目与课堂实践的成果，相比于以往同类主题的案例集，其编排主要有如下三点特色：

首先，注重历史、比较和中国实践三个维度，保持古今中外案例的均衡。我们"法律职业伦理"课程注重培养学生从历史、比较和中国实践三个维度考

① 教育部高等学校教学指导委员会编. 普通高等学校本科专业类教学质量国家标准：上 [M]. 北京：高等教育出版社，2018：33.

② "法学专业核心课程采取'10+X'分类设置模式。'10'指法学专业学生必须完成的 10 门专业必修课程，包括：法理学、宪法学、中国法律史、刑法、民法、刑事诉讼法、民事诉讼法、行政法与行政诉讼法、国际法、法律职业伦理。'X'指各高校根据办学特色开设的其他专业必修课程，包括：经济法、知识产权法、商法、国际私法、国际经济法、环境资源法、劳动与社会保障法、证据法、财税法，'X'选择设置门数原则上不少于 5 门。"教育部高等学校教学指导委员会编. 普通高等学校本科专业类教学质量国家标准：上 [M]. 北京：高等教育出版社，2018：34.

察与研究法律职业伦理问题的能力，配合这种能力培养，我们精心挑选了包括律师、法官、检察官、警察、仲裁员、公证员等不同法律职业，范围遍及古今中外的代表性案例共 45 个，其既有经典恒久、常谈常新的案件，也有新近轰动、世人瞩目的案件，并专门列出"历史视野"一章，关注有关中国优秀传统法律文化的案件。

其次，注重案件事实内容的描述，以学术问题为导向，附有简要评述和思考问题。为了达到更具实践意义的情境化研讨效果，我们不同于以往案例集对于案情仅作简要介绍，而是以职业伦理的核心命题为导向，通过司法文书、新闻报道等素材，在说明出处和来源的同时，最大限度复原案件的关键事实，并从中提炼出学术问题，附以参考性的简要评述和开放性的思考问题。这种设计是希望使用本书的读者能够在真正深入了解案情的基础上，达到对法律职业伦理中不同价值衡量冲突更为深刻的体悟，在把握核心问题的同时，可以有进一步思考发掘的空间。

最后，注重与法律实务部门联系，听取相关领域专家、学者的意见建议。"法律职业伦理"不是空洞的道德说教，而是实践性很强的课程。我们的课程会邀请相关领域的实务专家前来共同授课，建立学理与实务之间的有效沟通渠道，同样在案例的挑选上，我们聆听了具有丰富实务经验的李华伟、姜朋、陈福勇、毛国权、梁翠宁等专家、学者建设性的意见建议，扩展了我们的案例来源，提升了我们的思考深度，特此致谢，当然我们也文责自负。

我们希望通过这本案例集，在"法律职业伦理"的教学中，能够进一步提升课程的挑战性、实践性，增强学生们获得感，实现"价值塑造、能力培养、知识传授"三位一体的教学目标。

第一篇　律师职业伦理

律师能否为坏人辩护？——辛普森杀妻案

一、案情介绍

辛普森（Orenthal James Simpson）作为美国橄榄球超级巨星，曾被誉为橄榄球职业比赛史上的最佳跑锋。1994 年，辛普森前妻妮可·布朗·辛普森（Nicole Brown Simpson）和一位餐厅服务员罗纳德·高曼（Ronald Goldman）被杀害，案发后，辛普森被认为具有杀害二人的重大嫌疑，因而被指控以一级谋杀罪名（First Degree Murder）。在历经漫长的审理后，辛普森在次年被宣判无罪，他的律师团队对此功不可没。该案在当时引起了极大的轰动，被誉为 20 世纪美国最具争议的世纪大案之一。

1994 年 6 月 12 日晚，妮可及高曼被发现死于洛杉矶布伦特伍德地区（Brentwood）的高级私人宅邸，死者身死多处锐器造成的伤口。案发当晚，警察在接到报警电话后前往现场，在确认死者是辛普森前妻后，警察分局局长决定派遣几位刑警到距离不远的辛普森住宅通知其前妻遇害情况，并通知辛普森将未受害的孩子带回家。同时，考虑到辛普森是被害人之一的前夫，警方的目的也在于确认和保护辛普森的安全。警员到达辛普森住所时，发现停在门口的白色福特野马上染有血迹，同时在车道上也发现血迹。警员按响门铃后却无人回应，于是决定爬墙进入辛普森住宅，而后在辛普森住宅的后园中找到一只染有血迹的手套和其他证据。

当日警方传讯了辛普森，随后将其释放。在问话中警察发现辛普森受了伤，辛普森解释是由于接到前妻的死讯过于激动打破镜子而导致的。经过调查，警方认为辛普森具有重大嫌疑，决定将辛普森列为主要疑犯。6 月 17 日，辛普森驾车外逃时被捕，美国全国电视实况转播了警方在洛杉矶高速公路上追捕辛普森的全过程。面对谋杀罪的指控，辛普森坚称自己无罪。此后，辛普森案历经了长达 474 天的审理过程。

为应对来自检方联合外界媒体的强烈攻击、为自己摆脱罪名，辛普森重金组建了一支由 8 人组成的"梦之队"，成员包括：

（1）著名犹太裔律师萨皮罗（Robert Shapiro），曾任马龙·白兰度的律师；

（2）著名黑人律师柯克伦（Johnnie Cochran），曾出任过洛杉矶市副检察长，并曾任音乐明星迈克尔·杰克逊（Michael Jackson）的代理律师；

（3）律师李·贝利（Lee Bailey），美国著名的盘问高手之一；

（4）律师巴里·舍克（Barry Scheck），擅长在刑事案中应用 DNA 证据；

（5）美国法医病理学家迈克尔·巴登（Michael Baden），曾在多个犯罪案件中给出专业病理学意见；

（6）加州法律专家乌尔曼（Gerald Uelmen），加州大学圣塔克拉拉校区法学院院长；

（7）律师亚伦·德肖维茨（Alan Dershowitz），哈佛大学法学院教授，曾任最高法院大法官哥德伯格（Arthur J. Goldberg）的法律助理；

（8）刑事鉴识专家李昌钰（Henry Lee）博士，康涅狄格州警政厅刑事化验室主任，被媒体誉为"当代福尔摩斯"。

这一豪华阵容的律师团队花费巨大，据统计，整个律师团队的花销超过了 600 万美元。在"梦之队"的努力下，案件的走向随着庭审的进行发生了巨大的变化。

辛普森案的特殊之处不但在于审理过程的漫长，而且该案的审理先后经历了大陪审团和预审听证两个阶段，其中大陪审团的审议被宣判无效，这在美国司法史上是史无前例的。① 根据律师团队成员之一德肖维茨的回忆，律师团队经过慎重考虑，决定声请解散大陪审团和进行预审，因为大陪审团的听审是秘密进行的，辩方无法进行交叉询问；而法官预审则是公开进行，辩方可以进行交叉询问。出乎律师团队意料的是，1994 年 6 月 24 日，地区法院主审法官塞西尔·米尔斯（Cecil Mills）裁定准许了这一声请，因"本案情况特殊，发生一些意料之外的结果……部分陪审员已知悉一些非由检察官正式提出的、具有潜在偏见性的事项"，这对于辩方而言代表着初步的胜利。②

1994 年 8 月至 11 月间，洛杉矶高等法院在当地公众中选出了 9 名黑人、2 名白人和 1 名拉美裔人组成该案陪审团；但 9 名黑人中有 8 名是女性，③ 这意味着在种族和性别两个方面，控辩双方各自存在优势和劣势。1995 年 1 月，辛普

---

① 参见许卫原主编. O. J. 辛普森案诉讼文书选［M］. 北京：法律出版社，1998：1.
② 参见［美］德肖维茨. 合理的怀疑——从辛普森案批判美国司法体系［M］. 高忠义，侯荷婷，译. 北京：法律出版社，2010：18.
③ 参见［美］德肖维茨. 合理的怀疑——从辛普森案批判美国司法体系［M］. 高忠义，侯荷婷，译. 北京：法律出版社，2010：1.

森案正式开庭审理。①

在案件审理之初，检方坚信其证据是"铁证如山"的。就现场物证而言，案发当晚，警员在辛普森家中发现了大量与案件相关的证据，如带有血迹的手套和袜子、停在辛普森门前的带有血迹的白色越野车等。此外，在之后的现场勘查中，警方在被害人身旁及房屋后门上发现了血迹，经化验确认为辛普森的血液。犯罪现场留下的血鞋印也与辛普森的尺寸相合。就犯罪动机而言，辛普森曾有过婚姻暴力史、对妮可发生过身体攻击。就犯罪时间而言，检方通过目击者证词，推断辛普森有充分的作案时间。②

尽管警方和检方经过侦查收集到了上述多项指向辛普森的证据，但这些证据在法律上都属于间接证据。由于案发现场没有目击证人，检察官只能使用警方搜集的血迹、手套、袜子和血液化验结果等间接证据来指控辛普森，而根据间接证据进行定罪难度极大，必须通过一系列间接证据相互证明，构成严密的逻辑体系。唯有排除被告不可能涉嫌犯罪的一切可能，才能准确地证实案情。在美国的司法制度下，在刑事案中认定嫌疑人犯罪，必须达到"超越合理怀疑"的标准。对于陪审团来说，如果检方提供的证据存在疑点或破绽，没有达到"超越合理怀疑"的标准，那么陪审团不需要确信被告清白无辜，也应当裁定犯罪嫌疑人无罪。辛普森的律师团队抓住警方在侦察过程中因缺乏专业性而导致的种种错误，针对血迹、血手套等关键性证据及警员的种族歧视问题等进行反击，成功运用非法证据排除规则，最终为辛普森开脱罪名。

首先，辛普森的律师团队针对现场提取的血液证据提出质疑。辩方律师指出，在辛普森接受警方问询时，曾被抽取了8毫升的血液用于血样对比和鉴定，但这一血液样本并没有按照规定程序交到警察厅化验室进行化验，而是被带到犯罪现场，3小时后才被拿到了化验室；并且抽血护士可以证明当时抽取了8毫升左右的血液，而交到警察厅的血液只有6.5毫升。辛普森的律师团队进一步指出，现场发现的5个椭圆形的血迹在形状和大小上都非常相近，除非有意识滴落，否则很难成为规则的五个椭圆形血迹。这在很大程度上对案件中十分重要的血液证据提出了疑问。其次，律师团队对关键性证据血手套进行攻击。在庭审现场，控方决定让辛普森试戴这双手套，手套明显偏小；控方认为手套是遇血后收缩，才导致辛普森戴不上，但辩方相关专家对手套的材质进行检查后，

---

① 参见张若雁. 辛普森审判案始末［J］. 世界知识，1995（21）：8-9.
② 参见［美］德肖维茨. 合理的怀疑——从辛普森案批判美国司法体系［M］. 高忠义，侯荷婷，译. 北京：法律出版社，2010：19-21.

证明这种手套的材质不会因为血液而收缩。在结辩陈词中，辩方律师柯克伦一次次高呼"如果手套与手不合，你们就应当宣告无罪"，充分利用了控方的这一错误。通过对几个关键证据提出质疑，辛普森的律师团成功推翻了检方所举的证据指向。此外，律师团队还进一步指出，在本案中，警方在未合法取得搜查证的情况下入侵辛普森住宅，因此这些证据是在非法搜查情况下取得的。这一指控进一步削弱了检方证据的有效性。①

在对最关键的证据提出怀疑后，辛普森的律师团队将目标指向案件的现场警官马克·福尔曼（Mark Fuhrman）。此案中，福尔曼是现场勘查的见证人，几个关键性证据都是由他发现的。辛普森的律师团队在通过一位名为劳拉·麦金妮（Laura McKinny）的女作家获得福尔曼种族仇恨的录音带后，在庭审中对福尔曼的种族歧视倾向〔包括是否曾使用"黑鬼"（nigger）等侮辱性词汇〕进行盘诘，这一策略取得了完全的胜利，在扭转陪审团的意见上起到关键作用。②

1995年10月2日，经过仅四个小时的讨论，陪审团达成了无罪的一致裁决。③ 次日（10月3日）上午9点，该案进行了公开宣判。

该案在宣判后迅速引发了沸腾的民意。根据《华盛顿邮报》在判决后几天展开的民调，70%的美国白人认为辛普森有罪，63%的民众认为陪审团的判决是出于偏见、有失公允。相当一部分美国人将陪审团的无罪裁定视为"种族主义的""错误的""令人厌恶的""非理性的""愚蠢的"。④ 而辛普森辩护团队的成员也因此遭受了舆论的压力，德肖维茨即表示自己接收到了"强大的失望感"，他收到大量表示憎恶的信件，其中"最激情、恨意最强、偏见最深"的来自部分犹太人寄来的信件，也有相当一部分来自主流群众，而它们展现出的最主要的典型特征即是："你怎么能够替一个我认为有罪的人辩护？"⑤

---

① 参见许卫原主编. O.J.辛普森案诉讼文书选〔M〕. 北京：法律出版社，1998.
② 参见张若雁. 辛普森审判案始末〔J〕. 世界知识，1995（21）：8-9.
③ 参见〔美〕德肖维茨. 合理的怀疑——从辛普森案批判美国司法体系〔M〕. 高忠义，侯荷婷，译. 北京：法律出版社，2010：1. 另，据李昌钰回忆，陪审团讨论时间为三个小时. 参见〔美〕李昌钰，〔美〕奥尼尔. 神秘血手印〔M〕. 北京：中国政法大学出版社，2012：192.
④ 参见〔美〕德肖维茨. 合理的怀疑——从辛普森案批判美国司法体系〔M〕. 高忠义，侯荷婷，译. 北京：法律出版社，2010：57.
⑤ 参见〔美〕德肖维茨. 合理的怀疑——从辛普森案批判美国司法体系〔M〕. 高忠义，侯荷婷，译. 北京：法律出版社，2010：147.

二、案例简评

诚如德肖维茨在其著作《合理的怀疑——从辛普森案批判美国司法体系》中提出的,辛普森在民众心中最初即奠定了良好的印象,为了扭转这种印象,将辛普森从"好人"变成"坏人",警方及检方"进行了一连串精心策划的反宣传来粉碎他良好的群众印象"①,这也使得辩护团队以声请解散大陪审团作为辩护的第一步努力,以此尽量避免舆论攻讦的影响。作为陪审团,必须确信他的罪嫌"足以排除任何合理的怀疑",明显本案的情形并未达到这一标准。

作为辩护律师,在接受当事人的委托后,律师对委托人负有忠诚义务,因此必须竭尽所有合法的与合乎伦理的手段维护委托人的利益。本案律师之一德肖维茨即认为,当他们遭受"是个'好律师'但是个'坏公民'"的指控时,面临的"其实是用最高的褒扬在责难"。②

三、问题思考

(1)辛普森是不是坏人?

(2)律师是否应该为坏人辩护?

---

① 参见〔美〕德肖维茨. 合理的怀疑——从辛普森案批判美国司法体系〔M〕. 高忠义,侯荷婷,译. 北京:法律出版社,2010:9.

② 参见〔美〕德肖维茨. 合理的怀疑——从辛普森案批判美国司法体系〔M〕. 高忠义,侯荷婷,译. 北京:法律出版社,2010:168.

律师能否为委托人的犯罪行为保密？
——快乐湖遗尸案

一、案情介绍

（一）基本事实

1973 年，在纽约州快乐湖（Lake Pleasant），美国的两名律师法兰西斯·贝尔格（Francis Belge）和富兰克·阿玛尼（Frank Armani）共同为涉嫌连环谋杀的罗伯特·格鲁（Robert Garrow）进行辩护。直到庭审前的六个月的时间里，两位律师都没有透露他们曾看到过另外两具遭到他们的委托人杀害的被害人尸体，他们认为这是基于律师为委托人保密关系的约束。

38 岁的格鲁是锡拉丘兹一家面包坊的技工，他被指控在阿迪朗达克的汉密尔顿县露营时用枪指着四名年轻的露营者，并将 18 岁的斯克内克塔迪学生菲力普·敦布普斯基（Philip Domblewski）刺死。后来，他被三位幸存者指认为袭击者。在 12 天后，经过纽约州历史上最大规模的追捕行动，格鲁受伤被捕，被送往医院并加以武装看守。在被指控谋杀敦布普斯基后，格鲁请求曾为他代理案件的阿玛尼再次为他辩护。阿玛尼没有为谋杀案件辩护过，因此说服了他的朋友、经验丰富的庭审律师贝尔格协助他。随后，法院任命两名律师为格鲁辩护。①

阿玛尼和贝尔格告诉格鲁必须说明所有的犯罪行为，这样他们才有能力为其辩护。并且贝尔格承诺，除非获得格鲁的允许，否则他们不会透露他的秘密。在两名律师保证保密的情况下，格鲁承认除了菲力普·敦布普斯基以外还杀了另外三个人：强奸并杀害了 16 岁的纽约锡拉库斯高中（Syracuse High School）女生艾丽西娅·豪克（Alicia Hauck），并将她的尸体埋在锡拉库斯大学（Syracuse University）附近的奥克伍德公墓（Oakwood Cemetery）一片杂草丛生的区域；刺死了 22 岁的哈佛大学学生丹尼尔·波特（Daniel Porter），绑架了他

---

① See Lake Pleasant bodies case［EB/OL］. Law Times, 2008-04-21.

的露营伙伴——21 岁的波士顿大学学生苏珊·佩茨（Susan Petz）。格鲁进一步透露，他把苏珊·佩茨带到纽约米涅维尔附近的一个僻静地区囚禁了三天，并在奸杀了她后，将其尸体藏在一个废弃的矿井通风井里。①

在格鲁向两名律师坦白了杀人罪行后，阿玛尼和贝尔格决定去现场证实豪克和佩茨两位女性被害人尸体的存在。他们认为其中一个被害人可能还活着。在进行辩诉交易（plea bargaining）而使用格鲁提供的任何信息之前，他们想先确认格鲁是否说了实话。两名律师根据格鲁的指示画了一张图，首先寻找佩茨的尸体。8 月底，他们在格鲁所说的废弃矿井里发现了她。② 9 月底，他们又发现了豪克的尸体。头骨显然是被动物从腐烂的尸体上移走的。贝尔格把头骨移到骨架旁边并拍了照片。③

阿玛尼不确定他是否应该公开或保密两具尸体的位置，他将自己的困境作为一个假设的问题向上诉法官和一家法律研究公司提出。继而他被告知，作为一名律师，对这类信息保密是他的庄严职责。他还被告知，如果他披露这些信息，他可能会被取消律师资格。④

另一边，格鲁因刺杀敦布普斯基被捕后，阿迪朗达克山南部的居民怀疑格鲁与数起人员失踪案有关。佩茨的父亲从伊利诺伊州来到锡拉库斯，向阿玛尼询问有关他女儿的情况，却被告知律师从格鲁那里得到的任何信息都是保密的。⑤ 与此同时，豪克的父亲认为她离家出走了，在电视上登广告让她回家。⑥

在 1973 年 9 月 7 日的一场辩诉交易会上，阿玛尼和贝尔格表示，如果当局同意将对格鲁的指控降为二级过失杀人罪，并将他送进精神病院，他们或许能协助解决一些悬案。这个提议被拒绝了。汉密尔顿县地方检察官向纽约州律师协会和州法院上诉庭报告称，格鲁的辩护律师愿意告诉他两具尸体的位置，条件是将格鲁对敦布普斯基的谋杀指控降为二级过失杀人罪。⑦

1973 年 12 月初，佩茨和豪克的失踪尸体分别被一些孩子和学生发现。1974 年 6 月 10 日，敦布普斯基谋杀案在纽约快乐湖的汉密尔顿县法院开庭审理。控方休庭后，格鲁为自己的精神错乱作证。他描述了自己童年遭受的虐待和以前

---

① See N. Y. Times, June 20, 1974, at 1, col. 2.

② N. Y. Times, June 20, 1974, at 26, col. 2; Syracuse Herald J., June 19, 1974, at 38, col. 1.

③ See Lawyer-Client Privilege Gets Severe Test, supra note 16.

④ See Lawyer-Client Privilege Gets Severe Test, supra note 16, at 665.

⑤ See Lawyer-Client Privilege Gets Severe Test, supra note 16, at 664.

⑥ See N. Y. Times, June 20, 1974, at 26, col. 4.

⑦ See Syracuse Herald J., June 23, 1974, at 1, col. 3 and 4.

的犯罪行为，继之，他说出了自己杀害菲力普·敦布普斯基、丹尼尔·波特、苏珊·佩茨和艾丽西娅·豪克的事实。审判休庭了一天，在此期间阿玛尼和贝尔格举行了记者招待会。他们透露，从去年 8 月起，他们就知道佩茨和豪克尸体的位置，但没有透露这一信息。贝尔格说："这些信息是非常机密的——我受到律师宣誓的约束，在发现尸体后必须对其保密。"①

陪审团认定格鲁犯有谋杀罪。他于 1974 年 7 月 1 日被判处 25 年至终身监禁的不确定刑期。其中，格鲁对其他三项谋杀指控进行了辩诉交易。②

（二）公众与职业界的不同评价

事情曝光后，引发社会各界广泛讨论。格鲁于 1978 年越狱时被警察击毙，而阿玛尼、贝尔格为格鲁隐瞒真相的行为遭到了公众的指责。锡拉库斯一家报纸收到各种对两名律师表示"反感和憎恶""完全不相信"的来信，写信者纷纷评论："如果这就是律师的道德准则，那么现在是时候改变它了。""我无法想象有人和这样的东西生活在一起，这一定是违法的。""阿玛尼和贝尔格的行为是这个职业所作行为又一个可悲的例子。"③ 两名律师甚至受到过死亡威胁信而不得不搬家。贝尔格最后完全放弃了从事法律职业，阿玛尼则慢慢地重新振作。用阿玛尼自己的话说："人们都非常愤怒……公众对我们看似无情的行为和明显缺乏的基本的廉耻感到震惊。"④

而在法律职业群体看来，当律师为委托人保密可能会导致不公正时，法院选择作出一定的利益平衡，确定是否应适用保密义务（the duty of confidentiality）或律师—委托人特权（attorney-client privilege）。⑤ 纽约初审法庭和上诉法庭在贝尔格因未报告豪克的身体状况而被起诉时正是采用了这种方法。⑥ 贝尔格被指控违反了《纽约公共卫生法》（New York Public Health Law）第 4200 条的规定，该条要求为死者提供体面的葬礼，以及该法第 4143 条，该条要求任何人在知道

① See N. Y. Times, June 20, 1974, at 1, col. 1.
② See People v. Garrow, 51 A. D. 2d 814, 379 N. Y. S. 2d 185, 186（N. Y. App. Div. 1976）.
③ See Syracuse Herald J., June 20, 1974, at 10, col. 4.
④ See Armani, To Tell the Truth, Ⅷ JuRis 3（1975）.
⑤ 威格摩尔将这一检验标准表述为："披露秘密对［律师—委托人］关系造成的损害必须大于通过正确处理诉讼而获得的利益。"See 8 J. WIGMORE, EVIDENCE § 2285-96, at 527（McNaughton rev. ed. 1961）.
⑥ See People v. Beige, 83 Misc. 2d 186, 372 N. Y. S. 2d 798（Onondaga County Ct. 1975）, aff'd mem. 阿玛尼出现在大陪审团前，但没有被起诉。

有人死亡而没有医疗护理的情况下，必须向有关当局报告该死亡。①

贝尔格以律师和委托人之间的保密特权为由提出了驳回起诉的请求，后来这项动议被批准。初审法庭在律师保密所维护的委托人利益和"对刑事司法公正的侵犯"及豪克家庭的"心碎"之间做出了平衡。初审法院裁定，被告不自证其罪的特权比很少执行的"伪犯罪"（pseudo-criminal），即公共卫生法规的"琐事"更重要。② 纽约上诉法院在确认初审法院的驳回决定时指出，"律师必须保护其委托人的利益，但也必须遵守人类基本的廉耻标准，并适当考虑到法律制度必须为社会及其个体成员的利益伸张正义"。由于上诉中提出的唯一问题是关于起诉书充分性的法律问题，法院"没有触及案件背后的伦理问题"。③

而在律师界，两名律师赢得了广泛支持。芝加哥一位有名的辩护律师评论称，"如果律师成为信鸽和告密者，我们的司法体系就会枯竭"④。纽约州律协职业道德委员会在裁决中表示，保证对当事人秘密的保守有助于促进律师更好地代理委托人，因为这种代理需要全面了解委托人的相关事实，即使该事实涉及之前的犯罪行为。而阿玛尼和贝尔格本人坚持认为，保守当事人秘密的职责要求他们保持沉默。阿玛尼指出，他根据其1956年宣誓成为律师时的誓言来指导自己的行为，在誓言中他允诺"保守委托人的秘密并保证其不受侵犯"，这也是他和贝尔格所坚持的。如果类似格鲁案的案件再次发生时，他仍然会那样做。⑤

"快乐湖遗尸案"是律师面对道德困境尤为突出的例子，被称为美国律师职业伦理第一大案，在法学院里受到广泛的讨论和分析，甚至成为阿玛尼与他人合著的《特权信息》一文的内容及1987年电影《保持沉默》的素材。著有《一个律师的良心》的法学教授戴维·梅林科夫（David Mellinkoff）感慨："律

---

① 《纽约公共卫生法》的两条具体规定如下：N. Y. PUB. HEALTH LAW § 4200 (Consol. 1976) provides："1. Except in the cases in which a right to dissect it is expressly conferred by law, every body of a deceased person, within this state, shall be decently buried or incinerated within a reasonable time after death." N. Y. PUB. HEALTH LAW § 4143 (Consol. 1976) provides："1. In case of any death occurring without medical attendance, it shall bethe duty of the funeral director, undertaker, or any other person to whose knowledge the death may come, to give notice of such death to the coroner of the county, or if there be more than one, to a coroner having jurisdiction or to the medical examiner."

② See People v. Beige, 83 Misc. 2d 186, 372 N. Y. S. 2d 798, 803 (Onondaga County Ct. 1975), at 802-803.

③ See People v. Beige, 50 A. D. 2d 1088, 376 N. Y. S. 2d 771, 772 (N. Y. App. Div. 1975).

④ See L. A. Times, July 2, 1974, at 1, col. 1.

⑤ See Armani, To Tell the Truth, Ⅷ JuRis 3 (1975).

师身负两种相互冲突的义务，一方面他要对当事人所告知自己的全部罪行保密；另一方面他不能对检方隐藏涉案证据，比如，武器以及本案中的尸体。"法律伦理学专家门罗·弗里德曼（Monroe Freedman）则主张："如果律师被要求泄露严重罪行，那么保守秘密的义务就会被毁灭，一同被毁灭的，还有对抗制本身。"他直言不讳地为阿玛尼和贝尔格辩护，认为宪法规定的获得律师有效协助的权利是有利于保密的关键因素。① 另外，有地方法院根据三权分立原则认为，立法机关不能通过法律来干预律师的道德义务，而对这些义务的审查属于州初审法院的管辖范围。佛罗里达地区上诉法院即表示，一名律师不能被置于站不住脚的位置，"……不能在违反法规和违反某一特定行规之间做出不合理的选择，因为两者明显存在冲突"②。

乔治·华盛顿大学的托马斯·摩根（Thomas Morgan）教授认为，阿玛尼在某种程度上是一个英雄人物，因为他面临着各种艰难的抉择，并最终做出了正确的决定。他说："该案并不是给历史做的一个有趣的脚注，而是在发展和理解何为律师这一命题中的核心案例。"③

二、案例简评

律师的职业秘密，是指律师在其职务活动中所知悉的与其委托人有关且为其委托人所不愿透露的事项。④ 律师保守职业秘密的规则系一体两面：一是律师的保密特权；二是律师的保密义务。需强调的是，保守委托人秘密作为律师的权利及义务具有其适用的例外，主要包括防止未来伤害和损害公共利益的例外、自我保护的例外和委托人授权披露的例外。

在我国的情境下，该"快乐湖遗尸案"由于涉及严重危害他人人身安全犯罪，案件中的两名律师虽具有一定的保密权利并对委托人负有保密义务，但仍应当对其委托人的罪行及藏尸地点等向公检法机关披露，而非缄口不言。此外，该案中的律师应该考虑其行为对委托人、被害人及其家属、社会带来的影响，

---

① See Dean Monroe Freedman, Where the Bodies Are Buried: The Adversary System and the Obligation of Confidentiality, 10 CRIM. L. BULL. 979, 981, 984-85; reprinted in M. FREEDMAN, LAWYERS' ETHICS IN AN ADVERSARY SYSTEM 1- 8 (1975).

② See Times Publishing Company v. Williams, 222 So. 2d 470, 475 (Fla. Dist. Ct. App. 1969).

③ 余飞. 美国律师职业伦理第一案："叫我，我就是一部出租车！"［EB/OL］. 搜狐网，2017-11-01.

④ 刘晓兵，程滔编著. 法律人的职业伦理底线［M］. 北京：中国政法大学出版社，2017：114.

采取符合我国律师职业道德和执业纪律规范要求的做法，劝导其委托人自首。律师为委托人保密是原则，但在特定情形下为平衡公共利益与个人利益之间的冲突，可以适当考虑允许律师披露相关信息，但必须有严格的范围限定和程序要求，而不能借公共利益之名随意扩展泄密的范围与对象，以免对律师制度本身造成破坏。

三、问题思考

（1）律师为委托人保密是律师职业的权利还是义务？律师为委托人保密的范围边界在哪？

（2）当律师保密义务与个人道德发生冲突，如何取舍？当律师保密义务与社会公共利益发生冲突，如何抉择？

律师应否披露不利于委托人的情况？
——斯堡丁交通事故案

一、案情介绍

20 岁的大卫·斯堡丁（David Spaulding）乘坐约翰·齐默尔曼（John Zimmerman）驾驶的汽车时发生了交通事故而受重伤。斯堡丁提起诉讼要求赔偿，被告方律师的医生发现了斯堡丁的动脉瘤，并认为可能因交通事故引起，但被告方律师隐瞒了这一信息，在斯堡丁一方不知情的情况下达成和解。两年后斯堡丁发现了动脉瘤，提出撤销和解协议，地方法院支持主张，原被告齐默尔曼不服，提出上诉，明尼苏达州的判决维持了地方法院的原判。①

事故发生时，齐默尔曼的车上有六名乘客，其他乘客包括齐默尔曼的父亲和兄弟、斯堡丁的兄弟，以及在齐默尔曼的建筑公司工作的另一名人员。斯堡丁兄弟二人都为齐默尔曼工作，同时齐默尔曼也是他们的邻居。这辆车与由弗洛里安·莱德曼（Florian Ledermann）驾驶的汽车在一条乡村公路的十字路口相撞，事故发生地没有停车标志或其他交通设备，加之田地里的庄稼生长，路况不清而最终导致事故发生。每辆车上都有一人死亡，其余十名乘客中有九人受重伤。其中，斯堡丁的伤势非常严重。斯堡丁的家庭医生、一位骨科专家和一位神经科专家对斯堡丁进行了检查，家庭医生诊断，斯堡丁的胸部受严重挤压，多处肋骨及双侧锁骨骨折，有严重脑震荡，可能伴有脑部瘀点状出血。骨科专家对他的胸部进行了 X 光检查，报告指出："肺野清晰，心脏和主动脉正常。"

斯堡丁的父亲代表他的儿子对齐默尔曼和莱德曼的伤害提起诉讼。齐默尔曼和莱德曼的保险公司为他们提供法律顾问，代表他们参与诉讼，并为斯堡丁的索赔提供了责任保险。应被告的要求，根据法院的规定，被告之一的保险公司聘请的神经科医生赫维特·汉纳（Herwitt Hannah）博士对斯堡丁进行了检查，发现了一个主动脉瘤。汉纳医生称，这个动脉瘤是一个"严重的问题"，它

---

① See Spaulding v. Zimmerman, 263 Minn. 346, 116 N. W. 2d 704, 1962 Minn. LEXIS 789 （Minn. 1962）.

可能会破裂并导致斯堡丁死亡。汉纳医生同时报告称这个动脉瘤可能是由这场交通事故引起的，他需要结合之前的 X 光片和医疗记录加以确定。

汉纳医生向被告的其中一名律师报告了体检结果。然而，被告律师并没有向齐默尔曼和莱德曼告知斯堡丁的生命危险，也没有就是否应当向斯堡丁或其律师透露动脉瘤的情况与他们协商。汉纳医生的报告至少被透露给了其中一家保险公司，但尚不清楚保险公司聘请的辩护律师是否在与斯堡丁的律师进行和解之前，与保险公司就是否披露动脉瘤的问题进行了协商。法院意见认为，被告方的辩护律师可能是自己决定不公开斯堡丁的动脉瘤问题。①

1957 年 3 月 5 日，案件开庭后的第二天，诉讼双方以 6500 美元的赔偿达成和解。斯堡丁父子及律师在和解时并不知道动脉瘤的存在，相反，他们认为斯堡丁正在从事故受到的伤害中康复。鉴于斯堡丁在和解时还有 16 天才满 21 岁（明尼苏达州法定成年年龄），针对未成年人伤害的和解必须得到法院的批准。3 月 6 日，斯堡丁的律师向法院提交了一份请求批准和解的请愿书，并向被告方的辩护律师发送了一份副本。该请愿书中描述了斯堡丁的医生诊断出的受伤情况，但没有列出汉纳医生所发现的动脉瘤。法院于 1957 年 5 月 8 日做出批准和解的决定。

然而，在两年后的陆军预备役体检中，斯堡丁身上威胁生命的动脉瘤被发现。此时的检查结果表明，是那场交通事故导致了动脉瘤的发生。斯堡丁当即进行了手术但失去了语言能力，这是手术矫正动脉瘤的副作用。手术后，已成年的斯堡丁提起诉讼要求撤销之前的和解协议，并以和解时双方的事实错误为依据要求对动脉瘤进行额外的损害赔偿。被告方律师出示了汉纳医生关于动脉瘤的报告以证明双方不存在事实错误，因为被告知道动脉瘤的存在。斯堡丁修改了他的请愿书，声称被告存在隐瞒欺诈行为，违反了向法庭披露动脉瘤的义务。

道格拉斯县地方法院同意被告方的意见，认为不存在欺诈行为，因为辩方律师在达成和解的过程中没有作出任何虚假陈述。法院的理由是，由于当事人之间的对立关系，"被告或其代表没有义务披露（动脉瘤的）这种知识"②。然而，地方法院指出，在向法院提出批准和解的请求时，这种对立关系已经结束。当和解协议提交法院批准时，被告的辩护律师应该纠正斯堡丁请愿书中没有列出动脉瘤的错误。而辩护律师未能更正提供给法院的信息，这给法院提供了是

---

① 　See Cramton & Knowles, supra note 3, at 69.

② 　116 N. W. 2d at 709（quoting the trial court's order vacating the settlement）.

否撤销该次和解的自由裁量权，因为法院在裁定该次和解对当时未成年的斯堡丁公平时，并没有考虑到动脉瘤的情况。

原被告齐默尔曼不服，提出上诉，明尼苏达州法院维持了地方法院的判决。

齐默尔曼方辩称，法院无权仅因为他们的律师当时掌握了原告未获取的信息而撤销和解协议，提出的理由包括：和解不涉及双方的事实错误、己方无义务向原告披露他们的医生向自己披露的信息、保险限制及禁反言等。

明尼苏达州法院的托马斯（Thomas）法官在判决意见中写道，当法院批准代表未成年人就其所受伤害进行和解时，未成年人或其律师或医生都不知道在达成和解时未成年人患有可能由事故引起的主动脉瘤，而被告律师知道这种情况的存在，但没有向法院披露这一事实。即使被告或其律师没有向法院披露真实情况的法律义务，法院也没有滥用其撤销和解的酌处权。根据美国《民事诉讼规则》（*Rule of Civil Procedure Rule*）第 60.02（6）条，法院撤销和解是合理的。

在未成年人起诉伤害的案件中，如果证明未成年人在事故中遭受了法院在批准和解时不知道或没有考虑的单独和不同的伤害，即使和解不是由欺诈或恶意引起的，即使和解中提供有免责声明声称涵盖了事故导致的已知和未知伤害，法院也可以自行决定撤销已经批准的和解。另外，即使诉讼双方在未成年人伤害的性质和程度上都有类似的错误，但如果证明一方或双方对此有额外的了解，并且知道在和解被批准时法院或对方当事人并不掌握此等信息，法院也可以撤销其批准的和解。

本案中，地方法院和明尼苏达州法院都没有提及被告的律师隐瞒动脉瘤是否是违反法律职业伦理规则的行为。地方法院指出的是，如果斯堡丁在和解时是一个成年人，法院就会拒绝他撤销和解的诉求，反之，让斯堡丁对己方医生或律师的渎职行为提出补偿要求，例如因为己方的一名或多名医生未能正确诊断他的受伤情况，而提起医疗过失诉讼；或是因为其律师未能在结案前提出查看汉纳医生的诊断报告，而提起法律过失诉讼。

二、案例简评

对抗制的司法体系和律师"积极倡导者"（zealous advocate）角色相结合，[①]形成了英美律师的"委托人利益至上"观念，并为律师相应的保密行为提供了道德依据。然而在特定情境下，这种对另一方当事人利益和其他公共利益的漠

---

① See Canon 7 of American Bar Association's Model Code of Professional Responsibility（1969）.

不关心需要作出例外调整。在本案中，律师保密义务的例外规则是对"合理地防止某些死亡或身体伤害"的披露。① 被告方的律师在得知斯堡丁有动脉瘤后，可以就该可能影响斯堡丁安危的情况作出披露。然而根据现行规则，在该等案件中的披露也并非强行义务，律师并非"应当"这样做。此外，鉴于斯堡丁在当时的未成年人身份，对其利益的保护被特别强调。

本案反映了关于律师、医生这类职业角色伦理和一般人道德观念间的紧张关系。可能在一般人看来，他们利己而弃他人安危于不顾的行为并非是道德的。然而，辩护律师和体检医生可能没有违反他们的职业伦理规则，这是否证明法律或医学等特定行业的伦理规则应优先于道德推理？一般情况下，专业人员符合职业规范的行为，同时也合乎被普遍接受的道德。但正如本案所呈现的，当律师被要求做一些符合职业规范但为普遍道德观念所怀疑的事情时，情况就复杂得多。当时的律师伦理规范并没有为律师需要披露动脉瘤提供依据，律师的行为与其在对抗制体系中为委托人积极辩护的角色是相一致的。本案的指示意义在于，当时的法律和医疗行业职业伦理规范需要进一步修订完善。

三、问题思考

（1）诉讼一方律师是否有义务向法庭披露不利于本方但可能影响判决的真实情况，披露的范围和界限如何？

（2）应该如何评价辩护律师未将动脉瘤予以披露的道德性？特定职业的伦理规则应该取代一般人所持有的道德观念吗？

---

① 关于客户保密的现行规则规定：（a）律师不得披露与委托人的代理有关的信息，除非委托人给予知情同意，披露是为了进行代理而默示授权的，或者披露是（b）款所允许的。（b）在律师合理认为的必要范围内，律师可以披露与委托人的代理有关的信息：（1）合理地防止确定无疑的死亡或重大身体伤害；（2）获得关于律师遵守这些规则的法律咨询；（3）在律师与委托人之间的争议中为律师的行为进行索赔或辩护，为基于委托人参与的行为而对律师提出的刑事指控或民事索赔进行辩护，或在任何有关律师代表委托人的诉讼中回应指控，或（4）遵守其他法律或法院命令。See Model Rules, supra note 9, at 1.6.

如何理解律师对法庭的真实义务？
——特朗普前律师迈克尔·科恩的相关事件

一、案情介绍

迈克尔·科恩（Michael Cohen），2006 年至 2018 年间担任美国前总统唐纳德·特朗普（Donald Trump）的私人律师，同时担任特朗普集团的法律顾问和特朗普 2016 年竞选团队成员。然而，在司法部的调查及面临刑事指控的压力下，科恩承认了曾向国会提供虚假陈述等多项罪名，其后更是于众议院听证会上，对特朗普提出多项尖锐指控，披露了关于这位前委托人的大量信息。

2017 年 5 月，时任美国联邦调查局（Federal Bureau of Investigation，FBI）局长的詹姆斯·科米（James Comey）因负责调查"通俄门"而遭时任总统特朗普革职；随后，前 FBI 局长罗伯特·穆勒（Robert Mueller）被司法部任命为特别检察官，继续就 2016 年总统选举中俄罗斯的干预以及与特朗普竞选团队的关联问题展开调查。穆勒很快将被视为特朗普左膀右臂的科恩视为重点调查对象，科恩被迫配合调查，并暂时中断了与特朗普及其集团的联系。此时科恩依然是特朗普的忠实追随者，2017 年 9 月，其接受《名利场》杂志采访时表示，自己"会为唐纳德·特朗普挡子弹"，并在调查的压力下依然声称"我永远不会走开"（I'd never walk away）。①

2018 年 4 月，司法部对科恩展开"突袭"，包括对其住所、酒店房间、办公室、保险箱并两部手提电话进行搜查，并在此之后对外公布，科恩"正处于刑事调查中"。科恩对此提出抗议，认为联邦检察官所查获的资料可能涉及律师—委托人特权（attorney-client privilege）所保护的无须披露内容；但检方提出，他们所扣押的材料不属于科恩所主张的律师—委托人特权的范畴之内，因为科恩至少告诉过一名证人，他唯一的委托人是特朗普，而被扣押的材料"鲜少与法

---

① See FOX E J. Michael Cohen Would Take a Bullet for Donald Trump［EB/OL］. Vanity Fair, 2017-9-6.

律事务相关，并且不包含哪怕任何一封与特朗普来往的邮件"。①

　　检方通过搜查，发现了大量关于在总统选举前压制负面新闻的通信，包括特朗普与科恩关于《走进好莱坞》(Access Hollywood)录像带的通信，其中记录了特朗普于总统选举前一个月曾发表对女性的猥亵言论；还可能涉及与色情女星斯托米·丹尼斯 (Stormy Daniels) 相关的记录，她曾于大选前数周收到 13 万美金，以确保她对自己与特朗普的婚外情保持沉默。② 对于后者，特朗普被采访时表示，对于科恩向斯托米·丹尼斯支付 13 万元的行为不知情，并要求记者"你们得去问迈克尔·科恩" (You'll have to ask Michael Cohen)；他同时否认自己曾为科恩设立基金以用于支付该款项。③

　　科恩对特朗普的维护并未一直持续。2018 年 7 月，科恩在接受美国广播公司 (American Broadcasting Company，ABC) 新闻采访时称，自己将首先效忠国家和家人而非特朗普，并对特朗普关于联邦调查的批评持反对意见。科恩表示一旦面临指控，他将听从新聘请的律师盖伊·佩特里洛 (Guy Petrillo) 的法律意见，这意味着科恩与特朗普所共享的一项联合辩护协议将失效 (该协议允许他们的律师相互分享信息和文件)，科恩和特朗普的法律利益之间很快会形成对抗关系。④

　　2018 年 8 月 21 日，科恩面临第一次刑事指控时，在纽约州南区地方法院认罪，承认包括税务欺诈、向金融机构提供虚假陈述、竞选财务违规在内的八项罪名。2018 年 11 月 28 日，科恩在另一项刑事诉讼中，同样于纽约州南区地方法院承认曾向国会提供虚假陈述。⑤ 相关法庭文件中，特朗普被指代以 "1 号个人" (Individual-1)。对于向国会提供虚假陈述一事，科恩承认，自己是为了与 "1 号个人" 的政治信息保持一致、出于对 "1 号个人" 的忠诚，因而曾向国会提供了 "关于莫斯科项目的谈判已于 2016 年 1 月结束" 的陈述，而事实上，谈

①　See POLANTZ K，SCANNELL K，JONES J. DOJ：Michael Cohen "under criminal investiga-tion" [EB/OL]. CNN，2018-4-14.

②　See POLANTZ K，SCANNELL K，JONES J. DOJ：Michael Cohen "under criminal investiga-tion" [EB/OL]. CNN，2018-4-14.

③　See LIPTAK K. Trump says he didn't know about Stormy Daniels payment [EB/OL]. CNN，2018-4-6.

④　See STEPHANOPOULOS G. EXCLUSIVE：Michael Cohen says family and country, not Presi-dent Trump, is his "first loyalty" [EB/OL]. ABC News，2018-07-02.

⑤　Matter of Cohen，170 A. D. 3d 30 (2019).

判一直持续至 2016 年总统选举期间。① 2018 年 12 月，科恩被判处 3 年徒刑及两笔分别为 5 万美元的罚金，没收财产 50 万美元，另须向美国国家税务局支付 1，393，858 美元的赔偿金。②

2019 年 2 月 26 日，纽约州最高法院以迈克尔·科恩触犯联邦重罪为由，取消其于纽约州注册的律师及法律顾问的执业资格。③

2019 年 2 月 27 日，科恩于众议院监督和改革委员会（House Committee on Oversight and Reform）出席听证会，并于听证会上对特朗普提出非常尖锐的指控，称特朗普为"骗子、种族主义者、作弊者"。④ 科恩于长达 7 小时的听证会中，提出了以下多项爆炸性的主张：（1）纽约南区的联邦检察官正在对特朗普及其集团开展未具名的刑事调查，但科恩表示，他被要求不能谈论此事或给出任何信息；（2）特朗普曾于总统办公室内的一次会议中，与其谈及支付给斯托米·丹尼斯从而使她不再谈论与特朗普婚外情的封口费，科恩描述了对话经过，并向国会提交了两张 35，000 美元的支票，一张由特朗普从其个人账户中签署，另一张由特朗普长子小唐纳德·特朗普（Donald Trump Jr.）从涉及特朗普商业业务的可撤销信托中签署，均为偿还科恩预先支付给斯托米的封口费；（3）特朗普在与莫斯科方面相关的事务上间接要求科恩欺骗美国公众，科恩表示特朗普并未直接要求其向国会提供虚假陈述，"这并非他的处事方式"（that's not how he operates），但科恩称，当自己代表特朗普就莫特科特朗普大厦兴建项目积极谈判时，特朗普在明知的前提下，仍"看着我的眼睛"宣称与俄罗斯并无商业往来（There's no Russian business），并以此方式持续欺骗美国民众；（4）科恩向国会提供虚假陈述之前，特朗普的律师团队曾提前审核他的虚假陈述内容，但科恩并未就此提供进一步的证据；（5）特朗普曾为长子小唐纳德·特朗普及长女伊万卡·特朗普（Ivanka Trump）定期介绍莫斯科特朗普大厦项目，科恩称

---

① See Orden E, Scannell K, Brown P, et al. Michael Cohen pleads guilty, says he lied about Trump's knowledge of Moscow project［EB/OL］. CNN, 2018-11-29.

② Matter of Cohen, 170 A. D. 3d 30（2019）.

③ Compilation of Codes, Rules and Regulations of the State of New York, Section 1240. 12. Attorneys convicted of a crime, "（c）Upon application by the Committee, and after the respondent has been afforded an opportunity to be heard on the application, including any appearances that the Court may direct, the Court shall proceed as follows：（1）Upon the Court's determination that the respondent has committed a felony within the meaning of Judiciary Law section 90（4）（e）, the Court shall strike the respondent's name from the roll of attorneys." See Matter of Cohen, 170 A. D. 3d 30（2019）.

④ NICHOLS J. Con Man. Racist. Cheat［J］. Nation, 2019, 308（7）：3-4.

"总共大概有 10 次"，这与小唐纳德·特朗普"仅从外围有所认识"及伊万卡·特朗普主张自己几乎一无所知的说辞有所出入；（6）小唐纳德·特朗普曾向特朗普汇报关于莫特科特朗普大厦兴建项目与一位俄罗斯律师的会议情况，科恩并未就此提供进一步的证据；（7）特朗普提前获悉了希拉里·克林顿（Hillary Diane Rodham Clinton）的邮件泄密事件，科恩称特朗普提前从其长期非正式顾问罗杰·斯通（Roger Stone）处得知，维基解密将抛出民主党全民委员会的被窃电邮，以此破坏希拉里的竞选活动；（8）特朗普惯常在资产问题上说谎，科恩表示，特朗普一方面夸大其商业价值以彰显富有并获得贷款，另一方面减少自己所持有的资产以逃避不动产税，对此科恩提交了特朗普 2011、2012、2013 年的财务报表，并主张当中的数据被夸大，因数据显示特朗普的净资产发生了难以解释的波动；（9）特朗普参与总统选举仅为了树立自己的品牌，科恩主张特朗普从未期望赢得选举，而仅仅将选举视为一次绝佳的营销机会，"将创造商业和政治的历史"；（10）特朗普威胁其母校为其在读时的成绩保密，科恩向国会提供了一封寄往福特汉姆大学的信件，威胁其不得泄露特朗普的在校成绩，否则将采取法律行动，福特汉姆大学方面同样证实曾收到关于特朗普成绩的信件及电话；（11）科恩称，自己曾受命向可能对特朗普产生潜在威胁的人员进行高达约 500 次的威胁或恐吓，除了寄往福特汉姆大学的信件外，科恩同时承认了威胁《每日野兽》记者的录音；（12）特朗普曾耗费 6 万美元于汉普顿艺博会上秘密购买自己的肖像，指使科恩使用特朗普慈善基金支付这笔款项，并自己保留了画作，科恩提供了一份附有特朗普笔迹的关于拍卖的文书，及特朗普于 2013 年 7 月 16 日发布的一则炫耀自己的肖像画拍卖出 6 万美元价格的推特；（13）特朗普在私下谈话中是一名种族主义者，科恩称特朗普曾对自己表示"黑人永远不会投票给我，因为他们太愚蠢了"。[①]

科恩于听证会上所作出的陈述，昭示了他与特朗普的彻底决裂。当时特朗普正于越南河内与金正恩会晤，通过推特回应，指责科恩"为减少服刑时间而说谎"。2019 年 5 月，科恩入狱服刑；2021 年 11 月 22 日，科恩提前获释。

科恩在狱中完成了《不忠回忆录》（Disloyal, A Memoir）一书的撰写，该书副标题为"总统唐纳德·特朗普前私人律师的真实故事"（The True Story of the Former Personal Attorney to President Donald J. Trump），于 2020 年 9 月出版。[②] 该

---

① See REILLY K, ABRAMS A, NECK R T. The 13 Most Explosive Claims From Michael Cohen's Testimony [EB/OL]. Time, 2019-02-27.

② COHEN M. Disloyal, A Memoir: The True Story of the Former Personal Attorney to President Donald J. Trump [M]. New York: Skyhorse, 2020.

书中，科恩对特朗普进行了全面的谴责，详尽地介绍了特朗普的商业帝国、选举活动和担任总统后的政治事务的运转模式，并披露了大量细节，如特朗普专门雇用了一名形似前总统奥巴马（Barack Hussein Obama）的演员进行角色扮演并拍摄视频，于视频中随意地贬低和解雇他。科恩表示，自己效忠于特朗普的时期严重改变了自己"即使是最坏的人也有好的一面"的基督教信仰，并称自己对特朗普的忠诚近似于一种精神疾病。①

对于《不忠回忆录》的出版，白宫副新闻秘书布莱恩·摩根斯特恩（Brian Morgenstern）将其称为"粉丝小说"（fan fiction），并回应称："他（科恩）欣然承认他说谎，但现在却希望人们相信他，以此从书本的销售中获益。不幸的是，媒体正在利用这个悲伤和绝望的人来攻击特朗普总统。"②

二、案例简评

（一）保密规则的三个领域

美国律师职业保密规则存在于以下三个领域：（1）证据法中的律师—委托人特权，保护律师与委托人之间的秘密交流，不得强迫律师就这类秘密交流作证；（2）程序法中的律师的工作成果豁免原则，保护律师在诉讼过程中准备的材料的隐秘性，使律师免于对方当事人及其律师的侵扰；（3）律师职业行为规则的律师保密义务。就律师—委托人特权及保密义务两方面而言，由于前者是为保护律师与委托人的秘密交流而设置的，受保护的信息也来自委托人，这就使得受到保密义务所保护的信息范围要大于受律师—委托人特权保护的信息范围，二者形成同心圆的结构。③

（二）保密规则的例外

美国律师协会《律师职业行为示范规则》规则 1.6 对律师的保密义务及其

---

① See PALMER E. Disloyal：A Memoir；The True Story of the Former Personal Attorney to President Donald J. Trump, Christian Century, 2020, 137 (22)：48-49.

② See SCANNELL K. Michael Cohen offers a glimpse of upcoming Trump book ［EB/OL］. CNN, 2020-8-13.

③ 王进喜. 美国律师职业行为规则理论与实践 ［M］. 北京：中国人民公安大学出版社，2005：66-67.

例外作出了详细的规定:①

　　规则 1.6 信息的保密

　　(a) 除非委托人作出了明智同意、为了执行代理对信息的披露已经得到默示授权或者披露为 (b) 款所允许外, 律师不得披露与代理委托人有关的信息。

　　(b) 在下列情况下, 律师可以在其认为合理必要的范围内披露与代理委托人有关的信息:

　　　　(1) 为了防止合理确定的死亡或者重大身体伤害;

　　　　(2) 为了防止委托人从事对其他人的经济利益或者财产产生重大损害的, 并且委托人已经利用或者正在利用律师的服务来加以促进的合理确定的犯罪或者欺诈;

　　　　(3) 为了防止、减轻或者纠正委托人利用律师的服务来促进的犯罪或者欺诈对他人的经济利益或者财产产生的合理确定的或者已经造成的重大损害;

　　　　(4) 为了律师就遵守本规则而获得法律建议;

---

①　See ASA Model Rules of Professional Conduct, Rule 1.6: Confidentiality of Information (a) A lawyer shall not reveal information relating to the representation of a client unless the client gives informed consent, the disclosure is impliedly authorized in order to carry out the representation or the disclosure is permitted by paragraph (b). (b) A lawyer may reveal information relating to the representation of a client to the extent the lawyer reasonably believes necessary: (1) to prevent reasonably certain death or substantial bodily harm; (2) to prevent the client from committing a crime or fraud that is reasonably certain to result in substantial injury to the financial interests or property of another and in furtherance of which the client has used or is using the lawyer's services; (3) to prevent, mitigate or rectify substantial injury to the financial interests or property of another that is reasonably certain to result or has resulted from the client's commission of a crime or fraud in furtherance of which the client has used the lawyer's services; (4) to secure legal advice about the lawyer's compliance with these Rules; (5) to establish a claim or defense on behalf of the lawyer in a controversy between the lawyer and the client, to establish a defense to a criminal charge or civil claim against the lawyer based upon conduct in which the client was involved, or to respond to allegations in any proceeding concerning the lawyer's representation of the client; (6) to comply with other law or a court order; or (7) to detect and resolve conflicts of interest arising from the lawyer's change of employment or from changes in the composition or ownership of a firm, but only if the revealed information would not compromise the attorney-client privilege or otherwise prejudice the client. (c) A lawyer shall make reasonable efforts to prevent the inadvertent or unauthorized disclosure of, or unauthorized access to, information relating to the representation of a client.

（5）在律师与委托人的争议中，律师为了自身利益起诉或者辩护的，或者为了在因与委托人有关的行为而对律师提起的刑事指控或者民事控告中进行辩护的，或者为了在任何与律师对委托人的代理有关的程序中针对有关主张作出反应；

（6）为了遵守其他法律或者法庭命令；或者

（7）识别并解决因律师雇佣关系的变更或因律师事务所的构成或所有权的变更而产生的利益冲突，但前提是所披露的信息不会损害律师—委托人特权或以其他方式损害委托人的利益。

（c）律师应在合理范围内尽力防止因疏忽或未经授权而披露，或未经授权而获取与委托人的代理有关的信息。①

根据规则 1.6（b），保密规则的例外主要包括以下两个方面：

（1）（2）（3）所规定的是为防止死亡或犯罪行为导致的其他重大损害；

（4）（5）（6）（7）所规定的是律师自我保护的需要，包括获取法律建议的需要、于诉讼程序中自我保护的需要、遵守法律及法庭命令的需要、遵守利益冲突规则的需要。

本案中，科恩向法庭认罪、出席听证会作证、撰写《不忠回忆录》等行为，均大量披露了其前委托人特朗普的有关信息。需要甄别的是，这些信息是否属于保密规则的例外从而得到豁免？可能当中有部分信息披露了特朗普可能存在的犯罪行为，或是出于科恩作为律师的自我保护的需要，例如特朗普在莫斯科特朗普大厦兴建项目中与俄罗斯方面的联系；但科恩所披露的相当一部分信息，既非出于防止犯罪行为导致的重大损害的需要，也不符合规则 1.6 所规定的律师出于自我保护而进行披露的情形，例如科恩披露特朗普雇佣外形似奥巴马的黑人演员拍摄视频的行为，就无法被归入保密规则的例外情形。因此，科恩无疑违背了其作为律师所必须遵守的保密规则，同时也当然地违背了律师的忠诚义务。

另外，科恩的律师执业资格已经于 2019 年 2 月 26 日被取消，这是否意味着科恩可以不必遵守律师保密规则？答案是否定的。如果律师放弃（或被取消）执业资格就可以免于保密规则的约束，那么委托人的信息和利益就无法得到充分保护。

---

① 规则 1.6（a）、（b）（1）-（6）的翻译，参见王进喜. 美国律师协会职业行为示范规则（2004）［M］. 北京：中国人民公安大学出版社，2005：20-21.

三、问题思考

（1）科恩作为特朗普的私人律师，应当遵循怎样的保密规则？

（2）科恩对特朗普的一系列披露行为，是否有违保密规则的要求？

律师在庭外发表言论的边界何在？
——律师争相报道李某某犯罪案件

一、案情介绍

（一）背景案件

2013 年 2 月 21 日 1 时许，因涉嫌强奸罪，北京市海淀区警方将李某某、魏某 1、魏某 2（魏某 1 表弟）、张某某（魏某 1 高中同学）和王某（李某某朋友，本案中唯一一名成年男性）五人抓获。其中，除王某外的四人均为未成年人，3 月 2 日，公安机关将李某某等五人涉嫌强奸一案报送检察机关申请批捕。3 月 7 日，李某某等人被检察机关正式批捕。7 月 8 日，海淀区人民检察院依法对李某某等五人涉嫌强奸一案向海淀区人民法院提起公诉。2013 年 9 月 26 日，海淀区人民法院一审以强奸罪判处被告人李某某有期徒刑十年。① 2013 年 11 月 27 日上午，北京市第一中级人民法院二审驳回上诉人李某某的上诉，维持原判。②

（二）原被告代理律师及言行

1. 被告人李某某代理律师

（1）侦查阶段辩护律师：薛某某

2013 年 3 月 19 日，北京市某律师事务所接受李某某监护人的委托，指派该律所薛律师担任李某某一案侦查阶段的辩护人，并发出律师声明，斥责部分媒体和网民对本案不实报道和传播，需保护未成年人的合法权益。③ 5 月 30 日，因本案案情错综复杂，薛某某与李某某监护人协商同意辞去了辩护工作。④

---

① 参见北京市海淀区人民法院（2013）海刑初字第 1748 号刑事判决书；祁彪."李某某案"背后的律师职业伦理危机［J］.民主与法制，2015（27）：13-15.
② 参见北京市第一中级人民法院（2013）一中少刑终字第 4365 号刑事裁定书。
③ 该声明的具体内容参见李某某律师发声明：不应对李某进行舆论审判［EB/OL］.正义网，2013-03-19.
④ 北京警方证实李某某案侦查完结 已进入审查起诉阶段［EB/OL］.网易财经，2013-06-27.

（2）一审代理律师：陈某、王某2

7月10日，陈某和王某2发表声明，称将为李某某做无罪辩护。同时，该声明大谈娱乐场所与宾馆之责，以及酒吧人员陪酒劝酒使李某某大量饮酒之过，公开指责公众和媒体对这起"涉及名人子女的普通刑事案件"过度关注，侵犯了隐私权。①

8月29日，李某某案开庭的第二天上午，网上出现了李某某代理律师王某2的《李某某冤案无罪辩护意见》，而按照顺序，他是下午才将在庭上发表辩护意见。该辩护意见不仅有律师为李某某进行无罪辩护的辩护观点，还涉及诸多被害人的身份细节。19时许休庭后，王某2走出法庭时却否认自己发布或授权他人发布过该辩护词。但此后，王某2又发表声明承认辩护词确实是其所写。只是，他本人绝对没有将辩护词提前公布到网上，被公布到网上的是他辩护意见的初稿，准备让当事人和另一位辩护律师讨论使用。王某2确认，该辩护词并非本人发表，也从未授权任何人用于发表公布。②

值得注意的是，王某2曾于2001年7月至2009年7月在海淀区人民检察院工作，而李某某案恰由海淀区人民检察院提起公诉，根据《中华人民共和国律师法》《中华人民共和国检察官法》和最高人民检察院《检察人员任职回避和公务回避暂行办法》相关规定，"曾经担任法官、检察官的律师，从人民法院、人民检察院离任后二年内，不得担任诉讼代理人或者辩护人"。因此，王某2是否符合法律所规定的回避情形，还需进一步验证。③

（3）家庭法律顾问兼新闻发言人：兰某

7月19日，律师兰某以家庭法律顾问兼新闻发言人的身份在微博声明"经授权，关于李某某案的所有消息，均由本律师统一发布"，开始介入李某某案。他在接受记者采访时表示："至于案情，我作为法律顾问，从未透露和讨论过案情，这是我的基本原则。"④ 因此，"不负责打官司，却专司应对媒体"的兰某

---

① 参见"李某某涉嫌强奸案"新律师发声明［EB/OL］."中国企业家杂志"微博，2013-07-10.

② 李某某代理律师称欢迎调查：该谁的责任就是谁的［EB/OL］.中国新闻网，2013-10-01.

③ 2021年《关于进一步规范法院、检察院离任人员从事律师职业的意见》，第三条第二款规定"各级人民法院、人民检察院离任人员在离任后二年内，不得以律师身份担任诉讼代理人或者辩护人。各级人民法院、人民检察院离任人员终身不得担任原任职人民法院、人民检察院办理案件的诉讼代理人或者辩护人，但是作为当事人的监护人或者近亲属代理诉讼或者进行辩护的除外"，进一步完善了法检系统离任人员的执业禁止性规定。

④ 兰某：最响亮的声音未必最真实［EB/OL］.网易新闻，2013-08-28.

律师被业内同行视作"角色的一大创举"。①

7月22日，海淀区人民法院召开了李某某案第一次庭前会议，李某某方出示了认为对方是敲诈的手机短信。当天下午，兰某在微博中称："案中案：李某某案庭前会议，辩护律师强烈提请法庭对有关人员涉嫌组织卖淫和敲诈勒索的犯罪事实进行调查，现在证据已经不重要了。"同时，反复强调"不着急，一切才刚刚开始"。很快，法院公开声明：该消息为不实信息。②

2. 被告人王某辩护律师：周某某

2013年9月5日起，周某某律师陆续在微博、博客上发布了案件当事人的通信内容、会见笔录、侦查卷中警方拍摄的现场图片、律师的现场勘验报告，并且用文字形式披露了有关案件的情况、有关辩护人的辩护内容、鉴定结论等，对案发现场的有关视频内容进行了描述，并擅自公布李某某案的一审判决书。此外，周某某律师还在律协审查期间，继续就李某某案件发布相关微博；在律协举行的听证会上，坚持认为自己在向有关机关反映意见未得到回复时，向媒体和公众披露案件信息、发表意见的行为正确。③

3. 被告人魏氏兄弟辩护律师：李某2

7月10日，律师李某2在微博上曝料案件信息，并透露曾给李母出主意，"做检察院和公安的工作，把酒吧经理抓了，搞出一个案中案"，并颇有自信地表示，"绝对可以把案子翻过来"。④

案件开庭前，李某2首次对外公布了案件的"重要细节"，涉及一些视频证据及李某某自身的供述。⑤ 对此，兰某随即严正提出三点声明：首先，作为李家法律顾问，此案有关李家的信息只有一个发布渠道。其次，李某2作为同案犯的代理律师，不可能会见到李某某，他公布的所谓案件详细信息真实性存疑。最后，所谓李某某在酒店打人的情节，目前法院并没有作出司法判定，是否存在打人事实尚存疑问，在这种情况下李某2擅自发布所谓细节，是极端不负责任的。

8月30日，李某某之母向媒体曝光数条短信，称发信人是李某2，信中直言想当李某某的辩护律师，因为他想找影响大的案子扩大知名度，为当自己的"前途"加分："之前二魏（魏氏兄弟）委托我时，我自己没参与，而是指派手

① 李某某案律师百态 案件审理中是否"越线"引关注 [EB/OL]. 央视网, 2013-10-17.
② 李某某案举行庭前会议 要求调查卖淫和敲诈勒索 [EB/OL]. 央视网, 2013-07-23.
③ 参见北京市律协京律纪处（2014）第2号处分决定书。
④ 律师曝李某某案细节：嫌疑人家长一个比一个牛 X [EB/OL]. 凤凰网, 2013-07-21.
⑤ 李家质疑同案律师细节爆料 [N]. 新京报, 2013-7-26（A20）.

下的律师去会见，目的是有朝一日得到你的认可为李某某辩护，因为我一直想找一个影响人的案子办成功扩大在全国的知名度，为将来当全国人大代表或政协委员加分，可你没有看中我……"李母直言，李某2的言外之意是如果不请他辩护，他则将全力扳倒李某某，是赤裸裸的威胁。而李某2此前已告诉媒体确实对李母提到，想为李某某辩护，既有挑战性，又可以宣传自己，还提到跟李母说了为政协委员等加分的事，"这说明崇高的政治理想、目标"。①

9月2日，李某2律师做客某网络媒体，否认李母的指控。此外，李某2还暗指李家家庭律师频繁在网上发布消息，挑动群众情绪，并直称"我确实认为，李母身边的律师给她出坏主意了，还雇水军发消息"。9月3日上午10时，李某2在自己微博发布了该篇名为"李某2：李母雇水军为儿子翻案"的访谈实录。随后11时，李家的家庭法律顾问兰某在微博上发表声明，李母和自己不会雇用水军，并称要向司法局举报李某2造谣。13时07分，李某2再次在微博澄清，称："我不记得是否说过李母雇水军，如果说过，纯属口误，并愿承担一切责任！"②

9月30日，李某2表示自己会向司法局和律师协会举报李家及其律师的违规行为：第一，泄露出的王某2律师辩护词中涉及魏氏兄弟个人信息，他坦言："当事人已经向我反映，小孩的同学和朋友都知道了，在外面都没法做人了。这侵犯了未成年人的隐私权、名誉权等合法权益，我们会到法院去告他。我的起诉书都写好了！"第二，李家一方的法律顾问通过微博诋毁、贬损其本人，对其进行人身攻击。第三，该案宣判之后，李家一方不是通过上诉等正常渠道行使自己的权利，而是继续攻击公检法机关。③ 而事实上，李某2也经常在微博上晒出各种案件细节。

4. 被害人代理律师：田某某

6月28日，田某某律师首次发声称，李某某等人以暴力和威胁手段对被害人实施强奸，并有殴打行为，情节恶劣，给被害人身心造成极大伤害，理应依法受到严惩；李某某的监护人未向被害人表示最起码的人道同情和歉意，冷漠态度令人难以理解；得户口及房产进行和解系网络谣言。此举打破了被害人一

① 独家：李母曝李某2短信 李直言想出名［EB/OL］.新浪网，2013-08-31.
② 李母法律顾问否认雇水军替李某某翻案［EB/OL］.中国新闻网，2013-09-04.
③ 李某某同案律师李某2将举报李家律师不当披露案件信息［EB/OL］.观察者网，2013-10-01.

直以来的沉默状态。①

7月11日，田某某就李某某律师所发表的无罪辩护声明，做了逐条的分析和反驳，称"为李某某将做无罪辩护的行为令人震惊"，"无罪辩护"是给被害人"伤口撒盐"。②

9月15日，田某某通过新浪微博发文《拒绝主观揣测，还原事实真相——就李某某等被控强奸案与陈某律师商榷》，称要还原事实真相，引发了社会关注。③

5. 案外律师：雷某某

案外律师雷某某多次在微博上以"北京某律师事务所主任"之名就李某某案件激情发声，称："李某某案是冤假错案，李某某遭灌酒，疑似设计仙人跳，愿人头落地证明李某某的清白。"此后，接连又爆料"事发酒吧和被害人辩护律师田某某身后有黑社会支持，李家无力反抗"等不实信息，④ 在一定程度上干扰了正常司法秩序。此外，雷某某在微博上不断变换自己的"头衔"，从最初的"知名策划人"，随之变成"独立评论员"，将刑事案件"炒成"娱乐新闻。

（三）处罚措施

北京市律师协会在其官网"首都律师"相继公布了《认真查处李某某等人强奸案相关辩护及代理律师涉嫌违规行为》《北京市律师协会行业纪律处分情况通报》等决定。北京市律师协会公告称：自李某某等人强奸案发生以来，个别律师严重损害律师行业形象，其行为引起社会及律师行业的强烈不满，律协对此高度关注。2013年7月26日，协会接到李某某等人强奸案当事人对相关律师的投诉后，立即启动受理审查程序。随后，律协纪律委员会一并对该案中遭到投诉和未遭到投诉的辩护及代理律师均立案审查。

2013年11月28日和12月2日，北京市律师协会向李某某等人强奸案中七名相关辩护及代理律师发出立案通知。经审查，2014年1月13日、1月29日，分别对七名律师作出行业纪律处理处分。其中，对周某某（被告人王某代理律师）、雷某某（案外律师）、李某2（被告人魏氏兄弟代理律师）给予公开谴责；对三名律师（兰某、陈某、田某某）分别给予训诫、通报批评；对一名律师

① 李某某案最新进展：被害人首度发声 称对方毫无歉意［EB/OL］. 观察者网，2013-06-29.
② 受害女子律师反驳李某某方 质疑李某某的三观教育［EB/OL］. 人民网，2013-07-11.
③ 女方律师回应李某某主辩律师深度释疑［EB/OL］. 新浪网，2013-09-16.
④ 李某某案受害人被指设局 欲搞臭中国官二代［EB/OL］. 海外网，2013-09-07.

（王某2）发出规范执业建议书。

二、案例简评

（一）各方当事人辩护律师的职业伦理分析

第一，被告人李某某一审代理律师王某2，法庭辩护环节未开始，便将涉及被害人个人隐私信息的辩护词在网络上曝光；被告人王某1辩护律师周某某，擅自在网络社交平台上公布李某某案的一审判决书。二者均违反了律师的保密义务。① 第二，被告人魏氏兄弟辩护律师李某2、李某某家庭法律顾问兰某，以及被害人代理律师田某某，未能遵守律师行业竞争规范，未能维护执业秩序，在网络上相互诋毁和谩骂，损害了律师行业的荣誉和社会形象。② 第三，案外律师雷某某，爆料不实信息干扰正常司法秩序，有违律师伦理道德。

（二）律师庭外言论的边界

首先，律师要严格恪守保密义务。律师在庭外发表言论不得泄露国家秘密、当事人的商业秘密和当事人的隐私。对于不公开审理的案件在接受采访时不能涉及当事人的个人相关信息；对于公开审理的案件，应根据保密条款的规定，不仅对当事人的隐私和商业秘密保密，还要对任何影响到委托人的其他信息进行保密。其次，应树立良好的律师形象。律师在接受庭外采访时要带头维护法律权威，维护法庭及司法工作人员的威信，不得恣意诋毁、贬损司法工作人员，消减宪法和法律尊严。最后，律师同行之间要相互尊重，互相帮助，共同营造良好的行业氛围，树立良好的行业形象。不得利用新闻媒介或其他手段向其提供虚假信息或夸大自己的专业能力，避免恶性竞争和不正当宣传使委托人利益受损。

---

① 《中华人民共和国律师法》第三十八条第一款规定："律师应当保守在执业活动中知悉的国家秘密、商业秘密，不得泄露当事人的隐私。"

② 《律师职业道德和执业纪律规范》第四十一条："律师应当遵守行业竞争规范，公平竞争，自觉维护执业秩序，维护律师行业的荣誉和社会形象。"第四十二条："律师应当尊重同行，相互学习，相互帮助，共同提高执业水平，不应诋毁、损害其他律师的威信和声誉。"《律师执业行为规范（试行）》第十条："律师应当尊重同行，公平竞争，同业互助。"第七十三条："律师与其他律师之间应当相互帮助、相互尊重。"

三、问题思考

（1）李某某案中，各方当事人辩护律师的言行是否有违反职业伦理之处？

（2）刑事案件中，律师在庭外发表言论的边界在哪里？具体而言，律师在什么情况下可以接受采访以及怎样发表适当的言论？

如何理解律师对委托人的忠诚义务？
——鲁南制药股权信托纠纷

一、案情介绍

（一）基本事实及判决①

鲁南制药集团股份有限公司（以下简称"鲁南公司"）的前身郯南制药厂于1968年在中国山东省郯城县成立，是一家国有制药公司。赵某某于1983年左右加入该企业。为扭转公司较差的经营状况，该企业于1987年进行了私有化改革，赵某某竞标成功。他随后接管了公司的经营管理，并在扭转企业不良情况方面发挥了作用，在一定意义上，赵某某是后来鲁南公司的创始人。

20世纪90年代，中央为拥有外国投资者的中国公司提供税收优惠。1994年，赵某某利用这一政策从美国鲁信公司（以下简称"鲁信公司"）获得投资。这是我国烟台华联发展集团股份有限公司（以下简称"烟台公司"）位于美国的全资子公司。中央政府于1995年批准了这家中外合资企业。鲁信公司持有鲁南公司25.7%的股份。

2000年，由于对鲁南公司发展方向问题存在重大分歧，鲁南公司与鲁信公司之间的关系恶化。最终，烟台公司与鲁南公司达成原则协议，让鲁信公司将其持有的鲁南公司股份出售给赵某某指定的买家。

2001年，为保留中外合资企业的税收优势，赵某某找到了凯伦美国公司（以下简称"凯伦美国"）取代鲁信公司。凯伦美国由王某某和魏某某所有。王某某是一家红圈律师事务所（以下简称"K律所"）的高级合伙人，魏某某是王某某的妻子。

2001年3月15日，鲁南公司和凯伦美国签订了《委托持股协议》。根据这份代持合同，凯伦美国是鲁南公司25.7%股份的明面上的持有人，鲁南公司则是实际出资方与控制人。

---

① Zhao Long et al v Endushantum Investments Co Ltd et al, https://www.eccourts.org/zhao-long-et-al-v-endushantum-investments-co-ltd-et-al-2/.html. 2021-05-06.

2003 年 9 月 22 日，K 律所在英属维尔京群岛注册了安德森投资有限公司（下称"安德森公司"），凯伦美国是该公司唯一的股东。同年 11 月 10 日，凯伦美国和赵某某代表的鲁南公司签订了协议（"2003 年股权转让协议"）。通过该协议，凯伦美国将其代持的鲁南公司 25.7% 股份转移至安德森公司；同时凯伦美国将其持有的安德森公司 100% 的股份转让给赵某某。即赵某某 100% 控股安德森公司，安德森公司又持有 25.7% 的鲁南股份。

2004 年 10 月 26 日，凯伦新世纪投资控股有限公司在英属维尔京群岛注册（以下简称"凯伦 BVI"），赵某某的公司是唯一的股东。随后的 11 月 1 日，凯伦 BVI 和凯伦美国签署了股权转让协议（"2004 年股权转让协议"）。该协议修改了 2003 年股权转让协议。凯伦 BVI 成为赵某某的新受让者。100% 的安德森公司的股份将被转让给凯伦 BVI，赵某某又 100% 控股凯伦 BVI。凯伦美国还向安德森公司转让其在山东新时代制药有限公司（以下简称"山东新时代公司"）持有的 750 万股，为山东新时代公司股份的 25%。

在 2011 年 7 月 19 日之前，赵某某一直是凯伦 BVI 的唯一董事和股东。在此之前，法定所有权的"家谱"较为简明：赵某某持有凯伦 BVI 股份的 100%，凯伦 BVI 持有安德森公司 100% 的股份，安德森公司持有鲁南股份的 25.7%，另外持有厚普、贝特、鲁南新时代生物科技有限公司（以下简称"生物科技公司"）和山东新时代公司各 25% 的股份。贝特与厚普指 2003 年 12 月 25 日，鲁南和凯伦美国合资成立的两家公司：鲁南贝特制药有限公司（以下简称"贝特公司"）与鲁南厚普制药有限公司（以下简称"厚普公司"）。

2011 年 7 月 19 日，在魏某某（以其个人名义）与赵某某（以凯伦 BVI 名义）签署（但未盖章）的中文文件中，宣布设立了"赵氏信托"，该信托规定唯一受益者是信托人，即凯伦 BVI。在建立这种信托之后，信托人可以指定其他人作为受益人，但应该以书面形式通知受托人。根据该信托协议，当天安德森公司的全部股份被转让给魏某某。信托人拥有确定信托终止、替换或添加受益人的权利。受托人具有收取报酬、根据信托人的意图，行使对信托财产的所有权，包括但不限于参与和行使在股东大会的投票权作为股东的权利。受托人同时承担以下义务：

（1）真诚地行事和管理信托财产并履行责任；

（2）如果没有信托人的书面许可，受托人不得出售或转让信托财产，也不得在信托财产上创设任何担保、保证或任何第三方利益；

（3）不要将信托财产与自己的财产混合在一起；

（4）保密受益人的身份（法律、政府或法院强制要求的除外）。

2014 年 11 月 8 日，癌症晚期的赵某某将安德森公司股份转让协议给了女儿赵某，该协议已由魏某某签署。不久后，赵某也签署了这份协议。根据英属维尔京群岛的法律，这是一个有效的股权转让，无论股东名册是否有变化。11 月 9 日，他给了女儿赵某一封写给魏某某的信，信中指示魏某某将她持有的安德森的股权及该公司名下财产悉数转给赵某某独生女赵某。11 月 10 日，赵某从临沂前往北京，将股权转让协议和 11 月 9 日赵某某致王某某的指令信给了王某某。赵某还指出股权转让表中的一个拼写错误，并要求王某某纠正并将修改后的转让协议重新签署。

赵某某于 2014 年 11 月 14 日去世。张某某取代他成为鲁南公司及各相关公司的董事长。赵某某去世后，赵某说王某某和魏某某看望她并致以哀悼。在看望过程中，王某某告诉赵某，赵某需要为英属维尔京群岛登记机构提供地址证明才能登记股份转让。她发送了明尼阿波利斯的租房合同和各种公用事业账单，但王某某从未给她发送过修改后的转让协议，原始转让书也未登记。

2014 年 12 月 29 日，王某某向赵某发送了"海外重组计划草案"，作为鲁南在香港证券交易所上市的一部分，并附上一份工作文件。这份文件称赵某为"甲方"。它讨论了"当前股权状况"，并表示她直接持有鲁南、贝特、厚普和山东新时代的 25% 股权。

2015 年 1 月，王某某告诉赵某，为了防止鲁南公司在港交所上市时赵某的身份公开，他建议为赵某设立家族信托，名为"魏某某家庭信托"。赵某不同意，理由是距离上市至少还有五年。同年 6 月 5 日，众志公司和嘉德公司注册成立。两家公司的董事和股东都是王某某、王某 2 和张某某。王某 2 是鲁南公司的财务和会计总监，是赵某某的老同事。

2016 年 6 月 14 日，王某 2 准备了一项关于重组安德森公司的提案，该提案称赵某为"安德森公司的实际控制人"。同年 8 月 1 日，赵某参加了鲁南董事会会议，她以安德森公司的所有者的身份参会。8 月 5 日，魏某某将安德森公司的45,000 股（安德森公司 90% 股权）新股发行给嘉德公司、5,000 股（安德森公司 10% 股权）发行给众志公司。赵某没有被告知这一点。8 月 16 日，安德森公司按照魏某某的指示支付了赵某 687,000 美元。赵某说王某某和王某 2 知道这项付款。9 月 5 日，赵某向王某某支付了 8,800 美元的"信托费"，这是股权转让协议中约定的费用，尽管赵某当时给出的解释是这是"年度公司维护费"。9 月 25 日，恒德公司成立。王某某是该公司唯一的董事和股东。11 月 20 日，魏某某作为信托人，建立了一份"菩提树"信托。她任命恒德公司作为受托人管理信托财产。信托财产包括嘉德公司的所有股份。

2017 年 2 月 15 日，嘉德公司股份被转让给恒德公司。该信托的原始受益者是赵某和王某 3，王某 3 是魏某某和王某某的女儿。作为信托的保护人，王某某有权添加和移除受益人。同年 12 月，山东新时代从安德森公司和鲁南公司购买了所有贝特公司和厚普公司的股份，售价 1.15 亿元。

2017 年 2 月 20 日，赵某与王某某在 K 律所的北京办事处举行了一次会议，赵某首次了解了菩提树信托及其条款的存在。她获得了信托契约的副本。王某某希望她签署一份文件，以确保她在信托中的权益在她死后能传承给赵某的女儿，但赵某拒绝了。2 月 27 日，赵某发微信给王某某，询问关于嘉德公司与安德森公司的关联性。最初王某某表示，嘉德公司持有安德森公司的所有股份，但后来更正说嘉德公司持有 90%，其中 10% 由自己、王某 2 和张某某所有的管理公司（即众志公司）持有。赵某认为消息摧毁了她对王某某的信心。她威胁要起诉王某某。作为回应，王某某提议不再担任菩提树信托的保护人，并任命赵某的母亲作为保护人。第二天，即 2017 年 2 月 28 日，王某 3 向赵某发送了放弃其在菩提树信托中的权益的文件。

2017 年 2 月 27 日，赵某向鲁南公司发出指示，说她是安德森公司和安德森公司财产的唯一合法所有人。她表示："我特此委托我的母亲代表我管理收取的股息。我不再授权魏某某这样做。"

2017 年 3 月 8 日，赵某召集（提议召集）股东大会。但是，魏某某向鲁南董事会发布了一份声明，声明赵某和她的母亲都不是安德森公司的股东。

3 月 9 日，赵某获得了 2001 年《委托持股协议》的副本。这是赵某第一次看到这份协议。3 月 10 日和 21 日，鲁南公司由于内部派系斗争，向魏某某寄出两封矛盾的告知信，10 日的信件认为："鲁南公司……将总股份的 25.7% 委托给安德森公司作为名义上的持股人。安德森公司未经鲁南的许可与贵公司签署了信托协议，我们认为这会伤害我们的利益。我们现在要求您立即停止执行并终止信托协议。我们已经聘请律师采取法律行动以追究相关责任。"21 日，鲁南公司给魏某某的信上说："考虑到公司混乱，安德森公司股份的性质和所有权仍存在争议，为了平等保护公司所有股东和员工的利益，公司希望在新董事长和总经理控制公司并恢复秩序之前维持当前的股权结构。请不要在此期间转让您的公司股份。"

2019 年 12 月 5 日，鲁南公司向山东省临沂市中级人民法院起诉安德森公司，请求法院将安德森公司代持的股份还给鲁南公司。在起诉状中，鲁南公司认为，2006 年 9 月 11 日，凯伦美国和安德森公司签署了股权转让协议。凯伦美国将其委托的股权转让给安德森公司持有代表它。安德森公司承诺根据委托持股协议承继凯伦美国的所有权利和责任。2006 年 10 月 11 日鲁南董事会通过了一项决议，并确认了这一变化。安德森公司在答辩中承认这些主张。2020 年 4 月 3 日，临沂市中级人民法院作出判决，认定代持协议解除。

与此同时，2017 年 7 月 20 日，恒德公司与安德森公司提起诉讼，要求法院就菩提树信托的处理做出裁判。2017 年 8 月 21 日，赵某与凯伦 BVI 公司也向法院提起诉讼。法院决定两案合并审理。2021 年 7 月 20 日，东加勒比最高法院英属维尔京群岛商业法庭（以下简称"BVI 法院"）对此案作出最终判决，法院否定了代持股份协议的有效性，判定鲁南公司创始人赵某某之女赵某是鲁南公司 25.70% 股权的实际拥有者，为公司大股东，有权追回涉案股权。

（二）法院意见

临沂市中级人民法院认为鲁南公司与凯伦美国签订的代持协议不违背中国法律强制性规定，应为有效协议。2006 年经原告同意，凯伦美国将该持股协议的权利义务转让给安德森公司，亦不违反中国法律强制性规定，其转让行为有效，鲁南和安德森均应依据代持合同的约定履行。该合同约定：双方同意甲方随时有权利对以乙方名义持有的该 2100 万股股权进行处置或解除本协议，乙方必须给予配合，但甲方须提前一个月给予乙方书面通知。2019 年 9 月 10 日，鲁南公司向安德森发送《解除委托持股通知书》，以书面形式通知被告解除委托持股关系，安德森于同年 9 月 16 日收悉上述通知书。故涉案代持合同自鲁南公司通知到达安德森时解除，鲁南公司请求确认双方委托持股关系解除的诉讼请求成立。

BVI 法院则认为代持协议在中国法下是无效的。根据 1999 年《中华人民共和国公司法》第一百四十九条规定，公司不得收购本公司的股票，但为减少公司资本而注销股份或者与持有本公司股票的其他公司合并时除外；公司为注销股份而收购本公司股票的，必须在十日内注销该部分股份并办理变更登记与公告。此案件中的情况违反了 1999 年《中华人民共和国公司法》，故代持协议是无效的，而协议无效则表明案涉股权就不属于鲁南公司，应该为凯伦美国公司所有。并且，经过法院认定，案涉股权是由赵某某通过自有资金购买的，赵某某应是最终受益人。

（三）后续采访

王某某在事后接受了媒体采访，① 否定了舆论对其转移信托财产的指控。

---

① "王家既非狸猫 也非太子"：对话鲁南制药"狸猫换太子"主角王某某［EB/OL］. 人民资讯，2021-10-08.

在采访中，王某某称："不论是魏还是我本人从来没有接受过赵先生或者赵女士的委托，魏始终认为她本人或她所控制的公司是为鲁南制药集团代持股份。"

另外在采访中记者向王某某询问对"BVI法院认为2019年临沂诉讼的信息没有向法庭及时披露，并被提高到藐视法庭的高度"的看法时，王某某答道：

> 我（严格地讲应当是恒德公司及安德森公司）其实是有义务的（告知BVI法院的）……可是，恒德公司和安德森公司其实是夹在中间了，鲁南制药认为恒德公司和安德森公司不能向BVI法院报告，因为安德森依照和鲁南制药之间签署的委托持股协议项下有保密义务。尽管我提出临沂诉讼这一案件已公开的事实，但鲁南制药依然表示，即便案件在国内已经公开也不能向BVI法院报告，因为委托持股协议项下的资产处置也涉及鲁南制药的重大利益，安德森公司有义务进行配合。安德森公司或恒德公司如果进行报告的话，势必会伤害到鲁南制药利益，鲁南制药就要起诉我，说我违反了保密义务……我得权衡两方对我的压力，如果在国内，鲁南制药的律师以我违反委托持股协议保密义务，侵犯了鲁南制药的利益起诉我们，那从客户关系来讲，对我及我所在的律师事务所将会是灾难性的，即使我在这种诉讼中获胜，也难以消除对我及我所在的事务所信誉造成的灾难性影响。所以，我夹在中间，最终只能是"两害相权取其轻"。

王某某也向BVI的法官解释了这一情形，但法官并未相信该解释。

二、案例简评

（一）凯伦美国与鲁南签订的股权代持合同的伦理分析

东加勒比最高法院英属维尔京群岛商业法院认为，2001年股份代持合同为避税而在实质上违反了公司法规定。王某某作为律师向鲁南提供代持合同方案时，事实上是律师在接受客户指示后执行的违法操作。《中华人民共和国律师法》第三十二条第二款："律师接受委托后，无正当理由的，不得拒绝辩护或者代理。但是，委托事项违法、委托人利用律师提供的服务从事违法活动或者委托人故意隐瞒与案件有关的重要事实的，律师有权拒绝辩护或者代理。"尽管在采访中没有言明，但可以理解，王某某在当时作为咨询律师的确参与了代持协议，在事实意义上，王某某违反了律师职业伦理。

（二）转移信托财产的伦理分析

王某某、魏某某将信托财产转移的行为违反忠诚义务的前提是，王、魏二人是作为律师存在的。在本起信托财产转移案中，王在采访中称自己和妻子"从未接受过赵先生或其家人的法律委托"，如果其所言属实，那么没有后续讨论必要。而假设王、魏的确接受了赵某某的信托委托，则除开可能涉嫌的非法侵占他人财产问题，根据《中华人民共和国律师法》第三十条规定："律师担任诉讼法律事务代理人或者非诉讼法律事务代理人的，应当在受委托的权限内，维护委托人的合法权益。"作为受托的信托律师，王、魏显然没有维护委托人的合法权益，违背了忠诚义务。

（三）事后接受采访的伦理分析

中华全国律师协会《关于禁止违规炒作案件的规则（试行）》第九条规定："律师、律师事务所在媒体、自媒体等平台，以文字、音视频等方式发表评论意见时，应核查信息真实性，确保意见专业合法，不得损害律师职业尊严和律师行业形象。"该条类似英美国家律师对公众的真实义务。若王某某采访中的信息如"从未接受过赵某某先生或其家人的法律委托"不属实，则他违背了律师对公众的真实义务。另外，王某某提到的对法院的真实义务与作为律师对客户的保密义务相矛盾。事实上在 BVI 法院的诉讼中，王某某并非以律师身份出席，因此不能用律师对法院的真实义务规范其行为。

三、问题思考

（1）王某某、魏某某成立的凯伦美国与鲁南签订的股权代持合同是否违反律师伦理？

（2）王某某、魏某某将信托财产转移的行为违反了哪些律师职业伦理？

（3）王某某在事后接受的媒体采访是否违反了律师职业伦理？他在采访中提到的对法院的忠诚义务与作为律师对客户的保密义务之间的矛盾又应当如何取舍？

律师对法庭真实和对委托人忠诚如何平衡？
——特朗普前律师被暂停律师执照

一、案情介绍①

鲁道夫·朱利安尼（Rudolph Giuliani）最为人所知的身份是美国前总统唐纳德·特朗普（Donald Trump）的律师。1981年，年仅36岁的朱利安尼成为美国历史上最年轻的司法部副部长（associate attorney general）；两年后，朱利安尼宣誓就职纽约南区联邦检察官（U. S. attorney in the Southern District of New York）；1993年，朱利安尼就任纽约市长，2001年因在"9·11"事件后快速得宜的应对广受赞誉。②然而，正是这样一位履历深厚的政法人，却因发表关于选举的虚假和误导性陈述，被暂停律师执照。

2020年，美国前总统特朗普拒绝承认在当年11月的总统选举中落败于拜登（Joseph Robinette Biden）。随后担任他私人律师的朱利安尼一再公开声称自己可以证明选举中普遍存在舞弊行为。在11月8日的广播节目、11月25日的宾夕法尼亚州葛底斯堡举行的共和党州参议院多数党政策委员会会议、12月2日密歇根州众议院监督委员会会议、12月17日播出的广播节目、12月24日的播客中，朱利安尼发表了下述言论：在拜登胜利的宾夕法尼亚州，选举期间收到的"缺席选票"比选举前发出的选票要多。③

在2020年12月4日的播客、12月6日的广播节目（这一广播节目后在2020年12月27日和2021年1月3日再次播放）、2020年12月3日乔治亚州议会的听证会、12月8日和12月10日的广播节目、2020年12月19日和2021年1月5日的早播客中，朱利安尼发表了下述言论：在拜登胜利的乔治亚州，有死者和未成年人非法计入了选票。

---

① Attorney Grievance Committee for the First Judicial Department v. Rudolph W. Giuliani, 197 A. D. 3d 1, 146 N. Y. S. 3d 266, 2021 N. Y. Slip Op. 04086.

② See MOTT G. Rudy Giuliani: America's Mayor [EB/OL]. Cigar Aficionado, 2011-11/12-1.

③ Absentee ballot, 选民们通常会亲自前往投票站点，并将选票投放进去。然而，总会有许多选民在选举日当天无法亲自前往投票站点，"缺席选票"应运而生。

　　类似的，从 2020 年 11 月起至 2021 年 4 月，朱利安尼参加了多个博客、广播节目以及一场亚利桑那州听证会，指出大量"非法外国人"参加了 2020 年亚利桑那州（拜登胜利州）总统大选。

　　2021 年 1 月 6 日，朱利安尼在国会批准选举人团投票之前，在白宫附近举行的特朗普支持者集会上发表讲话。他告诉人群，他再次重申了 2020 年总统大选存在舞弊行为。他寻求"决斗审判"。不久之后，数百名特朗普支持者离开集会并涌入国会大厦，闯入大楼并威胁立法者。

　　他的言论遭到知名律师的谴责，他们向纽约州最高法院的律师申诉委员会（Attorney Grievance Committee for the First Judicial Department，以下简称"AGC"）提出申诉，指控朱利安尼"在煽动对国会大厦的暴力叛乱袭击中扮演了角色"。随后，AGC 在对朱利安尼涉嫌职业不当行为的众多投诉进行调查后，向纽约州最高法院提起纪律诉讼。AGC 认为朱利安尼多次声称选举存在舞弊属于不实陈述，因此指控朱利安尼违反律师纪律和职业规则，应当立即暂停从事法律活动。而朱利安尼本人无法在庭上出示任何有实物证据支撑的来源地支持他是"无主观故意"地捏造并发表这一言论。由此法庭认为上述朱利安尼发表的不实陈述违反了美国《纽约职业行为规则》（New York Rules of Professional Conduct，以下简称"RPC"）4.1 和 8.4（c）。第 4.1 条规定："在代表客户的过程中，律师不得故意向第三人作出虚假的事实或法律陈述。"第 8.4 条（c）规定："律师或律师事务所不得：……（c）从事涉及不诚实、欺诈、欺骗或虚假陈述的行为。"

　　同时 AGC 还提到了 2020 年 11 月 17 日特朗普针对宾夕法尼亚州民主县的竞选活动提起诉讼一案。该案中，特朗普作为原告对选举结果提出异议，指控并要求法院禁止认证结果。朱利安尼作为该案中原告特朗普的律师出庭。当法官问朱利安尼为什么并不基于选举欺诈而提出诉请时，他回答说"这不是欺诈案"。而朱利安尼以前曾在选举中公开宣称该场选举是"绝对欺诈"。另外，朱利安尼在那天法庭上的辩论内容也让纽约法庭警惕。在他的开场白中，朱利安尼声称诉状中的指控涉及"广泛的，全国范围内的选民欺诈，这是其中的一部分……"他坚持对宾夕法尼亚选举和其他司法管辖区"多年来发生的舞弊行为"提出广泛的结论性指控。而该庭审过程向多达 8000 名记者和其他公众开放。据报道，在辩论开始时，至少有 3700 人已经进入了庭审直播。

　　基于此，纽约法庭认为，根据 RPC 规定，发表处于未决诉讼状态的不符合实际的陈述应被视为虚假和误导性陈述。这些不实陈述违反了 RPC 第 3.3 条："律师不得在明知的情况下：（1）虚假地向法庭陈述事实或法律。"同时这些不实陈述违反了 RPC 第 4.1 条，因为它们是向包括 3700 多名记者和其他公众在内的第三方提供的。

法庭还发现，所有这些不当行为，当单独或一起考虑时，也确定朱利安尼违反了 RPC 8.4（h）："律师或律师事务所不得：……（h）从事任何其他不利于律师作为律师的适宜性的行为。"

朱利安尼提出的主要反驳论点是，纽约法院对他的行为的调查侵犯了宪法第一修正案赋予他的言论自由权。他认为 RPC 规则适用于他是违宪的。法院驳回了他的论点，认为 RPC 记载的纪律程序涉及被告作为律师的限制，即不得故意歪曲事实并就其代表客户的行为作出虚假陈述。与非专业人士不同，律师是"接受过说服艺术训练的专业人士"。换言之，他们被公众认为处于有知识的位置，因此是"信息和意见的关键来源"。这种沉重的责任体现在"纪律程序的最终目的是保护公众依靠法律的正直和责任"。

同时法院认为朱利安尼表现出对公众利益的直接威胁，证明被告暂时停职是合理的。朱利安尼以律师的权威行事，并持续在公共媒体上作出虚假陈述，伤害就会被放大。法院引用了 2021 年 1 月 6 日在美国国会大厦爆发的暴力、叛乱和死亡事件，以此证明当公众被有关选举的虚假信息误导时可能造成的损害程度。并且 AGC 认为，朱利安尼的不当行为直接加剧了 2021 年 1 月 6 日在美国国会大厦发生的事件所引发的紧张局势。

最终纽约州最高法院支持了 AGC 的请求。认为朱利安尼的行为威胁到了公共利益，需要暂停其执业行为，等待 AGC 进一步不对公众开放的纪律处分程序。法院还表示，在诉讼结束后，他可能会面临"永久制裁"。最终结果可能需要几个月的时间，包括从书面警告到吊销执照的惩罚。

二、案例简评

《纽约职业行为规则》（RPC）规定，律师对法庭有"不得在明知的情况下虚假地向法庭陈述事实或法律"的义务，即对法庭的真实义务。在本案中，当朱利安尼以言论自由权否认了真实义务的适用时，纽约最高法院以律师因负担有社会期望而导致自由权减损的理由认可了真实义务。法院认为律师是"有知识的、能说会道的"，而培养这类人才的目的是"保护公众依靠法律的正直和责任"，因此其本身必须是不同于一般公众的偶像、权威式的存在，言论并非完全自由，而需遵守真实义务。真实义务也有助于真实的发现。

同时应当注意，本案中朱利安尼违反对法庭真实义务的那场诉讼中，有上千人观看了庭审直播，但法院并未以此为证据，证明朱利安尼违背了法庭真实义务。这说明了律师对法庭的真实义务是独立的，也即律师负有的因社会期望而产生的真实义务，并非实际指社会某些人、某部分人，而是一种观念上的期许。因此，就算是法庭没有进行直播且不向社会公开，此时律师对法庭的真实义务依旧适用。

RPC 规定在代表客户的过程中，律师不得故意向第三人作出虚假的事实或法律陈述，可以理解为律师对社会的诚实义务。问题在于，本案中朱利安尼本人四处散播"欺诈言论"是源于其客户的利益需要，此时对公众的真实义务与对客户的忠诚义务产生了矛盾。RPC 的规定显然选择了前者，即这两个机构都认为律师承担的社会价值是更为重要的责任。律师职业在它们的规则中显然是更加具有"社会公务员"性质的。律师对个别客户的忠诚是有限的。

三、问题思考

本案中涉及了《纽约职业行为规则》（RPC）中的哪些律师义务？

律师面对同时性利益冲突该怎么做？
——IBM v. Levin 案

一、案情介绍①

（一）基本事实

原告莱文（Howard S. Levin）和莱文计算机公司（Levin Computer Corporation，以下简称"LCC"）起诉国际商业机器公司（International Business Machines Corporation，以下简称"IBM"）违反《谢尔曼法案》（*Sherman Act*）第 1 条和第 2 条、《美国法典》（*United States Code Annotated*）第 15 条第 1 节和第 2 节，以及新泽西州法律的规定。该诉讼由 CBM 律师事务所代理。

LCC 是莱文根据新泽西州法律成立的计算机公司，主要业务是租赁购买 IBM 公司制造的某些数据处理设备，特别是第四代或 370 系列计算机设备。然而，IBM 公司在交易时提出了莱文和 LCC 认为不公平和不合理的条件，并拒绝根据该等条件以外的条件向其提供分期贷款。在 CBM 的代理下，莱文在 1972 年 6 月 23 日向新泽西州埃塞克斯县大法官法庭提起诉讼。该诉讼随后被移至地区法院。诉状称，IBM 公司在新泽西州和整个美国的计算机，特别是第四代 370 系列计算机的制造、分销方面延续了垄断地位，其滥用垄断地位阻碍设备的销售，迫使用户以高额租金直接向 IBM 公司租赁。原告希望禁止 IBM 公司在其第四代计算机的销售方面继续做出被指控的反竞争和歧视性的行为，即 IBM 公司应当以合理的条件允许原告分期贷款以购买计算机、相关产品和服务。

在提交起诉书后不久，原告向地区法院申请初步禁令（preliminary injunction），指示 IBM 公司向 LCC 提供分期贷款以购买其电脑设备，然而该动议遭到否决。原告上诉至美国第三巡回上诉法院，审判定于 1977 年 9 月进行。而到了 1977 年 6 月，IBM 公司提出申请，要求取消 CBM 律师事务所进一步参与本案的

---

① See IBM Corp. v. Levin, 579 F. 2d 271 (3d Cir. 1978), US Court of Appeals for the Third Circuit - 579 F. 2d 271 (3d Cir. 1978).

资格，理由是该律师事务所在地区法院诉讼期间同时代表了原告和 IBM 公司，违反了美国律师协会《职业责任守则》（*The Code of Professional Responsibility*）中的纪律规则，该守则已被地区法院采纳为法庭上从业人员必须遵守的伦理行为标准。

另一边，CBM 和原告对地区法院取消 CBM 资格的命令提出了交叉上诉（cross appeal）。① 他们的上诉提出了关于美国律师协会守则中禁止律师双重代表对手的规定是否适用于 CBM 的问题，以及在本案情况下取消 CBM 代理资格和 60 天后完全退出的制裁是否合适的问题。

法院调查发现，CBM 在 1965 年至 1969 年期间，代表莱文和他当时所在的一家计算机租赁公司（Levin Townsend Computer Corporation，以下简称"LTC"）做了大量的工作，包括在与 IBM 的几次纠纷中作为 LTC 的诉讼代理。1970 年 1 月，当莱文终止与 LTC 的合作关系时，CBM 退出了 LTC 的律师行列，但继续零星地代表 Levin 处理与 LTC 无关的事务。1971 年下半年，CBM 恢复了与莱文紧密的律师客户关系，并在莱文的委托下，代表其注册成立了 LCC 公司。CBM 的合伙人魏斯（Stanley Weiss）成为 LCC 的董事，另一位合伙人麦肯（David M. McCann）担任该公司的秘书。

1971 年年底到 1972 年，经由麦肯与 IBM 数据处理部门的顾问戴维斯（Joseph W. S. Davis, Jr）的协商，LCC 公司以可接受的分期付款信贷条件购买 IBM 设备。然而，随着 IBM 接连拒绝 LCC 的分期付款信贷申请，莱文对 IBM 起诉的决心也越来越大。1972 年 2 月，麦肯告知戴维斯，莱文打算提起反垄断诉讼以禁止 IBM 对 LCC 提出的歧视性条件。戴维斯将这一信息报告给了 IBM 副总裁兼总法律顾问卡森巴赫（Nicholas Katzenbach）及其助理。1972 年 3 月，在 LCC 的纽约办公室举行了一次会议，CBM 的麦肯、IBM 的戴维斯、莱文和 LCC 的财务主管等参加，双方试图解决纠纷但未能成功。1972 年 6 月 23 日，CBM 代表原告提起本案诉讼。

然而，CBM 在 1970 年至 1971 年间曾为 IBM 公司处理劳动争议。1970 年 4 月，IBM 公司总法律顾问办公室的一名成员特鲁普（Robert Troup）联系 CBM 处理劳动争议的合伙人瑞安（Edward F. Ryan），让 CBM 为 IBM 公司准备一份关于一个电力工人工会的管辖权争议意见书。鉴于 CBM 曾经代表 LTC，CBM 的合伙

① 英美法系大都规定了交叉上诉制度，即被上诉人可在一定时间内对上诉人的上诉提出反请求。而美国的被上诉人在绝大多数情况下都会提出交叉上诉，从而为加重单方上诉人的责任留下了极小的空间。

人们认为接受 IBM 公司在劳工问题上的委托可能会造成利益冲突，因此予以拒绝。然而，瑞安就管辖权争议准备了一份意见书，并在 1970 年 7 月接受了特鲁普的第二项委托，即处理工会在 IBM 公司取消分包安排时纠察 IBM 的权利，以及在 1971 年 5 月接受了第三项委托，涉及对某些工会纠察的禁令救济。

1972 年 4 月，瑞安在接受 IBM 的第四项任务时产生了一些担忧，因为他知道 CBM 目前代表了 LCC 公司，后者可能会向 IBM 公司提起诉讼。瑞安向麦肯和魏斯咨询了关于 CBM 同时代表 IBM 和 LCC 可能存在的利益冲突。魏斯向瑞安介绍了具体针对 IBM 的反垄断诉讼，并建议他获得 IBM 公司的同意，以使 CBM 能同时代表 IBM 和原告。

瑞安称，此后不久他就向特鲁普提及 CBM 的客户莱文打算对 IBM 公司提起反垄断诉讼。根据瑞安的证词，特鲁普的回答是，从 IBM 公司的角度来看，这件事并不重要，他指示瑞安继续完成给他的任务。CBM 的成员作证称，他们当时认为瑞安已经获得了 IBM 对双重代理的同意。然而，特鲁普通过宣誓书和证词，否认瑞安曾告知拟进行的反垄断诉讼，或告知 CBM 可能在 IBM 的诉讼中代表对立的客户。无可争辩的是，在 CBM 起诉反垄断诉讼期间，瑞安接受了 IBM 公司的另外四项劳动争议委托，并且没有与特鲁普进一步讨论 CBM 同时代表莱文和 LCC 的问题。

1977 年 1 月 28 日，在纽约市的一个法学院校友午餐会上，CBM 的另一名合伙人林奇（John Lynch）遇到 IBM 公司的一名法务麦克多纳（Richard McDonough），林奇向麦克多纳提到 CBM 代理了针对 IBM 公司的反垄断诉讼，麦克多纳表示很惊讶，因为据他所知，CBM 在劳工问题上代表 IBM。1977 年 4 月，麦克多纳在一场晚宴上向这场反垄断诉讼中代表 IBM 的律师了解同时代理的利益冲突是如何调和的。麦克多纳的言论使 IBM 公司进一步调查此事，并使得公司在 1977 年 6 月提出取消 CBM 为原告代理资格的动议。

（二）法院意见

地区法院在听取 IBM 公司和 CBM 的律师以及原告的新律师的辩论后，根据证词、宣誓书和提交给它的简报，取消了 CBM 在本案中进一步代表原告的资格，但允许 CBM 将其过去在本案中的工作成果移交给原告的新律师，并允许 CBM 和原告的替代律师就此进行协商，为期 60 天。

1977 年 12 月 28 日，地区法院发布了取消资格的命令。1978 年 1 月 9 日，一项修正命令明确了 CBM 对取消资格令的上诉权。然而，IBM 公司向法院申请强制令，希望法院在取消 CBM 资格后的 60 天内禁止 CBM 将过去的工作成果与原告的替代律师之间进行协商；同时，IBM公司对地区法院的命令中允许这种工作成果转移的部分提出了上诉。

地区法院首先认定，在所有案件相关时间里，CBM与IBM公司和原告都有持续的律师—客户关系。尽管CBM在提交反垄断起诉的当天手头没有来自IBM公司的具体任务，尽管CBM是以法律服务费的形式而非根据聘用安排为IBM提供服务，但在起诉前后，反复进行法律服务的情况支持了对二者持续关系的认定。不过法院也指出，CBM并未从IBM公司获得对反垄断诉讼有用的机密信息。

其次，法院探讨了对美国律师协会《职业责任守则》中纪律规则的正确解释。根据该守则，律师代表第二个客户向第一个客户提出索赔时，可以继续代表第一个客户处理与诉讼无关的事项。然而，如果另一个客户的利益可能损害律师的独立专业判断，则律师应拒绝接受所提议的工作，除非在以下范围内，即"律师显然能够充分代表每个客户的利益，并且在充分披露这种代表对他行使独立专业判断的可能影响后，每个客户仍都同意代理"。①

CBM辩称，其同时代表IBM公司和原告并没有产生对前者不利的影响，而且CBM在两个完全不相关的领域代表这些客户也不可能对CBM的独立专业判断产生不利影响。而法院指出，对律师代表客户行使其独立判断的一些"不利影响"，可能是由于律师在一个法律事项上对该客户的敌对姿态造成的。② 因此，律师在另一法律事项中代表该客户的力度会减弱。③ 此外，如果客户从律师以外的渠道发现他正在被律师起诉，可能会对律师—客户关系产生严重影响。虽然后来不能确定有害的结果已经发生，但根据事实和情况，并不能反驳其发

---

① "如果另一个客户的利益可能损害律师的独立专业判断，可拒绝接受或继续雇用。（A）如果律师代表客户行使其独立的专业判断力将受到或可能受到接受所提议的工作的不利影响，则应拒绝接受所提议的工作，但DR 5-105（C）所允许的范围除外。（B）如果律师代表客户行使其独立的专业判断将受到或可能受到代表另一客户的不利影响，则不得继续从事多项工作，但DR 5-105（C）允许的范围除外。（C）在DR 5-105（A）和（B）所涵盖的情况下，如果律师显然能够充分代表每个客户的利益，并且在充分披露这种代表对他代表每个客户行使独立专业判断的可能影响后，每个客户都同意代理。（D）如果根据DR5-105要求律师拒绝就业或退出就业，他或他的事务所的合伙人或律师不得接受或继续这种就业。" See DR 5-105, the American Bar Association's Code of Professional Responsibility.

② See Cinema 5, Ltd. v. Cinerama, Inc., 528 F. 2d 1384, 1386-1387 (2d Cir. 1976); Grievance Committee of the Bar of Hartford County v. Rottner, 152 Conn. 59, 65, 203 A. 2d 82, 84 (1964).

③ See Cinema 5, Ltd. v. Cinerama, Inc., supra at 1387.

生的可能性。

法院认为，律师在双重代理这一领域必须谨慎，如果他要坚持职业责任的高标准，就必须解决所有的质疑，必须向客户充分披露同时代表另一个针锋相对的客户的事实。正如第二巡回上诉法院所指出的，"尽量温和地说，我们认为律师在所有相关人员不知情和不同意的情况下，参与任何针对自己客户的诉讼，是有问题的行为"①。

法院认为，证词显示，CBM 的成员显然已经对这一纪律规则在本案中的适用性持一致观点，无论是在双重代理过程中，还是他们在地区法院的论证和承认中。例如，IBM 公司要求 CBM 在提起反垄断诉讼前不久的劳工问题上代表它，负责反垄断诉讼的合伙人魏斯就建议代表 IBM 公司劳工问题的合伙人瑞安获得 IBM 公司对双重代理的同意。后来，另一律师从瑞安手中接过 IBM 公司的任务。CBM 的相关成员显然认为，双重代理需要向 IBM 公司充分披露并获得其同意。

此外，CBM 和原告辩称即使 CBM 被认为违反了职业责任守则，鉴于 CBM 与 IBM 的关系已经终止，而且 CBM 并未获得有助于反垄断诉讼的信息，地区法院取消 CBM 对原告的代理资格是过于严厉的制裁。对此，法院指出，需牢记一个先例的主张，即原告没有保留特定律师的绝对权利。② 原告保留其选择律师的利益，以及 CBM 违反职业道德对 IBM 公司未造成损害，都并非取消 CBM 代理资格程序中要考虑的因素。一个律师如果不遵守他对客户一心一意的义务，就会损害他的职业形象，受到公众的质疑。维护法律界的诚信及其在社会中的崇高地位，才是在确定违反职业守则的制裁时需考虑的重要因素。③ 维护公众对与司法相关人员行为的适当信心，是一个重要的考虑因素。

美国第三巡回上诉法院最后确认了地区法院的决定，取消 CBM 的代理资格是正当的，本案中的原告律师没有避免其不当行为的出现。鉴于原告将会因为律师被取消代理资格而受到影响，并且，考虑到他们的委托关系已经持续好几年时间，地区法院允许 CBM 在 60 天内将工作成果向原告的替代律师提交，以改善 CBM 被制裁对原告的恶劣影响。

正如斯托里法官所言："律师有义务向他的客户披露每一个不利的聘请者，甚至每一个先前的聘请者，这可能会影响后者的自由裁量权。不能认为任何人

① See Cinema 5, Ltd. v. Cinerama, Inc. , 528 F. 2d 1384, 1386（1976）.
② See Kramer v. Scientific Control Corp. , 534 F. 2d 1085, 1093（3d Cir. 1976）.
③ See Hull v. Celanese Corp. , 513 F. 2d 568, 572（2d Cir. 1975）.

对直接影响其利益或影响其选择律师自由的事实漠不关心。当客户选择律师时，如果后者在这一点上保持沉默，就有权推定后者没有任何其他约定，而在任何程度上影响他对所委托事项的完全奉献；没有任何受干扰的利益，而背叛他的判断，或危及他的忠诚。"①

二、案例简评

（一）本案的利益冲突性质

本案系同一律所的不同律师为案件原被告两方代理的情形，属于同时性的利益冲突。同时性利益冲突是指由于律师对现行委托人、潜在委托人、第三人承担的职责相互间或者与律师的自身利益间发生的利益冲突，与之相对的是连续性利益冲突。在本案中，CBM 律所一方面为原告的反垄断诉讼代理，另一方面为被告处理劳动争议法律事务，相当于同时受原被告两方委托。虽然是该律所的不同律师、针对不同事项进行代理，但该种情形下，难以保证对两方尽职和忠诚义务。

（二）利益冲突的相应规范

在比较法上，对于同时性的利益冲突，美国《职业行为示范规则》1.7 至 1.13 的条款规定，如果代理涉及并存的利益冲突，律师不可代理该客户。然而，该规则的例外规定是：尽管存在"并存的利益冲突"，在特定情况下律师仍可代理客户，包括：（1）律师合理相信自己将能够为每位受影响的客户提供称职且勤勉的代理；（2）法律不禁止代理的；（3）该项代理不涉及在法庭审理的同一诉讼或其他法律程序中对该律师所代理的其他当事人提出的索赔主张；（4）每位受影响的客户均给予书面确认的知情同意。而我国明确作出禁止同一律师双重代理的规定，《中华人民共和国律师法》第三十九条、《中华人民共和国律师

---

① See Williams v. Reed, 3 Mason 405, 418, Fed. Case No. 17, 733（C. C. Maine 1824）.

执业管理办法》第二十八条规定，律师不得在同一案件中为双方当事人担任代理人。[①]

一般认为，律师执业规则规定的利益冲突的例外要具备如下条件，即律师有合理的理由相信能够有效地、谨慎地代理双方；不为法律所禁止；代理不涉及在同一个诉讼中一方对另一方主张权利；以及对双方充分的披露和获得书面允许。在满足上述四种情况的前提下，律师可以"一手托两家"。

三、问题思考

（1）本案存在何种具体利益冲突？

（2）本案存在的利益冲突有哪些相应规范，是否有豁免情形？

[①] 对于同一律所为案件双方代理的情形，《律师和律师事务所违法行为处罚办法》第七条作出否定性规定，在同一民事诉讼、行政诉讼或者非诉讼法律事务中同时为有利益冲突的当事人担任代理人或者提供相关法律服务；在同一刑事案件中同时为被告人和被害人担任辩护人、代理人，或者同时为二名以上的犯罪嫌疑人、被告人担任辩护人，均不被允许。然而，该文件系全国律师协会制定的行业性规范，不属于法律法规的强制性规范。《律师执业行为规范（试行）》对同时性的利益冲突作出进一步解释。第五十一条规定了律师或律所不得与当事人建立或维持委托关系的情形。《律师执业行为规范（试行）》第五十一条："有下列情形之一的，律师及律师事务所不得与当事人建立或维持委托关系：（一）律师在同一案件中为双方当事人担任代理人，或代理与本人或者其近亲属有利益冲突的法律事务的；（二）律师办理诉讼或者非诉讼业务，其近亲属是对方当事人的法定代表人或者代理人的；（三）曾经亲自处理或者审理过某一事项或者案件的行政机关工作人员、审判人员、检察人员、仲裁员，成为律师后又办理该事项或者案件的；（四）同一律师事务所的不同律师同时担任同一刑事案件的被害人的代理人和犯罪嫌疑人、被告人的辩护人，但在该县区域内只有一家律师事务所且事先征得当事人同意的除外；（五）在民事诉讼、行政诉讼、仲裁案件中，同一律师事务所的不同律师同时担任争议双方当事人的代理人，或者本所或其工作人员为一方当事人，本所其他律师担任对方当事人的代理人的；（六）在非诉讼业务中，除各方当事人共同委托外，同一律师事务所的律师同时担任彼此有利害关系的各方当事人的代理人的；（七）在委托关系终止后，同一律师事务所或同一律师在同一案件后续审理或者处理中又接受对方当事人委托的；（八）其他与本条第（一）至第（七）项情形相似，且依据律师执业经验和行业常识能够判断为应当主动回避且不得办理的利益冲突情形。上述条款指出同一律所的不同律师为同一案件的双方代理系违法行为，即便是在一方委托关系终止后。但例外情形是，在同一刑事案件中，该县区域内只有一家律所且事先征得当事人同意。而根据相关规定，一旦出现上述利益冲突违规的情形，轻则涉及执业过程中的违法违规，重则可能会使律所遭受制裁、处罚，承受财产损失和名誉贬损。"

律师面对连续性利益冲突该怎么做？
——美国诉华为案

一、案情介绍

2019 年，在美国政府诉华为两家公司的诉讼中，华为方面任用前美国司法部副检察长詹姆士·科尔（James M. Cole）作为首席律师；美国政府随即以利益冲突为由，申请取消科尔的辩护资格，而这一申请最终得到了法院的支持。

2019 年 1 月，美国政府公开了对华为技术有限公司（Huawei Technologies Co., Ltd.）和华为设备美国有限公司（Huawei Device USA, Inc.）（以下统称为"华为"）的两项指控，分别指控华为违反了美国对伊朗的制裁禁令，以及指控华为试图从另一跨国移动电话运营商 T-Mobile 窃取商业机密。[①] 关于第一项指控，美国政府指控华为利用在伊朗运营的非官方子公司 Skycom Tech Co Ltd（以下简称"Skycom"）隐瞒在当地开展的业务，获取美国所禁止的商品、技术和服务，上述行为违反了美国对伊朗的制裁令；并通过歪曲其与 Skycom 的关系，欺骗汇丰银行及其他国际银行，通过国际银行系统转移资金。而华为方则表示 Skycom 是正常的合作伙伴。[②]

对于美国当局的指控，华为组建了辩护团队并提出无罪抗辩。在对华为的第一项指控（违反美国对伊朗的制裁）的诉讼中，华为的首席律师由盛德律师事务所（Sidley Austin LLP）律师、曾任美国司法部副检察长的詹姆士·科尔（James M. Cole）担任。科尔于 1979 年加入美国司法部，于 2010 年 12 月至 2015 年 1 月间担任副检察长的职位，在该职位上负责所有组织部门的日常监督和指导，并与司法部首脑艾瑞克·霍尔德（Eric H. Holder Jr.）密切合作，为司法部制订和实施关键的策略和计划。与此同时，科尔也是司法部于美国国家安

---

① See HOROWITZ J. US unveils its criminal case against Huawei, alleging China giant stole trade secrets and violated Iran sanctions［EB/OL］. CNN, 2019-1-29.

② See Karen Freifeld. U. S. Says Huawei Lawyer's Prior Work at Department Poses Conflicts［EB/OL］. The Washington Post, 2019-5-10.

全委员会（National Security Council）的主要代表之一。① 2017 年起，科尔被华为聘用为代理律师。

2019 年 5 月 2 日，美国政府以存在利益冲突为由，申请取消科尔作为华为代理律师的辩护资格。检方声称，科尔供职于司法部期间所掌握的信息将会使政府一方处于不利地位。华为的律师辩称，美国政府对于华为涉嫌逃避对伊朗的制裁禁令及银行欺诈的调查于 2016 年才开始，此时科尔已经离任，因此并不构成利益冲突。而政府方则表示，作为司法部长达五年的二把手，科尔对此案所涉及的信息有丰富的了解，但出于国家安全的考虑，不会在公开法庭上披露进一步的细节。华为的律师将政府申请取消科尔辩护资格的行为称为"对华为的火力网的一部分"。值得注意的是，科尔并非华为所雇用的第一位前美国政府官员；华为的安全主管安迪·珀迪（Andy Purdy），曾任职于白宫，同时也曾是美国国土安全部（department of Homeland Security）网络安全方面的高级官员。②

2019 年 12 月 3 日，美国纽约布鲁克林地方法院法官安·唐纳利（Ann Donnelly）"满足了美国联邦检察官的要求"，下令取消该案中科尔的辩护资格。③ 华为方面对取消科尔辩护资格的申请，主要从以下两点提出了反对意见：

第一，华为方面认为科尔此前于司法部的工作内容与本案并未产生"实质性的联系"，并援引既往判例提出，所谓"实质性联系"，必须是律师于所代理的前案与后案所涉及的问题的关系必须"显见地清楚"：所涉及的问题必须"相同"或"基本相同"，而科尔于司法部的工作内容并不构成这一条件。但这一点遭到了法庭的反对："如果'律师对被告的代理因对先前委托人的忠诚而受到损害'，或者'在重大事实或法律问题或行动过程中'，他的利益与委托人的利益'背离'，就存在利益冲突。"④ 而检方提出，科尔供职于司法部期间的参与程度可能与此案产生"更密切和直接的关系"，即使科尔的工作"更多是监督和批准而非执行"，但作为政府的高级官员，科尔负有"重要的责任"（significant re-

---

① See James M. Cole Online Profile［EB/OL］. Sidley Austin LLP, 2022-12-15.

② See DUFFY C. US government seeks to disqualify former Deputy Attorney General as Huawei lawyer［EB/OL］. CNN, 2019-9-4.

③ United States of America v. Huawei Technologies Co. LTD., 18 - CR - 457（S - 2），2020WL903007（E. D. N. Y, Dec. 03, 2020）.

④ "There is a conflict if 'an attorney's representation of the defendant is impaired by loyalty owed to a prior client,' or his interests 'diverge' from his client's interests 'with respect to a material factual or legal issue or to a course of action.' United States v. DiScala, No. 14-CR-399, 2017 WL 6623985, at ＊2（E. D. N. Y. Dec. 24, 2017）（citation omitted）."

sponsibility），政府有权推定与科尔之间"存在共同的信任"（that confidences were shared），科尔有能力于工作期间获取与本案存在实质联系的机密信息。而对于华为方面提出的，科尔"不记得这些事情"（no recollection of the matters），法院同样认为，记忆不是固定和绝对的，而可能随着案件的进展回忆起监督和调查的细节，因此法院不是凭借记忆，而是凭借其"与案件接触中所保留的知识的推断"，决定取消科尔的辩护资格。

第二，华为方面提出关于"豁免"的问题，包含两个要点：一方面，检方于科尔第一次出庭时并未申请取消其代理资格，应当被推定为对利益冲突产生的权利的放弃；另一方面，华为作为被告方被告知利益冲突后，在明智同意的前提下主动放弃了获得无利益冲突的辩护律师的权利。对于华为方面的观点，检方提出，由于起诉书的保密需要，起诉书解封之前提出取消辩护资格的申请不但为时过早，而且可能会对本案所开展的调查造成损害，而这一点得到了法庭的支持；法庭同时提出，被告方（即华为）是否放弃获得无利益冲突权利的律师并不重要，但法庭认为这一弃权并不一定是"明智同意"的，由于检方并未对取消辩护资格申请提供足够多的事实依据，科尔同样不可能向华为公开造成利益冲突的原因，因为这属于机密信息，也属于律师—委托人特权的保护范围，因此，华为不足以充分获取"利益冲突可能对其利益产生不利影响的实质性及合理可预期的方式"的信息，因此不足以构成明智同意。

结合上述考虑，法庭同意检方要求，取消了科尔在本案中的代理资格；但法庭并不寻求取消科尔所在的盛德律师事务所于本案中的代理资格，因此盛德律师事务所应当采取迅速、合理的措施解决科尔的利益冲突带来的问题。

对于这一结果，华为方面表示，保留对该决定进行申诉的权利；华为同时表示，尽管科尔的专业技能和从业经历无可替代，但华为仍对盛德律师事务所的资深律师汤姆·格林（Tom Green）与马克·霍普森（Mark Hopson）充满信心。① 盛德律师事务所则表示："我们相信这些指控是没有事实根据的，我们将为此案进行坚决的辩护。"②

二、案例简评

美国检方请求取消科尔辩护资格的依据是律师的利益冲突规则，具体为连

---

① 首席律师被美国取消辩护资格，华为：保留上诉权利［EB/OL］. 观察者网，2019-12-04.

② See DUFFY C. Federal judge disqualifies Huawei's lawyer［EB/OL］. CNN，2019-12-04.

续性的利益冲突问题。美国律师协会《职业行为示范规则》规则1.9"对前委托人的职责"规定了连续性利益冲突的情形。① 此外，《职业行为示范规则》规则1.11专门规定了"先前和现行政府职员和雇员的特殊利益冲突"，本案涉及规则11.1的（a）款。②

本案中，美国检方主张科尔的前委托人（美国司法部）与当事人（华为）之间存在连续性的利益冲突，因为其任职于司法部的经历使其有能力、也有可能获取关于本案的机密信息，从而导致规则1.9所述的"重大冲突"，这一观点最终得到法院认可。值得注意的是，本案中法院所作裁决并不能单纯地视为运用法律技术的后果，其中的政治考量是显而易见的。本案处于中美贸易冲突的关键节点上，正如华为律师所指出的，这只是美国政府针对华为的"整体议程"中的一部分（part of an overall agenda），是又一个战术步骤、一个危险

---

① ASA Model Rules of Professional Conduct, Rule 1.9: Duties to Former Clients (a) A lawyer who has formerly represented a client in a matter shall not thereafter represent another person in the same or a substantially related matter in which that person's interests are materially adverse to the interests of the former client unless the former client gives informed consent, confirmed in writing. (b) A lawyer shall not knowingly represent a person in the same or a substantially related matter in which a firm with which the lawyer formerly was associated had previously represented a client (1) whose interests are materially adverse to that person; and (2) about whom the lawyer had acquired information protected by Rules 1.6 and 1.9 (c) that is material to the matter; unless the former client gives informed consent, confirmed in writing. (c) A lawyer who has formerly represented a client in a matter or whose present or former firm has formerly represented a client in a matter shall not thereafter: (1) use information relating to the representation to the disadvantage of the former client except as these Rules would permit or require with respect to a client, or when the information has become generally known; or (2) reveal information relating to the representation except as these Rules would permit or require with respect to a client. 参见王进喜. 美国律师协会职业行为示范规则（2004）[M]. 北京：中国人民公安大学出版社，2005：37-38.

② ASA Model Rules of Professional Conduct, Rule 1.11: Special Conflicts of Interest for Former & Current Government Officers & Employees (a) Except as law may otherwise expressly permit, a lawyer who has formerly served as a public officer or employee of the government: (1) is subject to Rule 1.9 (c); and (2) shall not otherwise represent a client in connection with a matter in which the lawyer participated personally and substantially as a public officer or employee, unless the appropriate government agency gives its informed consent, confirmed in writing, to the representation. 参见王进喜. 美国律师协会职业行为示范规则（2004）[M]. 北京：中国人民公安大学出版社，2005：41-42.

的领域。①

三、问题思考

美国检方提出取消科尔辩护资格申请的依据是什么？

---

① See Hurtado, Patricia, *Huawei Says U. S. Bid to Remove Its Lawyer Is Part of an 'Agenda.'*, Bloomberg. Com （Sept. 4， 2019）， N. PAG. https：//search. ebscohost. com/login. aspx? direct=true&db=bth&AN=138432634&lang=zh-cn&site=ehost-live.

如何理解律师的社会责任？
——武昌捐献遗产天价咨询费案

一、案情介绍

湖北武汉的艾馨（化名）女士在七八年前确诊乳腺肿瘤，经历大大小小的手术仍未能好转。考虑到自己时日无多，她计划卖掉房子，将遗产捐给动物救助组织。艾女士通过网络搜索，找到了位于武汉市武昌区中山路的湖北 L 律师事务所（以下简称"L 律所"），用网上留言的方式向该事务所的范某良"律师"表达了自己的诉求，但双方一直未见面。2020 年年底，艾女士感到病情恶化后，双方才正式碰面。范某良表示，捐赠遗产需要一笔价格不菲的手续费。在十天内的两次碰面中，艾女士与 L 律所签订合同，代理律师为林某、吕某，并先后于 11 月 22 日、28 日缴纳了共计 20 万元的咨询费。之后，范某良又催促艾女士将 80 万元捐款先汇给律所，声称将打到公证机关的账上，以防后续遭到艾女士家人的反对。艾女士此时意识到不对，想取消委托，要回 20 万元咨询费，L 律所表示只愿意退还 5 万元左右。随后，艾女士将此事投诉至武汉律师协会和司法局。艾女士又通过律师协会了解到，范某良不是律师，是律所"老板"（执行主任）。①

2021 年 3 月 2 日，记者赴 L 律所采访此事，发现自称"出差"的范某良正在办公室内。范某良表示："20 万不贵，因为我们的服务不是一天就给她做完的。"据了解，范某良所说的"服务"包括法律咨询、对接武汉市小动物协会、生活照料、帮助艾馨起草遗嘱等。范某良称："我们的重点是给她做法律咨询，以及有关她财产赠的问题，生活照料问题不是我们必然的法律义务。但考虑到她是一个病人，我们可以帮她去做。我们讲究仁义道德，就帮她做，但这不是我们的法定义务。她到我们律师事务所来了一次，说不想委托了。我说如果确实不想做了，我考虑给你退 5 万元左右，我说你再考虑一下。我们也并没有

---

① 参见武汉一癌症患者欲卖房捐出遗产，10 天被律所收 20 万咨询费［EB/OL］. 澎湃新闻，2021-03-20.

完全不松动，完全按违约来处理。完了之后，她上午来的，下午就直接把我们投诉了。你既然投诉了，我们就依法走法律程序。"①

2021年3月21日，武汉市武昌区司法局宣布已受理该案，将尽快完成案件调查，依法依规严肃处理，决不姑息违法违规行为，处理结果将及时向社会公布。3月21日上午，范某良等三人又上门退还了17万元，但要求艾女士在合同原件上签署"对L律所工作表示理解，本人承诺不采取任何投诉途径，不向媒体再反映本事件"的字样。范某良还要求与艾女士握手合照，并声称是发给司法局看的。②

2021年3月28日，武昌区司法局通报了此事的调查结果：③

自2021年3月20日起，"癌症患者欲捐遗产10天被律所收20万咨询费"一事在网络传播。武昌区司法局依法展开调查，现将有关情况通报如下：

经查，湖北L律所为具备执业资格的律师事务所，负责人赵某某。2020年11月22日，当事人艾馨（化名）与L律所签订了委托代理合同，代理律师林某、吕某，代理费20万元，艾馨于11月28日缴纳全款，L律所于11月30日开具发票。

本案中，代理律师在知晓当事人身体状况及拟代理事项情况下，未能向其充分解释收费的依据、标准和服务事项，未能主动提示并帮助其申请公益法律援助，明显有违《中华人民共和国律师法》和《律师服务收费管理办法》等法律规定中的"公平、诚信"原则。L律所对代理律师的执业行为未能实施有效监督，负有不可推卸的管理责任。

据此，武昌区司法局依法约谈L律所负责人赵某某，代理律师林某、吕某，工作人员范某良，责令该所全面自查，及时整改，规范执业行为，加强律师教育管理。

2021年3月25日，L律所退还了20万元代理费，并与艾馨解除代理合同。

武昌区司法局
2021年3月28日

① 参见武汉一癌症患者欲卖房捐出遗产，10天被律所收20万咨询费［EB/OL］.澎湃新闻，2021-03-20.
② 武汉司法局介入"天价咨询费"调查 律所退款17万［EB/OL］.新浪网，2021-03-21.
③ 参见情况通报［EB/OL］."大成武昌"微博，2021-03-28.

2022 年 1 月，武汉市律师协会在年度执业警示中发布了《湖北 L 律所违规收费、违反行业管理规定案》，对 L 律所给予行业处分：①

> 湖北 L 律所存在多种违规行为，包括在接收法律服务费的过程中使用了非本单位账户接收代理费，内部管理制度缺失，将未取得律师执业证的人吸纳为律所投资合伙人，给予其执行主任的岗位，并在新闻媒体上放任宣传该人为律所负责人、合伙人、律师团队创始人。上述行为违反了中华全国律师协会《律师协会会员违规行为处分规则（试行）》第二十七条第（二）项、第三十九条第（一）项、第四十条第（四）（六）（七）项的规定，武汉市律师协会决定给予湖北 L 律所公开谴责的行业处分。

二、案例简评

其一，湖北 L 律所的行为违背了律师的诚信义务。本案中，L 律所的范某良在与艾女士交谈的过程中，并未清楚告知他本人不具有律师资格。从武汉市律师协会的年度执业警示中也可确认，L 律所的内部管理制度缺失，将未取得律师执业证的人吸纳为律所投资合伙人，给予其执行主任的岗位，并在新闻媒体上放任宣传该人为律所负责人、合伙人、律师团队创始人，显然有违诚信原则，损害了委托人的合法权益。

其二，L 律所违背了律师收费规则，这一点也是律师诚信义务的要求。从后续争议及艾女士对代理费价额的不理解来看，显然，L 律所并未做到充分解释收费的依据、标准和服务事项，这也违背了律师的诚信义务和公开公平、诚实信用的收费规则。

其三，L 律所的行为也违背了律师职业道德方面的社会责任原则和公平正义原则。本案中，艾女士作为生命即将走到尽头的癌症患者，愿意向动物救助组织捐出自己的遗产，本是一种值得社会赞扬的善举。L 律所未曾顾及艾女士的身体状况及拟代理事项的公益性质，仍坚持高额收费，未能承担起自身的社会责任，造成了不正之风，也降低了社会大众对律师行业的评价。

三、问题思考

本案中的 L 律所违背了哪些律师职业伦理？

---

① 参见律师执业警示（三）[EB/OL]. "武汉律协" 微信公众号，2022-01-07.

法官和律师是"相看两生厌"吗？
——律师吴某某"大闹法庭"事件

一、案情介绍

（一）案情争议

广西律师吴某某代理了一起加工承揽合同纠纷案，因当事双方约定发生纠纷时由广西壮族自治区南宁市青秀区人民法院管辖，且合同履行地也在青秀，因此他在6月3日上午赶到青秀区人民法院排队等待递交立案材料。

吴某某声称，当他在立案窗口递交立案材料后，立案窗口的法官声称案件不归青秀区人民法院管辖，不予立案。在吴某某的坚持下，法官留下了吴某某递交的案件材料。吴某某要求法官出具收件回执，法官不予出具，并叫来法警带吴某某去往信访接待室。被带到法院大堂东侧的信访接待室后，吴某某仍未拿到收件回执。吴某某前往法院七楼的纪检组投诉。

在此期间，另一位法官看到他放在桌子上的手机，怀疑他用手机录音，要求检查他的手机并喊来了法警。吴某某要求法警出示工作证，一位自称法警大队大队长的法警表示拒绝。在要求检查吴某某手机无果的情况下，他叫来另外两名法警强行检查吴某某的手机。吴某某回忆说，现场的一个法警向后压他的身体，把他摔在地上并用脚反复踩，还抢走了他的手机。衣服上的脚印痕迹非常明显，膝盖、双手、肩膀感到疼痛并留下伤痕，胸口也有一块红肿的痕迹。吴某某称，法警查看他的手机后，明确表示并未发现相关录音。[①] 他要求用手机将情况通报律师协会和家属。最后法院方面同意用办公室的电话与外界通话。在等律协人员过程中，吴某某被法警轮流看管，直到下午2点左右，在律协人员劝说下，吴某某决定离开法院。当天走出青秀区人民法院后，等候在外的亲友拍下了多张吴某某衣

---

① 以上内容系根据某某2016年6月5日的采访视频归纳而成，参见广西律师被打事件：独家连线吴某某律师讲述法院遭遇［EB/OL］. 腾讯视频网，2016-06-07.

衫褴褛的照片。照片中的他衬衣敞开，西裤被撕扯至露出大半条右腿。①

青秀区人民法院官方微博于 2016 年 6 月 3 日晚间发布了"关于广西 G 律师事务所律师吴某某到青秀区人民法院办理业务的事情经过"的通报。通报描述的事情经过与吴某某的说法存在较大出入，称吴某某律师到诉讼服务大厅申请立案，因涉及管辖问题需进一步审查，立案窗口工作人员收取吴某某的起诉材料并进行登记后，告知吴某某不能当场立案。吴某某听后情绪激动，在立案大厅大声嚷嚷，影响其他当事人办理立案事宜。鉴于这种情况，窗口接待人员告知吴某某如对窗口接待有意见可向信访部门反映。随后吴某某来到立案信访室，立案信访室工作人员告知吴某某案件材料已经接收，待立案庭审查后会在法定期限内作出书面答复。吴某某不服，后到纪检监察机关投诉。法院纪检监察室人员对其进行接访，并与立案庭庭领导对其关于立案问题进行了答复，再次告知其起诉的案件经审查后会在法定期限内予以书面答复。在接访中，吴某某承认对法院进行录音录像，法警大队安保人员因担心吴某某已对审判区域和审判人员进行录音录像，即到信访接待室动员吴某某主动打开手机进行检查。通报还称，经过半个多小时沟通后，吴某某仍不配合，法警即强制检查手机，吴某某见状，将手机放到裤袋里，双方因此发生拉扯，拉扯中，吴某某紧捂裤袋，导致吴某某的外裤脱线。见此情形，法警大队教导员立即让法警拿来一条新裤子让吴某某更换，但吴某某拒绝更换，也拒绝离开法院，并拨打律协电话，要求律协派人来法院处理。约 12 时 30 分，广西壮族自治区和南宁市律协人员到场后，吴某某依然拒绝更换裤子，并将其上衣扣解开。律协人员和法院领导反复动员一个多小时后，吴某某自愿离开法院，但拒绝更换裤子和扣好上衣，走出法院大门并在大门前拍照后离开。通报的最后，青秀区人民法院表示，法院将会同律协等有关部门对该事件进一步调查核实，如发现干警存在违纪违法行为，将严肃处理，绝不姑息。②

（二）调查结果及处理意见

事件发生后，南宁市委政法委牵头，由南宁市中院、公安局、司法局、律师协会等单位组成联合调查组对事件进行调查，并于 2016 年 6 月 7 日公布了调查结果：

---

① 参见广西律师自称在法院被打 南宁市政法委介入调查 [EB/OL]. 搜狐新闻，2016-06-06.

② 参见关于吴某某律师到青秀法院办理业务的事情经过 [EB/OL]. "青秀法院"微博，2016-06-03.

其一，事件过程中不存在殴打吴某某律师行为。现场监控视频显示，法警对吴某某所实施的抢夺手机（导致其裤子被扯烂）、背后控制、关门、放倒在地、脚踏胸口等动作，发生在一分钟之内，目的是强制检查其手机内有无未经准许的录音录像，且法警在拿到手机后立即松开对吴某某的控制，并没有伤害的故意，不属于殴打。

其二，虽然在法院申诉信访场所不能录音录像，但青秀区人民法院法警存在滥用强制手段的行为。根据《最高人民法院关于依法维护人民法院申诉信访秩序的意见》第七条规定："申诉信访场所应当配备物品寄存设施，申诉信访人员，应当将所携带的具有拍照、录音、录像功能的设备予以寄存。未经准许拍照、录音、录像的，司法警察应当予以制止，删除拍录内容，并可以对行为人予以训诫。"因此，在法院诉讼服务大厅、信访接待室未经准许是不能拍照、录音、录像的。根据上述规定，青秀区人民法院法警有权在该院诉讼服务大厅、信访接待室等场所制止、删除未经准许的录音录像。但法警在没有证据证明吴某某录音录像的情况下，用强制手段检查其手机，超出了可以使用强制手段的法定授权范围，是滥用强制手段的行为。

调查组提出的处理意见如下：

1. 青秀区人民法院向吴某某律师公开赔礼道歉，并赔偿损失。

2. 青秀区人民法院依法向吴某某律师出具接收立案材料的凭证，并依法及时告知立案审查结果。

3. 南宁市中级人民法院启动责任调查程序，依照有关规定追究相关人员责任，并向社会通报结果。

4. 青秀区人民法院严格落实立案登记制度，进一步改进工作作风。

5. 青秀区人民法院依法保障律师执业权利及合法权利。[①]

（三）后续发展

2016年6月8日下午，联合调查组邀请吴某某到青秀区人民法院调看了监控录像，青秀区人民法院院长就该院法警滥用强制手段向吴某某律师做了公开道歉，并表示相关赔偿意愿，同时还通报，经过依法审查，法院决定对吴某某律师代理的合同纠纷案给予立案。[②]

---

① 以上调查结果及处理意见参见．广西律师吴某某"半裸"事件官方调查公布：法警滥用职权［EB/OL］．闽南网，2016-06-08．

② 参见调查组向吴某某律师等通报调查进展并调看监控录像［EB/OL］．搜狐网，2016-06-09．

吴某某在接受记者采访时表示，对于联合调查组的意见和法院的道歉，自己一概不予接受，并且已经向青秀区人民检察院提出了对当事法警的刑事控告。吴某某表示，整个过程中自己没有大声喧哗，没有情绪激动。对于通报中"承认录音录像"说法，吴某某予以否认，称自己没有承认过。吴某某还表示不接受通报中"外裤脱线"的说法，说："我的裤子从腰带位置起就被扯烂，怎么会是简单的脱线？这种说法，我不能接受。"对于网络质疑吴某某在照片中衣衫不整并拍下照片是为了作秀的说法，吴某某回应称，此事并不是炒作，不愿更换裤子是认为现场法警缺乏解决问题的诚意，并且不想更换法警拿来的制服裤。对于网上猜测的"解开衬衫夸大影响"做法，吴某某也予以否认，称上衣本来也被扯得乱七八糟，因为法院里很冷，自己在法院中已将衬衫扣子扣好，后来是律师协会的人让他把扣子解开，然后拍照。吴某某还说道，自己刚从法院出来，还没有走下台阶，很多人已开始拍照，不是他主动要求拍的，并称自己在这件事情中没有任何过分和过当的言行。①

吴某某委托吴某和覃某某两位律师作为他的代理人。两位律师发表声明称，由于青秀区人民法院法警的暴力行为以及其他工作人员的行为涉嫌犯罪，已经向青秀区人民检察院提出了刑事控告，并要求青秀区人民法院将全部视频移送青秀区人民检察院作为证据进行审查。②

在2016年6月10日的"吴某某律师执业维权研讨会"上，律师们就此事进行了多方面的法律探讨。2016年10月28日，南宁中院官网发布了青秀区人民法院"6·3"事件整改情况的通报。通报显示："2016年6月3日，吴某某律师到南宁市青秀区人民法院立案过程中引发纠纷后，南宁市中级人民法院高度重视，举一反三，根据市联合调查组的处理意见认真开展整改工作。"该通报还称："南宁市中院启动责任调查程序，根据《中国共产党纪律处分条例》《人民法院工作人员处分条例》等有关规定，对青秀区人民法院立案庭书记员苏某予以行政警告，对法警大队教导员张某某予以行政记过，对院长林中材进行诫勉谈话。"③

① 参见"遭撕裤"律师：未作秀 拒绝法院道歉 [N]. 新京报，2016-06-12.
② 参见律师吴某某拒绝法院道歉 要求追究涉事法警刑责 [EB/OL]. 中华网，2016-06-11.
③ 参见广西律师"半裸"事件续：涉事法院院长被诫勉谈话 [EB/OL]. 澎湃新闻，2016-10-29.

二、案例简评

本案难点在于，青秀区人民法院和吴某某律师对案情的描述各执一词，联合调查组的调查结果也不为吴某某所承认。由此引出的法律职业伦理问题不能片面归于一方，而应从双方视角展开分析。

就法院一方而言，法官和法警均应尊重律师，法院还应加强对法警工作的培训与管理。《中华人民共和国法官职业道德基本准则》第二十一条规定："认真执行司法便民规定，努力为当事人和其他诉讼参与人提供必要的诉讼便利，尽可能降低其诉讼成本。"第二十二条也明确规定："尊重当事人和其他诉讼参与人的人格尊严，避免盛气凌人、'冷硬横推'等不良作风；尊重律师，依法保障律师参与诉讼活动的权利。"本案中，部分法官对待吴某某律师的态度存在盛气凌人的倾向，法警的强制手段亦超过了其权限范围。就律师一方而言，真实义务是律师在诉讼活动中应当履行的首要义务。① 就本案而言，吴某某律师拒绝更换裤子，在法院门口特意解开衣扣、拍照传播等举动，多少存在夸大事实、博人眼球的用意，结合调查组认定结果来看，其本人的叙述也不能保证完全真实，这在一定程度上也有悖于律师真实义务。此外，律师还应当在诉讼中严格遵守法律程序，尊重法院及司法人员，不干扰诉讼活动的正常进行。本案中吴某某律师及其照片在网络上引起轩然大波，有损司法权威。虽不可将责任完全归于律师，但吴某某一方多少有借助舆论倒逼司法的倾向。

总之，法院和律师不能将彼此对立起来，应处理好彼此之间的关系，构建法律共同体，以更好地维护公平正义。

三、问题思考

本案涉及哪些法律职业伦理问题？

---

① 多国的法律或律师行业规范中规定了律师的真实义务，如美国律师协会《职业行为示范规则》3.3"对裁判庭"（a）项："律师不得故意从事下列行为：（1）就事实或法律向裁判庭作虚假陈述，或者没有就律师以前向裁判庭作出的关于重要事实或者法律的虚假陈述作出修正。"就我国法律而言，如《中华人民共和国刑事诉讼法》第四十四条："辩护人或者其他任何人，不得帮助犯罪嫌疑人、被告人隐匿、毁灭、伪造证据或者串供，不得威胁、引诱证人作伪证以及进行其他干扰司法机关诉讼活动的行为。违反前款规定的，应当依法追究法律责任，辩护人涉嫌犯罪的，应当由办理辩护人所承办案件的侦查机关以外的侦查机关办理。辩护人是律师的，应当及时通知其所在的律师事务所或者所属的律师协会。"可以视为将真实义务上升至法定义务的规范。

如何判断律师伪证罪的成立与否？
——律师李某伪造证据、妨害作证案

一、案情介绍①

（一）基本案情

李某在案发前系北京市 D 律师事务所执业律师。2009 年 11 月 20 日，龚某某等 34 人组织、领导、参加黑社会性质组织案由重庆市人民检察院第一分院向重庆市第一中级人民法院提起公诉，② 11 月 20 日，重庆市第一中级人民法院受理该案。11 月 22 日、11 月 25 日，龚某某的妻子程某、堂弟龚某先后与北京市 D 律师事务所签订了刑事案件代理委托协议，该所指派李某及马某某担任龚某某的一审辩护人。11 月 24 日，重庆市第一中级人民法院通知李某、马某某作为龚某某的辩护人参加 12 月 7 日对龚某某等 34 人组织、领导、参加黑社会性质组织案的开庭审理。11 月 24 日、11 月 26 日、12 月 4 日，李某在重庆市江北区看守所会见了龚某某。

12 月 10 日，龚某某向公安机关揭发李某教唆自己编造被刑讯逼供的行为。12 月 12 日，李某因涉嫌犯辩护人、诉讼代理人毁灭、伪造证据罪被刑事拘留，次日被逮捕。12 月 19 日，重庆市江北区人民检察院以被告人李某犯辩护人伪造证据、妨害作证罪向重庆市江北区人民法院提起公诉。③

2010 年 1 月 8 日，重庆市江北区人民法院一审判决认为：被告人李某在担任龚某某的辩护人期间，利用 2009 年 11 月 24 日、11 月 26 日、12 月 4 日会见龚某某之机，向龚某某宣读同案人供述，教唆龚某某编造被公安机关刑讯逼供

---

① 律师李某伪造证据、妨害作证案曾引发社会的广泛关注，围绕该案的事实认定、法律适用等问题，专业的法学学者、法律职业的从业者乃至社会一般公众皆不乏探讨且意见纷呈。从分析法律职业伦理之目的出发，我们主要以判决书中的内容为基础，并结合部分具有代表性的观点进行研究与讨论。

② 参见重庆市人民检察院第一分院渝检一分院刑诉（2009）283 号起诉书。

③ 参见重庆市江北区人民检察院北检刑诉（2009）818 号起诉书。

的供述，指使吴某某贿买警察证明龚某某被刑讯逼供；引诱龚某某的妻子程某作龚某某被敲诈的虚假证言，指使他人安排保利公司员工（李某某、汪某、陈某某）作虚假证言，并向重庆市第一中级人民法院提交通知龚某、程某等证人出庭作证的申请，其行为妨害了司法机关正常的诉讼秩序，已构成辩护人伪造证据、妨害作证罪，依法应予处罚；公诉机关指控被告人李某犯罪的事实清楚，证据确实充分，指控的罪名成立。重庆市江北区人民法院依照《中华人民共和国刑法》第三百零六条第一款的规定判决被告人李某犯辩护人伪造证据、妨害作证罪，判处有期徒刑 2 年 6 个月。①

李某不服，提出上诉。2010 年 2 月 9 日，重庆市第一中级人民法院二审判决认为：上诉人李某在担任龚某某的辩护人期间，教唆龚某某作被刑讯逼供的虚假供述，引诱、指使证人作伪证，指使他人贿买警察作伪证，其行为妨害了司法机关正常的诉讼秩序，已构成辩护人伪造证据、妨害作证罪；鉴于二审中上诉人李某尚能认罪，考量其认罪态度，依法可予从轻处罚。重庆市第一中级人民法院依照《中华人民共和国刑事诉讼法》第一百八十九条第（二）项、《中华人民共和国刑法》第三百零六条第一款的规定判决：② 一、维持重庆市江北区人民法院（2009）江法刑初字第 711 号刑事判决的定罪部分，即被告人李某犯辩护人伪造证据、妨害作证罪；二、撤销重庆市江北区人民法院（2009）江法刑初字第 711 号刑事判决的量刑部分，即判处被告人李某有期徒刑二年六个月；三、上诉人李某犯辩护人伪造证据、妨害作证罪，判处有期徒刑一年六个月。③ 2011 年 6 月 11 日，李某刑满释放。④

（二）李某及其辩护人意见

一审中，李某对于公诉机关指控的事实及定性均予否定，李某及其辩护人的意见主要集中于以下几点：（1）被刑讯逼供为龚某某本人所说，李某并未伪造证据；李某没有唆使龚某某作被公安机关刑讯逼供的供述，没有指使吴某某贿买警察作伪证，且指控李某指使吴某某贿买警察证明龚某某被刑讯逼供的证

① 参见重庆市江北区人民法院（2009）江法刑初字第 711 号刑事判决书。
② 《中华人民共和国刑法》（2009）第三百零六条第一款："在刑事诉讼中，辩护人、诉讼代理人毁灭、伪造证据，帮助当事人毁灭、伪造证据，威胁、引诱证人违背事实改变证言或者作伪证的，处三年以下有期徒刑或者拘役；情节严重的，处三年以上七年以下有期徒刑。"
③ 参见重庆市第一中级人民法院（2010）渝一中法刑终字第 13 号刑事判决书。
④ 参见李某刑满释放［EB/OL］. 经济观察网，2011-06-11.

据不足；（2）在担任龚某某的辩护人之前，龚某某就作出了被樊某某等人敲诈的供述；（3）李某不认识汪某、陈某某、李某某，也没有指使他人安排三人作伪证；公诉机关宣读的证人证言是在证人被限制人身自由的情况下取得，且均未出庭质证，无法判断其证言的真伪，不具有证明力；（4）龚某某是在公安机关对其讯问的过程中揭发了李某，但此时龚某某案已进入审判阶段，公安机关无权再对龚某某进行讯问，因此公安机关的行为不具有合法性；（5）法律对宣读同案人供述没有禁止性的规定，因此李某向龚某某宣读同案人樊某某的供述的行为不违反法律规定；（6）辩护人伪造证据、妨害作证罪是结果犯，应以实际发生后果为构成要件，在被公安机关捉获前李某已声明退出龚某某案的诉讼，没有造成后果，因此李某的行为不构成犯罪。①

二审中，除部分重复的一审辩护意见外，上诉人李某及其辩护人主要提出：（1）龚某某手腕有伤及其被审讯的时间等现有证据显示该供述有可能成立，不能排除其被刑讯逼供，且龚某某检举李某的口供存在矛盾；（2）李某未指使吴某某贿买警察作伪证，吴某某及龚某就此情节的证言相互矛盾，认定李某指使吴某某贿买警察证明龚某某被刑讯逼供的证据存在矛盾，李某即使有此想法也未实施和影响审判；（3）李某未向相关司法机关提交任何证据，未造成妨害司法机关正常诉讼活动的后果；（4）龚某某系被告人，而非证人；（5）李某的行为不构成辩护人伪造证据、妨害作证罪。同时，李某及其辩护人还指出，侦查机关将证人羁押后收集证言，属违法取证，且证人证言内容虚假、相互矛盾，不能作为定案根据等。②

此外，在庭审过程中，上诉人李某明确表示一审判决认定事实清楚，证据确实、充分，定性准确，程序合法，撤回上诉理由，请求二审慎重对待其上诉。

（三）判决意见

重庆市江北区人民法院根据采信的证据作出了事实认定，并通过一审判决③认为：

被告人李某在担任龚某某的辩护人期间，利用会见龚某某之机，向龚某某宣读同案人供述，教唆龚某某编造被公安机关刑讯逼供的供述，指使吴某某贿买警察证明龚某某被刑讯逼供；引诱龚某某的妻子程某作龚某某被敲诈的虚假

---

① 参见重庆市江北区人民法院（2009）江法刑初字第 711 号刑事判决书。
② 参见重庆市第一中级人民法院（2010）渝一中法刑终字第 13 号刑事判决书。
③ 参见重庆市江北区人民法院（2009）江法刑初字第 711 号刑事判决书。

证言，指使他人安排保利公司员工作虚假证言，并向重庆市第一中级人民法院提交通知龚某、程某等证人出庭作证的申请，其行为妨害了司法机关正常的诉讼秩序，已构成辩护人伪造证据、妨害作证罪，依法应予处罚。公诉机关指控被告人李某犯罪的事实清楚，证据确实充分，指控的罪名成立。

对于被告人李某及其辩护人提出的龚某某被刑讯逼供是龚某某本人所说，李某没有教唆龚某某作被刑讯逼供的供述和指使吴某某贿买警察作龚某某被刑讯逼供的伪证；龚某某在李某介入之前作过被敲诈供述；李某不认识汪某、陈某某、李某某，也未指使、引诱三人作伪证的辩解、辩护意见，重庆市江北区人民法院结合采信的证据，经审查后认为不能成立，不予采纳。

对于李某及其辩护人提出的其他辩解、辩护意见，法院认为，李某是在有意教唆龚某某编造被刑讯逼供供述的同时向龚某某宣读同案人樊某某的供述，不能将该宣读行为作为一个独立的行为来评价是否合法，李某实施该行为的实际目的是教唆龚某某编造被刑讯逼供的供述，从而推翻以前的供述，属于刑法意义上的伪造证据。龚某某、马某某等证人的证言虽是在被限制人身自由的情况下作出，但是经公安机关依照法定程序收集的，与本案具有关联性且互相印证，具有证明力；法院在开庭前已依法向证人送达了出庭通知书，证人均表示不愿出庭作证并表明其在公安机关的证言是真实的，且人民法院不能强制证人出庭作证；根据《中华人民共和国刑事诉讼法》第一百五十七条的规定，公诉机关宣读未到庭的证人证言符合法律规定。公安机关因办理另案的需要提讯龚某某时，龚某某揭发了李某教唆其编造被刑讯逼供的犯罪行为，因此公安机关提讯龚某某没有违反法律规定。伪造证据、妨害作证罪属于行为犯，不是结果犯。因此，李某及其辩护人的相关辩解、辩护意见法院亦未予采纳。

在二审判决中，重庆市第一中级人民法院针对新的辩护意见亦作出了回应，认为龚某某手腕损伤具有合理解释，龚某某没有受到刑讯逼供，李某教唆龚某某编造了被刑讯逼供虚假供述；李某在一审庭审中要求江北区人民法院集体回避于法无据；一审法院对申请证人出庭、调取新证据、延期审理等采用口头答复的方式不违反法律和司法解释的规定；中央电视台采访龚某某的录像资料不能证明该录像资料能够客观反映龚某某接受采访的真实情况，亦不能证明该录像资料在后期制作中是否被剪辑、删节，一审法院不予采信并无不当。①

---

① 参见重庆市第一中级人民法院（2010）渝一中法刑终字第 13 号刑事判决书。

二、案例简评

（一）本案律师的职业伦理分析

首先，李某的行为违背了律师对法庭的真实义务。李某在担任龚某某的辩护人期间，教唆龚某某编造被公安机关刑讯逼供的供述、指使他人安排保利公司员工作虚假证言、向重庆市第一中级人民法院提交通知龚某、程某等证人出庭作证申请等行为并未以事实为依据，阻碍了法庭对事实真相的查明。其次，李某的行为也违背了维护裁判庭廉政性义务，这一法律职业伦理要求律师不得以法律禁止的方式对法官、陪审员或其他司法人员施加影响，其中包括不得贿赂司法机关人员，不得介绍贿赂或指使、诱导当事人行贿。① 本案中，李某指使吴某某贿买警察证明龚某某被刑讯逼供等行为违背了这一职业伦理要求。

（二）律师职业伦理上的冲突

本案中最明显的职业伦理冲突在于律师对当事人的勤勉尽责义务与律师对法庭的真实义务之间。二者在本质上并不矛盾冲突，律师为当事人的利益全力以赴必须以尊重事实和法律为前提，要采取合法的方式和手段，不能因追求当事人的利益而妨碍司法活动对真实的发现。正如中华全国律师协会《律师职业道德基本准则》第三条规定："律师应当坚定法治信仰，牢固树立法治意识，模范遵守宪法和法律，切实维护宪法和法律尊严。在执业中坚持以事实为根据，以法律为准绳，严格依法履责，尊重司法权威，遵守诉讼规则和法庭纪律，与司法人员建立良性互动关系，维护法律正确实施，促进司法公正。"不过同样值得注意的是，如果结合《中华人民共和国刑法》第三百零六条的法律适用问题，立法和司法或许不应在律师对法庭的真实义务方面采取过于严苛的处罚方式，在过于谨慎小心的执业环境中，律师不敢采取积极的行动，这不仅会导致其对当事人的勤勉尽责义务难以实现，有损当事人的利益，也会导致律师在查清案件事实方面的助力减少，最终有损于法庭对真实的发现。

三、问题思考

（1）作为律师的李某违背了哪些职业伦理？

（2）本案显示出哪些律师在法律职业伦理上的冲突，其间如何平衡？

---

① 参见许身健主编. 法律职业伦理［M］. 北京：北京大学出版社，2014：37-40.

律师个体利益何以影响公共利益?
——英国律师持续罢工事件

一、案情介绍

刑事法律援助律师为社会提供着重要的公共服务。来自律师的专业援助对于通过节省法庭时间和确保被告得到公平审判、保持司法公正至关重要。

在英格兰与威尔士,当地建立起的法律援助制度总共投入了价值 10 亿英镑的刑事法律援助系统为事务律师(solicitor)和出庭律师(barrister)支付费用。① 然而在过去 25 年中,为这项工作支付的金额被冻结或削减。英格兰与威尔士的刑事援助律师表示,几十年来,这里的援助系统一直缺乏资源——实际上就是在削减他们的工资。平均而言,在 13 小时内一名律师的收入约为 250 英镑,每小时近 20 英镑。一些新入职的出庭律师表示,他们准备案件所花费的时间意味着他们的小时收入低于最低工资。② 自 2006 年以来,刑事诉讼出庭律师的收入下降了 28% 以上。③ 相比之下,Checkatrade 网站数据显示,水管工的平均日薪现在却已接近 350 英镑。

基于此,刑事律师协会(Criminal Bar Association,以下简称"CBA")的成员们与政府就薪酬、工作条件和法律援助资金发生了争执,并自 2022 年 6 月 27 日起一直在隔周举行罢工。协会要求法律援助工作的工资增加 25%。政府提出 15% 的薪酬提议被成员们拒绝,他们认为该提议不会立即生效或适用于现有案件。同年 8 月 22 日,律师们决定进一步作出行动。在 2273 票中,压倒性的

---

① 事务律师,可以直接接受当事人委托,主要从事各类非诉讼业务,如日常法律咨询,多以合伙制形式参与法律服务。传统的事务律师除了不能在高等法院以上的法院出庭,几乎可以提供其他的所有法律服务。出庭律师/辩护律师,能够接受事务律师的委托代表客户在英国高等法院以上出庭,或向事务律师提供专项法律意见,一般是精于法庭辩护。See Criminal courts face possible lawyer strike [EB/OL]. BBC news, 2022-02-16.

② See Legal aid: Review calls for 135m funding to stem courts crisis [EB/OL]. BBC news, 2021-12-16.

③ See Criminal barristers in England and Wales vote to go on all-out strike [EB/OL]. BBC news, 2022-08-22.

1808 名成员（79.5%）投票选择升级罢工，该项决定导致从 2022 年 9 月 5 日开始，出庭律师在英格兰与威尔士进行无限期、不间断的罢工。

前司法部部长莎拉·丹尼斯（Sarah Dines）表示，CBA 的决定是"不负责任的"。她说，"考虑到我们将刑事律师的费用提高 15%，罢工行动的扩大是完全没有道理的"。同时唐宁街表示，这是一个"令人失望的决定"，将"迫使受害者更长时间地等待正义"。政府发言人敦促 CBA 重新考虑他们的计划，称政府已经制订了 9 月份的加薪计划。

根据英国司法部的数据，由于对法律援助宣传工作的条件和政府设定费用的争议，有 6000 多场法庭听证会中断。英格兰与威尔士的法院已经在处理大量积压案件，新冠疫情使情况变得更糟——英国皇家法院和法庭服务处 4 月底的数据显示，有 58271 起案件等待审判。据英国政府称，在 6 月 27 日至 8 月 5 日罢工的头 19 天内，约有 6235 起法庭案件被打乱，其中包括 1415 起审判。

英格兰与威尔士受害人专员维拉·贝尔德女士（Dame Vera Baird）表示，由于法庭积压，更多受害人可能会退出案件。"法院的资金不足在新冠疫情流行之前就已经存在。这已经导致很多人（受害人）认为他们的生活不能再搁置了，他们正在放弃（诉讼）。"她警告说，更多可能有罪的被告也可能最终走上街头。"人们不能被拘留很长时间，无论他们的行为据称有多严重。"

但反对派的刑事律师米歇尔·希利（Michelle Heeley）认为，由于工资没有增加，司法系统正在"崩溃"。针对刑事律师被认为收入丰厚的评论，她承认那些高薪的人"非常幸运"。但她表示，初级出庭律师的平均年薪很低，"这就是为什么他们从事援助工作无法生存，这就是他们离开的原因"。

事实上，从 2022 年 10 月开始，只有 964 家公司持有刑事法律援助合同，而 2012 年 4 月为 1652 家。[①] 也即，在过去十年中，从事法律援助工作的公司数量下降了 40%。扩大来看，数据显示，在 2018 年至 2021 年间，伦敦以外的刑事责任律师总数下降了约 7%。留下来的人都在变老——只有 4% 的人年龄在 35 岁以下，将近四分之一的人年龄在 50 岁或以上。[②] 随着该行业的成员退休，这可能会导致经验丰富的从业人员短缺，从而影响诉诸司法的宝贵时间。在 2021 年 12 月，英国政府的一项独立审查称，法律援助预算需要立即注资 1.35 亿英镑，以扭转律师大量流失的局面。

10 月 17 日，在政府提出新的薪酬协议后，英格兰与威尔士的刑事律师投票

---

① See Criminal duty solicitors：a looming crisis ［EB/OL］. The Law Society, 2022-09-01.

② See Criminal duty solicitors：a looming crisis ［EB/OL］. The Law Society, 2022-09-01.

结束了他们长期的罢工行动。CBA 表示，共有 57% 的出庭律师在投票中投票接受加薪 15%。① 该决定意味着法院将从 10 月 18 日周二开始照常审理案件。新任司法部部长布兰登·刘易斯（Brandon Lewis）向他们提供了一系列措施，这比他的前任多米尼克·拉布（Dominic Raab）提出的措施走得更远。该协议包括立即将政府资助的辩护事业的费用提高 15%，还承诺这将适用于前所未有的全国积压案件中的 60000 起案件。② 他同时也宣布将为出庭律师付出努力的法庭准备工作提供额外报酬。

二、案例简评

英国的出庭律师只有在获得律师标准委员会（Bar Standards Board，以下简称"BSB"）授权下才有资格从事保留的法律活动。BSB 为出庭律师提供了必须遵守的书面行为准则，即 BSB 手册，③ 其中第二部分 B 核心职责篇第二条规定：您必须以每位客户的最佳利益行事［CD2］，明确了律师的忠诚义务。第二部分 C 行为篇中，C-11 承诺规则又进一步明确了律师对其客户忠诚义务：您必须在约定的时间范围内或在合理的期限内遵守您在诉讼过程中作出的任何承诺［rC11］。据此，本次罢工事件导致的案件延期审理使得不少律师违背了 rC11 规则，也未符合 CD2 原则。

罢工律师选择了个人利益而放弃了社会公共利益，这是否应当？BSB 手册提供了这样一种答案，C21 接受指示篇 rC21 第二条规定："您不得接受就特定事项行事的指示：您自己的个人利益与潜在客户的利益之间存在利益冲突或存在真正的利益冲突风险。"本事件中，部分律师罢工活动领导者认为，不加薪的后果是许多律师事务所正面临留用和招聘方面的危机，这将导致司法系统的崩溃，最终损害到社会利益。在这样的逻辑下，支持律师罢工是保护了律师职业个人利益，但同时也守护了社会公共利益，两者并不完全冲突。

三、问题思考

CBA 为刑事诉讼法律援助律师薪酬发声而选择的集体罢工，从律师职业伦理的角度来看是否适宜？

---

① See Criminal barristers vote to end strike over pay［EB/OL］. BBC news，2022-10-17.

② See Criminal barristers vote to end strike over pay［EB/OL］. BBC news，2022-10-17.

③ See The BSB Handbook，https：//www. barstandardsboard. org. uk/the-bsb-handbook. html? part=E3FF76D3-9538-4B97-94C02111664E5709&audience=&q=.

第二篇　法官职业伦理

如何维护法官的独立审判精神？——大津事件

一、案情介绍

（一）背景介绍①

1855 年，俄日两国签订《下田条约》，条约标志着两国建立起了近代外交关系。然而，条约中对于领土边界划分模糊，阻碍了俄日两国关系的正常化。为解决边界问题，俄日两国于 1875 年又签订了《圣彼得堡条约》，明确了两国的边界划分，解决了领土分歧，实现了俄日两国在 19 世纪 80 年代的友好关系。与此同时，英国则持续在日本宣传俄国的侵略性来破坏俄日关系，呼吁日英结盟抵制俄国在中亚的扩张，对外强硬论与对外恐怖感长期交织盛行于日本社会。

1890 年，俄国决定修建符拉迪沃斯托克铁路连接欧洲部分与远东，日本政界和民众对此异常警觉，认为俄国的远东政策在强化，日本社会出现了较为普遍的激进主义和反俄情绪。11 月 17 日，日本天皇为庆贺议会开幕举行了隆重的巡游仪式，部分民众在经过俄驻日使馆时袭击了该使馆。本着对日友好的宗旨，俄国没有坚持彻底调查和惩罚所有责任人，两国草率地达成了共识，纵容了日本社会的反俄情绪，也在一定程度上促成了大津事件的发生。

与此同时，鼓吹"东进"而激发的东方主义在统治阶级内部蔓延，沙俄皇储尼古拉·亚历山德罗维奇·罗曼诺夫借前往符拉迪沃斯托克出席铁路开工仪式之机开启了远东旅行，暗藏向沿路东方弱小国家宣威、示好之意。1890 年 10 月末，尼古拉开始了前往远东的访问，途径埃及、印度、锡兰、新加坡、暹罗、越南、中国等国，最后来到了日本。

对于尼古拉的访问，日本政府不敢怠慢，多年来日俄两国关系一直紧张微妙，目前俄日外交呈现紧张局势，日本政府希望借此契机，与俄国化敌为友。对于尼古拉的安全问题，日本政府一方面加强警力，严加防范，力求做到万无

---

① 参见邢媛媛. 大津事件与俄国对日外交危机应对——基于俄国外交档案文件的考察 [J]. 安徽师范大学学报（人文社会科学版），2022（6）：52-62.

一失。另一方面,日本外交大臣青木周藏与俄国驻日大使约定,万一发生暗杀行刺事件,将按照本国《刑法》第一百一十六条"加害皇室罪",处以死刑,绝不宽贷。①

(二) 案发情况②

1891年4月29日上午,尼古拉与好友希腊王子乔治乘坐人力车来到大津,大津的街道狭窄,人流涌动,保护尼古拉的警察则面向车队。此时,名为津田三藏的男子越过警戒线,手握军刀袭击了尼古拉的头部,在第二次袭击前,尼古拉跳下车准备逃走,旁边的希腊王子则用竹拐杖击打津田三藏的头部。随后,津田三藏被尼古拉的车夫放倒,尼古拉多处受伤,但因伤口较浅,没有生命危险。

事件发生后,尼古拉王储"表现出了惊人的善良"以宽慰"不知所措的日本人"。明治天皇则表示这一可怕的罪行令他十分震惊,并下令调查,对犯罪分子施以严厉惩罚,以避免破坏日本与俄国的亲密关系。4月30日晚,明治天皇带着伊藤博文和几名日本医学教授乘坐专列抵达京都,并于次日早上亲自向尼古拉道歉。此次行刺事件的爆发,使日俄两国关系极为紧张,战争似乎一触即发,日本政府亟须妥善处理此案。

(三) 审判情况③

为了维护日本外交威信,维持日俄两国关系,日本首相松方正义召开内阁紧急会议,会上达成一致意见,以"大逆罪"罪名处决罪犯津田三藏,承担国际法上的政府责任,并将内阁善后决定向前首相、现任元老院院长伊藤博文等人通报。

日本最高司法机关大审院(最高法院)火速组成特别法庭,当晚由一名预审法官和两名检察官对"大津案"进行审理。不过,司法机关与力主从严从快从重的行政机关因如何适用刑法产生严重分歧,相持不下。日本内阁以案件牵涉日俄外交关系、俄国随时发动战争且早有两国密约为由主张重判。新出任大审院院长一职的儿岛惟谦则就法言法,认为本国《刑法》第一百一十六条规定凡加害日本天皇、皇后、皇太子等皇室成员者,不分未遂既遂,一律处以死

① 参见俞飞. 日本司法独立第一案 [N]. 法治周末,2011-10-11.
② 参见邢媛媛. 大津事件与俄国对日外交危机应对——基于俄国外交档案文件的考察 [J]. 安徽师范大学学报 (人文社会科学版),2022 (6):52-62.
③ 参见俞飞. 日本司法独立第一案 [N]. 法治周末,2011-10-11.

刑，这一条加害皇室之罪即大逆罪，只适用于保护日本皇室成员人身安全，而非访日的外国皇室成员，后者地位与普通日本国民无异。依据现代刑法"罪刑法定主义"，刑法最忌类推，贸然扩张解释。本案只能按照普通杀人未遂罪，处以被告终身监禁。并且《明治宪法》也规定，法治国家，政府施政必须完全遵守法律。

然而，日本行政部门则以事涉两国邦交，关系国家重大利益，并以事前两国政府早有协议，事后内阁决议适用《刑法》第一百一十六条，并已通报俄国等理由，由首相松方正义向儿岛惟谦院长游说，同时透过人脉安排亲友及前辈向七位主审法官施压，要求他们相忍为国，避免日本外交食言，防止俄国借机挑衅。多数法官在强大压力下，立场摇摆，同意尊重日本内阁的重判主张。

其后，大审院院长儿岛惟谦来到大津，向七位法官痛陈利害，动之以情，晓之以理，成功说服下属同舟共济。日本政府闻讯，立刻派出内务大臣西乡从道与法务大臣山田显义二人，联手向法官游说。没想到，七位法官以司法独立为由拒绝在审判前与行政官员见面。

公判前夕，1891 年 5 月 25 日，日本总检察长三好退藏与法务大臣山田显义联名发布敕令，规定《刑法》第一百一十六条可以进行扩张解释，而法理功底深厚的儿岛惟谦，挺身而出，运用《刑法》第三条即禁止法律溯及既往原则回击，新敕令无法适用于"大津"案。儿岛惟谦向法官表态，如果判决曲解法律，身为负监督责任的大审院长，他将辞职以答天皇，以谢世人。

1891 年 5 月 27 日，审判正式开庭，证据调查环节结束，三好检察总长与川目检察官相继发言，以加害外国皇族与危害本国皇族相同为由，力主适用《刑法》第一百一十六条；辩护律师谷泽与中山二人，针锋相对，强调现行刑法并无加重处罚之规定，力陈其非。重重压力下，日本大审院宣判被告津田三藏犯下《刑法》二百九十二条谋杀未遂罪，处以终身苦役。

二、案例简评

首先，法官应当依法独立审判、公正司法。对于大津案的审判，日本内阁主张重判、首相向大审院院长儿岛惟谦游说，同时向七位主审法官施压，体现了行政对司法的干预。儿岛惟谦则认为，刑法最忌类推加重，他来到大津，希望七位法官能够同舟共济，体现其对《明治宪法》中司法独立原则的维护，也体现了法官的独立审判精神。

当然，儿岛惟谦作为大审院院长，对法官进行游说，尽管其目的是劝说主审法官不要屈服于行政机关的压力，坚持公正司法，但此举不免存在干扰法官独立审判之嫌。非常时期不得已而为之，背后是法官的不同职业伦理之间的冲突和取舍。

其次，检察官具有忠于国家和法律的义务。日本检察机关具有行政性，在组织上隶属于法务省（行政机关序列），其行政首长法务大臣在名义上是检察体系的上司和领导，享有对检察官的一般指令权和对检察总长的个案指令权。本案公判前夕，三好退藏与山田显义联合发布敕令，规定《刑法》第一百一十六条可以进行扩张解释，体现了日本检察系统的行政性和政治性。然而，三好退藏与山田显义确实未能严格地适用法律，在这一点上违背了其忠于法律的职业伦理。

三、问题思考

（1）以大审院院长儿岛惟谦为首的法官体现了哪些职业伦理？

（2）日本总检察长三好退藏与川目检察官体现了哪些职业伦理？

法律真实和客观真实在司法中如何权衡？
——法官莫某某玩忽职守案

一、案情介绍

（一）涉案民事诉讼情况

2001年9月3日，原告李某某持借款借据、国有土地使用证、购房合同等证据向广东省四会市人民法院提起诉讼。该借条的内容为：今借李某某现金壹万元整（10,000元）作购房之用（张某某跟陈某某购入住房一套），现定于今年八月底还清，逾期不还，将予收回住房。借款人张某某、父张某石、母陆某某、妹张某娇，2001年5月1日。李某某诉称张某某等四人未能按期还款，请求法院判令他们归还借款和利息并承担诉讼费用。四会市人民法院经审查认为，原告的起诉符合法律规定的条件，依法决定立案，并确定适用简易程序审理，排定由该院民庭审判员莫某某独任审判。

2001年9月27日上午，莫某某依照民事诉讼简易程序审理了原告李某某诉被告张某石、陆某某、张某娇、张某某借款纠纷案。原被告双方均到庭参加诉讼。莫某某在庭审的过程中，依法进行了法庭调查、质证、辩论和调解。经调查，原、被告双方确认借条上"张某石、陆某某、张某娇"的签名均为其三人本人所签，而签订借据时张某某不在现场，其签名为张某娇代签。但被告张某娇辩称，借条是因2001年4月26日其装有房产证的手袋被一名叫冯某某的人抢走，其后冯带原告李某某到张家胁迫其一家人签订的，实际上不存在向原告借款的事实；事发后张氏一家均没有报案。当天的庭审因被告一方表示不同意调解而结束。①

庭审后，莫某某根据法庭上被告张某娇的辩解和提供的冯某某的联系电话，通知冯某某到四会市人民法院接受调查，冯某某对张某娇提出的借条由来予以否认。

---

① 参见广东省高级人民法院（2004）粤高法刑二终字第24号刑事裁定书。

2001 年 9 月 28 日，被告张某某、张某娇到四会市人民法院找到该院的副院长徐某某反映情况，并提交了答辩状，徐向莫某某询问情况，并将其签批有"转莫庭长审阅"的答辩状交给了莫某某。

2001 年 9 月 29 日，四会市人民法院作出判决，判令被告张某石、陆某某、张某娇于判决生效后 10 日内清还原告李某某的借款一万元及利息，并互负连带清还欠款责任；被告张某某不负还款责任。[①] 同年 10 月 12 日，判决书送达双方当事人。原告李某某表示没有意见，被告一方认为判决不正确，表示将提出上诉。但直至上诉期限届满，被告一方始终没有提交上诉状和缴纳诉讼费用，该民事判决发生法律效力。

2001 年 11 月 8 日，李某某向四会市人民法院申请执行。该院依程序于同月 13 日向被告张某石等人送达了执行通知书，责令其在同月 20 日前履行判决。同月 14 日中午，被告张某石、陆某某夫妇在四会市人民法院围墙外服毒自杀。

2001 年 12 月 5 日下午，中共四会市委政法委书记吴某某与张某石、陆某某的家属张某娇等四人签订《协议书》，由中共四会市委政法委补偿张某娇等家属人民币 23 万元，协议书由政法委书记吴某某（无加盖任何单位公章）与张某石、陆某某夫妇的四名家属分别签名确认。该款由四会市人民法院先行垫付。

（二）莫某某徇私枉法事实及判决情况

张某石、陆某某自杀后，四会市公安机关进行侦查，查明李某某起诉所持的"借条"确是李某某伙同冯某某劫取张某娇携带的"国有土地使用证"后持凶器闯入张氏一家的住宅，胁迫张某石、陆某某、张某娇写下的。后二人分别被四会市法院一审以抢劫罪判处有期徒刑十四年、有期徒刑七年。

2002 年 10 月 22 日莫某某因涉嫌徇私枉法罪被刑事拘留，同年 11 月 4 日被逮捕，2003 年 9 月 4 日被取保候审。

2003 年 12 月 4 日，广东省肇庆市中级人民法院作出判决，认为：莫某某对当事人张某石夫妇自杀这一超出正常的后果不可能预见，主观上没有过失的罪过；其在案件审理中履行了一名法官的基本职责，没有不履行或不正确履行工作职责，致使公共财产、国家和人民利益遭受重大损失的玩忽职守行为，且张某石夫妇自杀死亡的后果与莫某某履行职务行为之间没有刑法上的因果关系。因此，莫某某的行为不符合玩忽职守罪的构成要件。依照《中华人民共和国刑

[①] 广东省四会市人民法院（2001）四民初字第 645 号民事判决书，参见广东省高级人民法院（2004）粤高法刑二终字第 24 号刑事裁定书。

事诉讼法》第一百六十二条第（二）项之规定，宣告莫某某的行为不构成犯罪。[①]

宣判后，肇庆市人民检察院以该判决认定被告人莫某某不构成犯罪确有错误为由，提出抗诉，请求撤销原判，作出莫某某有罪的判决。理由：1. 莫某某在审理李某某诉张某某、张某石、陆某某、张某娇借款纠纷一案中，有严重不负责任、不正确履行职责的玩忽职守行为。表现在：（1）根据刑事诉讼法第八十四条以及1998年最高人民法院《关于在审理经济纠纷案件中涉及经济犯罪嫌疑若干问题的规定》（以下简称《规定》）第十一条，莫某某在被告张某娇等强烈提出原告赖以起诉的"借据"是原告和冯某某持刀和硫酸胁迫写下、实际上没有借原告10，000元、原告与冯某某有刑事犯罪的重大嫌疑下，没有履行上述规定所要求的职责和义务，属于严重的玩忽职守行为。（2）在庭审过程中莫某某没有穿制服，法庭用语不规范，在双方争吵时走出法庭不理，使法庭秩序十分混乱，这种工作态度不能说是基本履行职责。（3）莫某某没有按照主管领导批示要求将处理意见报告领导后再作判决，是严重不负责任的表现。2. 莫某某的玩忽职守行为与造成重大损失之间具有刑法上的因果关系。（1）任何玩忽职守行为，都可能引起一个或多个不特定的危害后果，只要出现其中一个且达到追究刑事责任标准的，就应追究行为人的刑事责任。虽然莫某某的行为不是必然导致张某石夫妇自杀的后果，但确实是引起其自杀的唯一原因。（2）作为司法工作人员，应当知道如果自己在执法中不认真履行职责，导致案件错判，将会出现严重的危害后果，当然也包括受冤枉一方自杀的情形。而无论莫某某是由于应当预见而没有预见，还是轻信能够避免，都应当追究其刑事责任，原判认为张某石夫妇的自杀是意外事件完全错误。

广东省人民检察院支持抗诉认为：（1）莫某某违反法律规定，草率下判，在客观方面实施了玩忽职守行为。原判认为莫某某是按照民事诉讼"谁主张、谁举证"的原则履行职务的，但这只是针对一般民事案件的规定，当民事案件涉及刑事犯罪时，应当遵循例外的法律规定，即《中华人民共和国刑事诉讼法》和《规定》。（2）莫某某应当预见自己的行为可能发生危害社会的结果，但因为疏忽大意而没有预见，主观上是疏忽大意的过失，不属于意外事件。莫某某在法院工作时间长达16年，其工作经验应当预见当事人在被抢劫、被迫写下借条但法庭却草率下判、不能给其主持正义后，只能以死抗争的结果。（3）莫某

[①] 广东省肇庆市中级人民法院（2003）肇刑初字第26号刑事判决书，参见广东省高级人民法院（2004）粤高法刑二终字第24号刑事裁定书。

某的行为致使公共财产、国家和人民利益遭受重大损失。张某石夫妇的自杀造成了恶劣的社会影响，23万元的赔偿，本身不能弥补上述影响，而且无论出于何种性质、通过什么程序支付、由谁支付，国家均因此而付出了23万元。因此，莫某某的渎职行为与上述严重后果存在必然的联系。

莫某某自行辩护提出：（1）在审理该民事案件中，其作为主审法官，完全是依照民诉法规定的程序，按照"谁主张、谁举证"原则作出判决，已经完全正确地履行了工作职责，不存在玩忽职守的行为。第一，民事诉讼法要求法官不能偏听偏信，要求当事人对自己的主张负举证义务，如果仅根据被告一面之词将原告当成犯罪嫌疑人，显然有违公平，也缺乏依据。第二，抗诉机关指控其在案件审理中思想不重视、态度不端正没有事实依据。在该案审理中，其不存在不穿制服、中途离庭、听任当事人对骂而不制止的表现；抗诉机关采信原被告双方证言，没有考虑到被告一方多名证人均是亲属，其众口一词可信度不高；而原告一方指证法官是为了推卸责任，这些证言都难保客观、真实。第三，抗诉指控其下判前未报告主管院长不是事实。庭审后，由于被告一方提出被胁迫的问题没有证据证实，其与本庭其他同事商量大家都认为原告所诉有证据证实，被告所辩没有证据证实，且长达几个月的时间里没有报案、没有向亲属反映的表现不正常，不可信，所以才作出判决。接到副院长徐某某在被告方的答辩状上的批示后，其便将案情向徐汇报并请徐签发判决书，但徐表示根据证据只能判定被告一方败诉，并以权力下放为由要求莫自己签发；案发后徐某某所作证言及提供的接访记录不真实。（2）其本人的职务行为与张某石夫妇自杀的后果没有刑法上的因果关系，张氏夫妇自杀完全是意外事件。法官在办案中通过证据推定法律事实，但由于各种客观原因，不能完全排除所认定的法律事实与客观事实相反的可能性，法律赋予当事人很多救济措施，就是为了防止错案的发生。而本案当事人不循法律赋予途径主张权利而选择自杀，是任何人都难以预见和阻止的。

广东省高级人民法院经审理后认为：（1）原审判决在证据不足、缺乏排他性的情况下，不采纳检察机关指控的上述情节没有不当。（2）关于莫某某是否有玩忽职守行为。也即，关于发现犯罪嫌疑而不移送公安机关，是否系不正确履行职责。作为当时的主审法官莫某某根据已质证确认的证据认定借贷关系成立，不采纳被告一方提出的受胁迫的抗辩意见并无不当。从莫某某对原被告双方的主张和抗辩及提交相关证据审查、调查和确认的行为看，没有失职之处。任何人举报犯罪行为或犯罪嫌疑人必须有相应的证据支持。本案中，被告一方虽提出借据因胁迫而立，但并不能提供可以证明被胁迫的证据，也未能提供在房产证被抢后向房地产管理机关或公安机关报案的证据。在这种情况下，如果人民法院终结民事诉讼，移送刑事侦查机关，不但于法无据，更加是不严格履行法定职责、不体现司法公正的表现。并且，莫某某在判决书中清晰地表达了判决的理由，符合民事法律的基本原则，判决有理有据。造成该民事案件判决结果与客观事实不符的责任不应由莫某某承担。此外，莫某某作为该案的主审法官，不可能意识到当事人会不循合法途径而采取过激行动。张氏夫妇从未流露过要自杀的情绪和倾向。不能认定莫某某没有及时掌握当事人情绪从而采取防范措施而导致严重后果。法官在审理案件时对一些案件加强一般防范和特殊防范是必要的，但毫无先兆突然自杀的情况已超出法官的正常预见。因此要求莫某某承担没有及时注意当事人动态并加以控制、避免当事人自杀后果发生的责任，否则就是玩忽职守的理由过于牵强。

2004 年 4 月 28 日，广东省高级人民法院最终驳回抗诉，维持原判。①

二、案例简评

（一）民事诉讼视角：法官职业伦理

从民事诉讼角度来看，本案主要涉及对于法官公正职业道德的理解。

2001 年《中华人民共和国法官职业道德基本准则》将保障司法公正作为法官的第一项职业道德基本准则，同时在第一条、第七条、第九条、第十条、第十一条等规定中，② 又进一步明确了司法公正、审判独立、保持中立等原则。现行 2010 年《中华人民共和国法官职业道德基本准则》第二条明确法官职业道德核心是公正、廉洁、为民，且将公正置于首位，并明确职业道德的基本要求之一是保证司法公正。同时对于如何保证司法公正，第八至第十四条又进一步明确了独立行使审判权、坚持证据裁判以及树立程序意识等原则。

本案中，控辩审三方争议的最大焦点问题即为莫某某在发现可能存在刑事

---

① 广东省高级人民法院（2004）粤高法刑二终字第 24 号刑事裁定书。
② 2001 年《法官职业道德基本准则》第一条："法官在履行职责时，应当切实做到实体公正和程序公正，并通过自己在法庭内外的言行体现出公正，避免公众对司法公正产生合理的怀疑。"第七条："法官在审判活动中，应当独立思考、自主判断，敢于坚持正确的意见。"第九条："法官在审判活动中，应当避免主观偏见、滥用职权和忽视法律等情形的发生。"第十条："法官在履行职责时，应当平等对待当事人和其他诉讼参与人，不得以其言语和行为表现出任何歧视，并有义务制止和纠正诉讼参与人和其他人员的任何歧视性言行。"第十一条："法官审理案件应当保持中立。"

犯罪的情况下没有移送线索，依然独立行使审判权是否违反公正原则的要求。

首先，独立行使审判权是司法公正的必要前提。根据法律规定，合议庭或独任法官有权根据案件事实依照法律作出判决，对重大疑难案件可提请院长提交审判委员会讨论决定。实际工作中，合议庭或者独任法官对于一些重大敏感案件主动向院长、庭长汇报，听取意见或者建议的做法是客观存在的，但这属于法院内部汇报、请示沟通的一种方式。对于某一案件是否需要报告院长、庭长，由合议庭或独任法官决定。只有经过法定程序由审判委员会讨论决定，才能作出不同于合议庭或独任法官的处理意见，院长、庭长个人不能改变合议庭或者独任法官的意见。因此，合议庭或者独任法官审理非重大疑难案件后直接作出判决的行为，属于正确履行职责的行为。

其次，严格证明标准是司法公正的重要保障。莫某某在审理借款纠纷一案中，面对被告张某娇关于受冯某某、李某某胁迫签订借据的抗辩意见，坚持客观公正，一方面行使了释明权，向张某娇明确举证不能的法律后果，另一方面行使了调查权，向张某娇核实是否向相关机关报案、为何不报案、事后是否有异常情况表现，并通知冯某某接受法庭调查，最终冯否认存在胁迫。在民事诉讼"谁主张，谁举证"以及优势证据原则之下，莫某某作为独任法官在已经履行了相关的调查核实职责即按照法定程序办案后，依法支持原告的诉讼请求并无失职、不当之处。

（二）刑事诉讼视角：检察官职业伦理

从刑事诉讼角度来看，本案主要涉及关于检察官忠诚与公正职业道德的平衡。

忠诚与公正是检察官职业道德的两大重要准则。本案中，莫某某是否构成玩忽职守犯罪，需要从玩忽职守罪的犯罪构成出发进行调查取证，搜集过失履职的相关证据，综合案件发生的时空背景，审慎分析论证犯罪构成，特别是危害行为、刑法意义上的因果关系等要件，因此不可将不一致的结果归由承办法官来承担。目前，2015年最高人民法院《关于完善人民法院司法责任制的若干意见》等规定，明确审判责任的追究范围为法官故意违反法律法规或者因重大过失导致裁判错误并造成严重后果的情形，以为法官依法履行提供制度保障。

本案涉及法律真实与客观真实的争论：法官应切实维护实质正义，应当采用一切手段探知事实，实际上是一种客观真实论的观点。莫某某在被告未就其主张的借据是受原告胁迫而写，提出相应证据的情况下，作出不利于被告的判决是符合民事法律证据规则的。从两级法院的观点看，其行为根本不存在过错。

莫某某似乎没有发现真相，但严格遵守了法定的程序。

三、问题思考

检法对莫某某案的不同处理引发法律界的巨大震动。对张氏夫妇、检察机关、作为法官的莫某某三方的评价，可谓众说纷纭。通过本案，如何准确理解法官和检察官的职业伦理？

司法如何统一法律效果和社会效果？
——天津赵某某玩具气枪案

一、案情介绍

（一）基本案情

2016 年 8 月至 2016 年 10 月 12 日间，被告人赵某某在天津市河北区李公祠大街亲水平台附近，摆设射击摊位进行营利活动。10 月 12 日 22 时许，公安机关在巡查过程中发现赵某某的上述行为将其抓获归案，当场查获涉案枪形物九支及相关枪支配件、塑料弹。经天津市公安局物证鉴定中心鉴定，涉案九支枪形物中的六支为能正常发射以压缩气体为动力的枪支。

2016 年 12 月 27 日，天津市河北区人民法院判决，赵某某违反国家对枪支的管理制度，非法持有枪支，情节严重，其行为已构成非法持有枪支罪；辩护人所提赵某某具有坦白情节、系初犯、认罪态度较好的辩护意见，予以酌情采纳，最后以非法持有枪支罪判处其有期徒刑三年六个月。①

2017 年 1 月 3 日，二审辩护人徐某律师在天津河北区看守所会见了赵某某，赵某某向天津市第一中级人民法院提出上诉。1 月 9 日，辩护律师向上诉法院提交取保候审申请书。② 1 月 12 日，天津市第一中级人民法院法官对赵某某取保候审的申请作出口头答复：不同意取保候审。③ 1 月 17 日，辩护律师前往天津市人民检察院第一分院，向检察院申请对于赵某某羁押的必要性审查。④

2017 年 1 月 26 日，天津市第一中级人民法院二审开庭审理此案，赵某某当庭认罪。法院认为一审判决事实清楚、定罪准确，但考虑到其主观恶性程度较低，社会危害较小，以及有认罪悔罪情节，综合各种情节故改判有期徒刑三年，

---

① 参见天津市河北区人民法院（2016）津 0105 刑初 442 号刑事判决书。
② 老太摆射击摊获刑上诉获受理 取保申请书已提交［EB/OL］. 华声新闻，2017-01-10.
③ 天津摆摊被判刑老太律师：将向检察院申请羁押必要性审查［EB/OL］. 观察者网，2017-01-12.
④ 天津摆气球摊获刑大妈律师再向法院申请取保候审［EB/OL］. 搜狐新闻，2017-01-18.

缓刑三年。① 宣判后，当庭解除羁押措施。赵某某表示认罪服判。

（二）赵某某二审辩护人意见

二审庭审过程中，赵某某的辩护人提出以下五点辩护意见：第一，涉案枪形物的提取、包装和送检过程违反公安部《法庭科学枪支物证的提取、包装和送检规则》的规定，侦查人员未对查获的枪形物现场进行编号；随手抓取枪形物，破坏了物证表面痕迹，使物证遭到污染；未按规定封装并填写标签；没有证据证明涉案枪形物的保管过程，无法确定是否与其他枪支混同。因此，涉案枪形物不能确定是从赵某某处查获的，依法不能作为定案证据。第二，公安部制定的《枪支致伤力的法庭科学鉴定判据》所依据的试验及理由不科学、不合理，该"判据"确定的枪支认定标准不合法，且属内部文件，不能作为裁判的法律依据。鉴于目前没有法律、法规、规章对枪支作出定义或解释，只能根据《中华人民共和国枪支管理法》的规定，以"足以致人伤亡或者丧失知觉"作为认定标准。第三，在案《枪支鉴定书》因检材的提取、包装和送检过程违法，不能确定与赵某某的关联；鉴定所依据的《枪支性能的检验方法》未经公开，属尚未公布的规定；出具鉴定书的鉴定机构只有枪弹痕迹鉴定资质，并无枪支鉴定资质。鉴定书不能作为定案证据。第四，赵某某始终认为自己持有的是玩具枪而非真枪，其对行为对象存在认识错误，不具备非法持有枪支犯罪的主观故意。第五，赵某某的行为不具有任何社会危害性。综上，被告人赵某某的行为不构成犯罪。②

（三）法院意见

针对赵某某二审辩护人的意见，天津市第一中级人民法院进行了回应，法院认为：首先，本案证据相互印证，证据之间没有矛盾，不影响证据关联性的认定；其次，《中华人民共和国枪支管理法》第四条明确规定"国务院公安部门主管全国的枪支管理工作"，据此，公安部作为枪支管理主管部门有权制定相关规定，本案鉴定所依据的《公安机关涉案枪支弹药性能鉴定工作规定》《枪支致伤力的法庭科学鉴定判据》均合法有效，应当适用；再次，本案《枪支鉴定书》

---

① 参见天津市第一中级人民法院（2017）津01刑终41号刑事判决书。
② 参见天津市第一中级人民法院（2017）津01刑终41号刑事判决书；天津"摆射击摊大妈"获刑三年半已提出上诉 律师将作无罪辩护［N］. 兰州晨报，2017-01-04（A04）.

系具有鉴定资质的鉴定机构，对赵某某持有的枪形物依照法定程序和方法作出的结论，符合刑事诉讼法及相关司法解释对鉴定意见审查与认定的要求，且经法庭举证、质证，应依法予以采信并作为认定案件事实的证据；复次，赵某某明知涉案枪支外形与制式枪支高度相似，以压缩气体为动力、能正常发射、具有一定致伤力和危险性，其在此情况下擅自持有，即具备犯罪故意；最后，非法持有枪支本身即具有刑事违法性和社会危害性。

（四）各方意见

一审宣判后，天津市河北区人民法院的一名副院长接受中央电视台采访时坦言，"判决结果出来后，产生的社会效果确实超出了预料"，并称从法律的审判依据来看是没有问题的，但是否符合情理，在作出判决时"可能想得没那么多"。① 二审改判后，辩护律师徐某、斯伟江发文称，对有罪判决深感遗憾；同时认为此次判决多了一些"人情味"，并向所有关注此案的人士致谢。②

公安部枪支规定的主要起草人季峻认为，公安部相关标准的制定是按照法律法规来办的，但违规和判刑是两码事，具体案例中不可量刑过重。③

二、案例简评

第一，本案中二审辩护律师的做法体现了律师维护法治和追求正义的职业道德。第二，本案中律师的辩护体现了律师公益法律服务的职业价值与职业精神。第三，本案中，律师在法庭内外的言行符合规范。本案中，不论是徐某律师接受媒体采访抑或为委托人申请取保候审，都体现了良好的律师职业素养和道德品行。

三、问题思考

本案中律师为被告人作无罪辩护的理由体现了哪些律师职业伦理？

---

① 法院谈射击摊大妈获刑：判决时从情理上考虑不多［EB/OL］. 新浪新闻，2017-01-18.
② 对有罪判决深感遗憾；同时认为此次判决多了一些"人情味"［EB/OL］. 网易新闻，2017-01-26.
③ 公安部专家详解枪支认定标准：违规和判刑是两码事［EB/OL］. 观察者网，2017-01-04.

如何看待网络舆论对司法的影响?
——浙江南浔"临时性强奸"案

一、案情介绍

(一) 基本事实①

邱某某、蔡某某均系湖州市南浔区善琏镇综治协会聘用的保安,派驻善琏公安派出所协助维护社会治安工作,蔡某某系保安队队长。

2009年6月9日,蔡某某让邱某某在第二天叫上两个年轻一些的女孩子一起吃晚饭。6月10日,邱某某用电话联系了曾经一起唱过歌的18岁女青年陈某,因陈某正与其19岁的女同学沈某某在一起,于是便相约一同前往。

10日下午4时许,邱某某叫了一辆出租车接上陈某和沈某某,一起到练市镇广场与蔡某某会合。见到陈某和沈某某后,蔡某某私下问邱某某:"搞搞(意为发生性关系)没关系吧?"邱某某回答说:"那就看你本事了。"之后由蔡某某驾车带上三人到练市镇的一家酒店,与随后赶至的唐某某、钟某一同喝酒至陈某、沈某某喝醉。

饭后蔡某某驾车,与邱某某一起将陈某、沈某某带至宾馆。蔡某某假冒他人姓名,用一张他人换二代身份证时上交的旧身份证登记了房间。随后,蔡邱二人对陈某和沈某某实施奸淫,事后离开现场。在遭蔡某某奸淫时,沈某某有所清醒,责骂蔡邱二人,并在事后用陈某的手机与自己的男友王某及女性朋友丁某某联系,称自己遭人强奸,正在宾馆房间里。丁某某又打电话给沈某某的父亲,沈某某又联系到陈某的父亲。当晚10时58分,沈父向公安机关报警。

6月11日一大早,蔡邱二人给沈父打电话,说是想私了这件事,只要他把已经报的案撤销,他们一定会做经济补偿,并给出7万元价码。作为被害人一方,沈父尽管极不痛快,但也不想把事情闹大,毕竟女儿还年轻。沈某某不同

---

① 参见湖州市南浔区人民法院 (2009) 湖浔刑初字第256号刑事判决书;湖州市中级人民法院 (2009) 浙湖刑初字第63号刑事判决书。

意蔡邱二人开出的 7 万元价码，她坚持认为，"这样太便宜他们了！"后来价码提到 10 万，双方口头约定中午 1 点钟先交 3 万元，余下的钱晚上 7 点之前交完。然而，钱还没有拿到，下午善琏镇派出所的人就来了，说已经把蔡邱二人抓起来了。沈父当时并没有让女儿给派出所的人讲述当晚的实情，他的逻辑是，这件事过去就算了，女儿还要有自己的未来。于是，他将过来调查情况的派出所人员"轰了出去"，还让女儿告诉警员："你们让我去做检查，我就死在你们面前！"最终，沈某某从"临时性强奸案"当事人的名单中消失了，并未在一审判决文书中出现。而被善琏派出所通知带回讯问的蔡邱二人一开始不交代强奸事实，后来才逐步交代了作案经过。

据南浔区人民法院审理得知，陈某和蔡邱二人早已认识，而且蔡邱二人对陈某还"照顾有加"，陈某"也颇为信任这两个保安叔叔"。在审讯中，蔡邱二人痛哭流涕，忏悔自己的所为。35 岁的蔡某某说，没想到几杯酒下肚，自己竟也知法犯法……事发后，两人当面向陈某赔礼道歉。在陈某得知因此事蔡邱二人的妻子都要和他们离婚后，觉得不忍心，于是她给二人写了谅解书。

(二) 一审判决

湖州市南浔区人民检察院于 2009 年 9 月 18 日向南浔区人民法院提起公诉，指控被告人邱某某、蔡某某强奸女青年陈某，构成强奸罪，但有自首情节，并取得被害人谅解，建议以强奸罪在有期徒刑三年到四年六个月间量刑。

南浔区人民法院于 2009 年 10 月 19 日作出 (2009) 湖浔刑初字第 256 号刑事判决，认定：

> 2009 年 6 月 10 日 21 时左右，被告人邱某某、蔡某某在本市南浔区练市镇新时代宾馆 201 房，趁被害人陈某没有意识、无力反抗之机，先后强行与其发生了性关系。检察机关指控的罪名和犯罪事实成立。两辩护人关于两被告人主动到公安机关投案，并如实供述各自全部犯罪事实，具有法定从轻或减轻情节，以及两被告人的犯罪属临时性的即意犯罪，犯罪情节一般，主观恶性较小，危害后果较轻，归案后认罪态度好，真诚悔罪，并取得被害人的谅解，且系初犯偶犯，建议酌情从轻处罚的意见，与庭审查明的事实相符，本院予以采纳。①

---

① 参见湖州市南浔区人民法院 (2009) 湖浔刑初字第 256 号刑事判决书。

两被告人以强奸罪被判处各有期徒刑三年，在法定期限内没有上诉，检察机关也没有抗诉，判决发生法律效力。

南浔区人民法院相关人士解释说，"临时性的即意犯罪"这一说法，来自辩护人提出意见时的原文表述，并不是审判法官创造出来的名词，"它不是法律专用词语，是辩护人自己归纳出来的"。①经多方调查获知，提出该词的是蔡某某家属聘请的律师——湖州某律师事务所副主任郁律师。郁律师告诉媒体，提出这种辩护意见，是他个人对于案件的一种看法，而每个律师都会对所辩护的案件提出辩护意见。正是这个他自己归纳出来的词汇，被南浔区人民法院全部采纳。

（三）二审判决及其他处理

在这个判决生效的当天，负责宣传的法院工作人员就立即撰写了一篇三四百字的新闻稿件，发往了经常联络的各大媒体。在中国新闻网刊载沈某某稿件的当天（2009年10月30日），一篇针对此文的署名为"辽河鱼"的评论出现在天涯社区，"辽河鱼"写道：②

> 南浔法院根据犯罪事实，给两个强奸犯定的属"临时性的即意犯罪"，令辽河鱼迷糊了，这是个啥概念？搜遍了网络，也没找到"临时性的即意犯罪"的来源和条款依据。"临时"既是非正式的和短时间的行为，难道强奸犯罪还有"非正式"和时间的长短之分？这个"临时性的即意犯罪"应是个新名词，可以为我国的司法界又填补了一项创造性的空白，可喜可贺。

这篇网文迅速引发人们关注，在半个月内已有100多万的点击量和7000多条回复。此后，湖州中院依法进行审查后认为本案确有错误，决定再审，并由中院提审。后经不开庭审理，湖州中院于2009年12月10日裁定撤销了南浔区人民法院的判决，将案件发回重审。南浔区人民检察院又向南浔区人民法院撤回起诉并退回公安机关补充侦查后，将案件上报湖州市人民检察院。湖州市人

---

① "临时性强奸"案背后的协警、女孩和网络民意 [EB/OL]. 南方人物周刊，2009-11-16.

② 辽河鱼."临时性强奸"，祝贺又一新名词诞生了 [EB/OL]. 天涯社区，2009-10-30. 因天涯社区关闭，目前该帖无法浏览；文段转引自王镶夫."临时性强奸"质疑声中受关注 [J]. 公民导刊，2010（5）：40-41.

民检察院于 2009 年 12 月 13 日向湖州中院提起公诉。①

湖州市中院于 12 月 25 日不公开开庭审理后认为：

> 被告人邱某某、蔡某某违背妇女意志，乘被害人酒醉之机，先后分别
> 对两被害人实施奸淫，其行为均已构成强奸罪，且属轮奸。公诉机关指控
> 的罪名成立，依法应予惩处。两被告人及其辩护人关于其与沈某某发生性
> 关系不是强奸、对陈某不是轮奸、具有自首情节等辩解均不能成立，不予
> 采纳。根据两被告人犯罪的事实、性质、情节和对社会的危害程度，分别
> 以强奸罪，判处邱某某有期徒刑十一年，剥夺政治权利一年；判处蔡某某
> 有期徒刑十一年六个月，剥夺政治权利一年。②

判决后在法定期限内并无上诉和抗诉。该判决已发生法律效力。

除上级法院重审宣判外，由湖州市纪委、市委政法委组成的联合调查组对
此事也作出了调查认定，在案件侦查、起诉和审判过程中，没有发现原案相关
办案人员有接受吃请、收受贿赂、徇私枉法的行为，但存在业务素质不高、作
风不扎实，以及办案程序不够规范等问题。

当地有关部门对该案原办理过程中存在失职行为和管理不力的责任人员，
给出了以下"严肃处理"结果：其一，免去南浔区公安分局善琏派出所陈某某
的副所长职务，并给予行政警告处分；其二，给予南浔区人民检察院主诉检察
官郑某某、南浔区人民法院主审法官郭某某行政警告处分，并调离原工作岗位；
其三，给予南浔区人民法院副院长宣某某行政记过处分，并建议依照法定程序
调离原工作岗位。③

二、案例简评

（一）一审法官的职业伦理分析

本案前后两次审判中法官对于同一事实存在适用法律上的差异。一审法院
根据派出所出具的被告人自首证明就认定具有自首情节，是对事实认定不清做
出的误判。一审判决没有做到司法公正。

---

① 参见湖州市中级人民法院（2009）浙湖刑初字第 63 号刑事判决书。
② 参见湖州市中级人民法院（2009）浙湖刑初字第 63 号刑事判决书。
③ 浙江"临时性强奸案"重审加刑 [N]. 南方都市报，2010-01-01（13）.

（二）二审法官的职业伦理分析

二审判决的内容事实认定更为清晰，法律适用更为合理。但问题出现在判决前——二审判决是由于舆论质疑声过大而产生的。来自舆论的影响是否属于"社会团体和个人的干涉"，影响了法官的独立性呢？

群众是法官独立义务的例外。本案这样"现象级"的网络舆论或许可以认定为"群众态度"。然而，在"网络水军"尚未成体量的 2009 年，或许这些网络舆论的真实度尚有保证。时至今日，或许网络舆论的"真实性"就需要更谨慎地调查识别了。

三、问题思考

（1）一审法官的判决从法官职业伦理的角度来看是否适宜？

（2）二审法官的判决从法官职业伦理的角度来看是否适宜？

司法如何统一天理、国法、人情？
——山东聊城辱母案

一、案情介绍

（一）基本案情与一审判决

2016 年 4 月 14 日，山东省聊城市发生一起由暴力催债引发的故意伤害致人死亡案件。当事人于某在母亲遭受催债人侮辱的情况下，使用尖刀捅刺四名催债人，导致其中一人死亡、三人受伤。

于某母亲苏某在山东省冠县工业园区经营一家公司，于某为该公司员工。2014 年 7 月 28 日，苏某和丈夫向吴某、赵某借款 100 万元，双方口头约定月息 10%。2016 年 4 月 14 日 16 时许，赵某纠集郭某等四名催债人到苏某所经营公司讨债。为找到苏某夫妇，其中一名催债人报警称该公司私刻财务章。民警到达源大公司后，苏某与赵某等人因还款纠纷发生争吵。民警告知双方协商解决或到法院起诉后离开。赵某随后电话联系严某、程某等五名催债人员到达公司，先后在办公楼前呼喊，在财务室内、餐厅外盯守，在办公楼门厅外烧烤、饮酒，催促苏某还款；其间赵某离开。

20 时许，杜某等人赶到公司。20 时 48 分，苏某按郭某要求到办公楼一楼接待室，于某及两名公司员工陪同。21 时 53 分，杜某等人进入接待室讨债，将苏某、于某的手机收走放在办公桌上。杜某用污秽语言辱骂苏某、于某及其家人，将烟头弹到苏某胸前衣服上，将裤子褪至大腿处裸露下体，朝坐在沙发上的苏某等人左右转动身体；又脱下于某的鞋让苏某闻，被苏某打掉。杜某还用手拍打于某面颊，其他讨债人员实施了揪抓于某头发或按压于某肩部不准其起身等行为。

公司员工报警后，22 时 17 分，民警朱某带两名辅警到公司接待室了解情况，警告双方不能打架后，到院内寻找报警人，并给值班民警打电话通报警情。于某、苏某欲随民警离开接待室，遭到杜某等人阻拦，双方发生冲突。于某手持尖刀，警告杜某等人不要靠近，杜某出言挑衅并逼近于某，于某遂捅刺杜某腹部一刀，又捅刺围逼在其身边的程某胸部、严某腹部、郭某背部各一刀。22时26分，辅警闻声返回接待室，责令于某交出尖刀。杜某等四人受伤后，被送至冠县人民医院救治。次日2时18分，杜某经抢救无效，失血性休克死亡。①

2016年12月15日，该案于聊城市中级人民法院开庭审理。法庭着重调查的事实和情节包括：案发经过，尤其是警察到场前后当事人的行为，于某持刀捅刺的动机、对象和顺序，尖刀的来源。法庭辩论时，双方针对于某的行为属于故意杀人还是故意伤害、能否认定为正当防卫或防卫过当进行辩论。于某的辩护人认为，于某的行为构成防卫过当：在当时的情境下，于某完全有理由相信被害人的"整死你"之类的言论是真实的，因此持刀捅刺符合正当防卫的构成要件；因被害人一方使用软暴力，于某的行为与之不对等，超过了必要限度，因此构成防卫过当。②

法庭没有采纳于某辩护人的辩护意见，认为于某既不属于正当防卫，也不属于防卫过当：虽然当时于某的人身自由受到限制，也遭到了催债人员的辱骂和侮辱，但对方并未使用工具，在派出所已经出警的情况下，于某及母亲的生命健康权利被侵犯的现实危险性较小，不存在防卫的紧迫性，所以于某持刀捅刺被害人不存在正当防卫意义的不法侵害前提，不能成立正当防卫或防卫过当。③

2017年2月17日，聊城市中级人民法院作出判决，于某构成故意伤害罪，判处无期徒刑，剥夺政治权利终身，并对各民事诉讼原告负赔偿责任。④ 宣判后，于某不服一审判决提出上诉。

（二）舆论争议及学术讨论

2017年3月23日，《南方周末》刊登一篇题为《刺死辱母者》的文章，对于某故意伤害案的大量细节进行了描写和披露，使得该案进入大众视野。⑤ 随后，凤凰网及网易新闻分别以《山东：11名涉黑人员当儿子面侮辱其母1人被刺死》和《母亲欠债遭11人凌辱儿子目睹后刺死1人被判无期》为题，对文章进行转载，彻底引爆了网络舆论。在此之后，《人民日报》等多家大众媒体先后

---

① 上述案情参见山东省高级人民法院（2017）鲁刑终151号刑事附带民事判决书。

② 参见胡云腾主编，最高人民法院司法案例研究院编. 记载中国法治进程之典型案件：于某案［M］. 北京：人民法院出版社，2019：9-13.

③ 参见山东省聊城市中级人民法院（2016）鲁15刑初33号刑事附带民事判决书。

④ 同上。

⑤ 参见王瑞锋. 刺死辱母者［EB/OL］. 南方周末，2017-03-23.

对该案进行了报道。① 根据《环球时报》舆情中心于2017年3月28日至3月29日进行的网民舆论调查，在10331份有效问卷中，50%的网友表示"非常关注"，39.3%的网友表示"比较关注"，可见该案在互联网的影响力；42.8%的网友认为于某属于正当防卫，23.7%的网友认为"属于正当防卫，但防卫过当，过失杀人伤人"，此外还有21.5%的网友认为属于"本能过激反应"；76.4%的网友反对一审判决、认为判决不合理，分别有41.8%和41.6%的网友希望该案的终审结果是"量刑减轻"或"正当防卫"。②

该案同样也引发了学术界的讨论。第一种观点，以陈兴良教授为代表，认为于某构成正当防卫。陈兴良教授指出，于某不但构成正当防卫，而且防卫行为没有明显超过正当防卫必要限度，考虑到催债人员采取了长时间的殴打和侮辱等侵害行为，于某在公权力介入仍未能及时解除不法侵害的情况下实施的防卫行为，不应当认为超出了正当防卫的必要性。③ 第二种观点，以阮齐林教授为代表，认为于某构成防卫过当。阮齐林教授认为，于某的行为属于正当防卫过当，应当减轻或者免除处罚；如果能认可暴力逼债的不法侵害性质、被逼债者的防卫行为构成正当防卫，对于遏制暴力逼债是有利的，"是一个制衡的方法"。④ 除此之外，陈瑞华、陈光中等学者虽然未直接就正当防卫或防卫过当作出判断，但也支持于某案一审定罪量刑过重、判决结果明显不公的观点。⑤

（三）最高人民检察院派员调查与二审改判

对于于某案引发社会广泛关注的情形，最高人民检察院高度关注，第一时间派出工作组赶赴山东开展调查工作。2017年3月26日，最高人民检察院发布消息：《最高人民检察院派员调查于某故意伤害案》，表示将对于某的行为性质属于正当防卫、防卫过当还是故意伤害依法予以审查认定，对媒体反映的警察

---

① 参见金钰涵. 网络舆论与司法审判的冲突及应对——以"于某案"为例 [D]. 湘潭：湘潭大学，2019：13-14.

② 参见"辱母杀人案"网民舆论调查报告 [EB/OL]. 环球时报舆情中心，2017-03-31.

③ 参见陈兴良. 正当防卫如何才能避免沦为僵尸条款——以于某故意伤害案一审判决为例的刑法教义学分析 [J]. 法学家，2017（5）：89-104，178. 本文除"结语"部分外，前文对一审判决所进行的法理分析成文于二审判决前。

④ 防卫过当的观点最初发表于阮齐林教授的微博，微博现已删除，博文转载于赵秉志、阮齐林、陈瑞华、陈光中谈于某案 | 法宝关注 [EB/OL]. "北大法律信息网"微信公众号，2017-03-27；另，关于承认不法侵害以制衡暴力逼债的观点，同样见于欧鹏. 阮齐林谈辱母案判决书争论焦点：于某母子可防卫 [EB/OL]. 搜狐网，2017-03-26.

⑤ 参见赵秉志、阮齐林、陈瑞华、陈光中谈于某案 | 法宝关注 [EB/OL]；单玉晓. 陈光中：于某定罪量刑明显不公 [EB/OL]. 财新网，2017-03-27.

在此案执法过程中存在失职渎职行为依法调查处理。① 最高人民检察院调查认为，山东省聊城市人民检察院的起诉书和聊城市中级人民法院的一审判决书认定事实、情节不全面，对于案件起因、双方矛盾激化过程和讨债人员的具体侵害行为，一审认定有遗漏；于某的行为具有防卫性质，起诉书和一审判决书对此均未予认定，适用法律确有错误，应当通过第二审程序依法予以纠正。

根据最高人民检察院调查组和山东省人民检察院研究的共同意见，于某的行为从防卫意图看，是为了保护本人及其母亲的合法权益而实施；从防卫起因看，本案存在持续性、复合性、严重性的现实不法侵害；从防卫时间看，于某的行为是针对正在进行的不法侵害实施的；从防卫对象看，于某是针对不法侵害人本人进行的反击，以上四项均符合防卫的成立条件。从防卫结果看，于某的行为明显超过必要限度，造成重大损害，因此成立防卫过当。②

此外，于某案中警察执法过程是否存在失职渎职行为，也是调查的重点。根据调查认定的事实和证据，案发当晚处警民警的行为不构成玩忽职守罪，山东省检察机关依法决定对朱某等人不予刑事立案；③ 但聊城市冠县纪委、监察局已对相关处警民警作出了党政纪处分。④

2017 年 5 月 27 日，于某案二审开庭审理，同时通过山东省高级人民法院官方微博"山东高法"对庭审过程进行微博直播。2017 年 6 月 23 日，山东省高级人民法院依法对于某故意伤害案进行二审公开宣判，认定于某的行为具有防卫性质，但其防卫行为明显超过必要限度，造成重大损害，构成故意伤害罪，应负刑事责任，依法减轻处罚，改判其有期徒刑五年，维持原判附带民事部分。⑤

相较于一审判决，在案件事实方面，二审审理查明了"辱母"情节问题，及本案借贷关系的主体吴某某等人催债的完整过程、案发当晚杜某某等人实施逼债的具体情形、于某持刀捅刺的具体情境等，通过公开庭审和判决，对网传的部分失实情节，如"杜某某等十余人在长达一小时时间里用裸露下体等手段凌辱苏某某""杜某某等脱鞋塞进苏某某嘴里、将烟灰弹在苏某某胸口""讨债

---

① 参见最高人民检察院派员调查于某故意伤害案 [EB/OL]. 中华人民共和国最高人民检察院网上发布厅，2017-03-26.

② 参见最高人民检察院公诉厅负责人就于某故意伤害案有关问题答记者问 [EB/OL]. 最高人民检察院网上发布厅，2017-05-28.

③ 参见山东省人民检察院公布于某案处警民警调查结果 [EB/OL]. "山东省人民检察院"微博，2017-05-02.

④ 参见最高人民检察院公诉厅负责人就于某故意伤害案有关问题答记者问 [EB/OL]. 最高人民检察院网上发布厅，2017-05-28.

⑤ 参见山东省高级人民法院（2017）鲁刑终 151 号刑事附带民事判决书。

人员在公司播放黄色录像"等也进行了澄清。在法律适用方面，对于某行为的性质认定，二审予以纠正，认定于某的行为具有防卫性质，但防卫行为的强度和造成的损害已超过维护自身权益和制止不法侵害行为所容许的范围，成立防卫过当。在量刑方面，于某具有防卫过当的法定减轻处罚情节、归案后如实供述的法定从轻处罚情节，以及在案发前因上被害人具有严重过错的酌情从轻处罚情节，最后对其判处有期徒刑五年。①

三、案例简评

（一）检法机构设置：审级独立与检察一体化

于某案二审由最高人民检察院而非最高人民法院介入审查，原因在于法院的层级独立和检察的上下一体之别。就法院系统而言，从审判独立原则出发，从最高人民法院到三层地方法院应当保持相对独立，才能使审级制度真正保证审判工作的独立性和公正性。于某案在山东省高级人民法院二审期间，最高院即使作为山东省高级人民法院的上级法院，也不能干涉山东省高级人民法院的审理工作。而检察院系统相较于法院系统，具有"一体化"的机构设置，即"全国检察机关作为一个整体对外独立行使检察权"。② 最高人民检察院派员介入于某案二审，既符合宪法和法律的规定，也是确保检察权正确行使的应有之义。

（二）检察机关职能：法律监督

根据《中华人民共和国宪法》第一百三十四条规定："中华人民共和国人民检察院是国家的法律监督机关。"检察机关是国家法律统一实施的监督者，也是国家利益和社会公共利益的维护者。③ 于某案二审中，最高人民检察院与山东省人民检察院通过深入调查，查明了案件事实，对聊城市中检在一审起诉书中认定事实不清和适用法律错误予以及时纠正，保障了当事人的合法权益，是检察机关履行法律监督职能的表现。

---

① 参见山东高院负责人就于某故意伤害案答记者问 [EB/OL]．"山东高法"微信公众号，2017-06-23.
② 同上.
③ 参见陈瑞华．论检察机关的法律职能 [J]．政法论坛，2018（1）：3-17.

（三）法官伦理困境：天理国法人情，独立审判与大众舆论

在于某案的审理工作中，主审法官主要面临的伦理困境有两层：一是权衡天理、国法、人情的困境，二是平衡独立审判和大众舆论的困境。于某案最大的特殊之处在于，触及了"孝道"这一传统伦理的核心要素，"辱母"情节产生的情感冲击是直接且巨大的。司法公正引领社会公正，而司法不公也将对社会公正产生破坏。因此，在于某案的审理中，法官须将个案置于天理、国法、人情之中，进行综合权衡和考量。① 二审相较于一审的进步，不但是查明事实、正确适用法律的进步，更是通过"正法理"，达到"合天理""近人情"的进步。同时，于某案的二审也较好地处理了法官独立审判原则和大众舆论的监督甚至倒逼关系。

三、问题思考

（1）在于某故意伤害案二审阶段，为何是最高人民检察院而非最高人民法院介入？

（2）最高人民检察院和山东省人民检察院在于某案二审中的表现，体现了检察机关和检察官怎样的职能定位？

（3）在于某案的审理中，法官面临怎样的职业伦理困境？应当如何解决？

---

① 参见胡云腾主编，最高人民法院司法案例研究院编．记载中国法治进程之典型案件：于某案［M］．北京：人民法院出版社，2019：104.

法官以学者身份参与公共讨论合适吗？——波斯纳法官撰书《国家事务：对克林顿总统的调查、弹劾与审判》受批评事件

一、案情介绍

1999 年，美国法学家、联邦上诉法院法官理查德·A. 波斯纳（Richard A. Bosner）围绕克林顿事件出版了《国家事务：对克林顿总统的调查、弹劾与审判》一书，① 在书中，波斯纳对这一震动美国政坛的事件发表了评论；次年，他因该书而受到了罗纳德·德沃金（Ronald Dworkin）等学者的批评，理由是他在书中发表的评论，违反了法官职业伦理规范。

波斯纳因庭外言论而受到批评一事，肇始自时任美国总统克林顿的弹劾案。1994 年 5 月，前阿肯色州雇员波拉·琼斯（Paula Jones）对克林顿提起诉讼，琼斯于克林顿任阿肯色州州长时供职于州政府，她指控克林顿任州长时对她进行性骚扰。该案虽久未有结果，却直接导致了对克林顿是否与前白宫实习工作人员莫妮卡·莱温斯基（Monica Samille Lewinsky）有性关系的法庭调查。1998 年 1 月，克林顿与莱温斯基之间的桃色事件被披露，琼斯的代理律师于是要求克林顿对此作证。克林顿宣誓作证否认该事件，从而引发了独立检察官肯尼思·斯塔尔（Kenneth Starr）的调查，这一调查又导致了大陪审团调查。在大陪审团调查中，克林顿再次宣誓作证，否认了他与莱温斯基的性关系。1998 年 8 月 17 日，随着斯塔尔调查进一步深入、掌握了克林顿与莱温斯基曾发生性关系的确切物证，克林顿被迫发表电视讲话，表示此前作证的内容"误导"了公众。② 克林顿宣誓后仍作出伪证的行为，首先引发了参议院委员会的调查，其后构成了众议院指控伪证和妨碍司法的基础，及相应弹劾的基础，最终成为参议

---

① 参见［美］波斯纳. 国家事务：对克林顿总统的调查、弹劾与审判［M］. 彭安，等译. 北京：法律出版社，2001.
② 赵轶峰. 克林顿总统弹劾案中的权力和权利冲突［J］. 美国研究，2002（4）：87-104，5.

院对其审判和定罪的基础。①

参议院对克林顿总统弹劾案的审理于 1999 年 1 月 7 日开始，至 2 月 12 日结束。1999 年 2 月 12 日，参议院对众议院提出的两项弹劾指控进行表决，结果判定伪证罪和阻挠司法罪皆不成立。② 2001 年初，克林顿于离职前夜与独立检察官达成辩诉交易，同意接受罚款而免于在离任后被后者指控伪证罪，从而使本案得以"体面"地宣告终结。③ 在本案彻底告终之前，波斯纳已抢先于 1999 年出版了针对这一事件的评述性著作：《国家事务：对克林顿总统的调查、弹劾与审判》（以下简称《国家事务》）。

在《国家事务》一书中，波斯纳力图分析和解决弹劾事件带来的复杂的政治、法律、道德和文化问题。法律问题主要涉及妨碍司法的法律、将大陪审团作为调查工具使用的现象、独立检察官法的合宪性、允许一件基于总统任职前的行为而针对其提起的民事诉讼在任职期间继续审理的适当性、弹劾总统和免除总统职务的理由和程序等。此外，波斯纳也对公共知识分子在对公共事件进行学术评判过程中表现出的强烈情绪化倾向进行了批评。对于整个弹劾事件，波斯纳将其定性为"司法、政治体制、国会、法律职业以及学术界对一个崭新的挑战处理失败的故事""几乎所有在这一事件中扮演角色的个人在事后看来都犯有技术性的错误"。④

在《国家事务》一书出版后，波斯纳迅速受到了同为法学家的德沃金的批评。⑤ 2000 年 3 月 9 日的《纽约书评》刊登了德沃金的评论文章《哲学与莫妮卡·莱温斯基》，对《国家事务》进行了严厉的批评。德沃金指出，作为法官而介入政治争议是不明智且违反法官职业伦理的行为。尽管波斯纳在《国家事务》

---

① 参见［美］波斯纳. 国家事务：对克林顿总统的调查、弹劾与审判［M］. 彭安，等译. 北京：法律出版社，2001：中文版序言 1-2.

② 赵轶峰. 克林顿总统弹劾案中的权力和权利冲突［J］. 美国研究，2002（4）：87-104，5.

③ 参见［美］波斯纳. 国家事务：对克林顿总统的调查、弹劾与审判［M］. 彭安，等译. 北京：法律出版社，2001：中文版序言 1.

④ 参见［美］波斯纳. 国家事务：对克林顿总统的调查、弹劾与审判［M］. 彭安，等译. 北京：法律出版社，2001：中文版序言 5.

⑤ 波斯纳与德沃金之间的论战由来颇久，关于《国家事务》的论争未尝没有意气之争的成分。波斯纳在《国家事务》中对"公共知识分子"情绪化倾向的批评，矛头直指德沃金为首的学者，对德沃金更是耗费大量篇幅进行引用和批驳，用词颇为刻薄，这也可能构成德沃金大力反击的原因。由于二者之间的龃龉并不影响波斯纳是否违反法官职业伦理问题的讨论，在正文中不再赘述。参见［美］波斯纳. 国家事务：对克林顿总统的调查、弹劾与审判［M］. 彭安，等译. 北京：法律出版社，2001：221-224.

一书中已提前为自己辩护："对总统行为的批评，以及对这幕戏剧中其他政治演员的批评，与政党斗争交织在一起，确实普遍存在"；但德沃金仍认为：波斯纳对总统的攻击远远超出了任何可以被视为中立学术或两党共识的事情，"即使以党派政治的标准来看也是极端的"。此外，德沃金指出，《国家事务》中明确断言了克林顿面临在任期结束后因"犯有重罪"而被提起刑事诉讼的可能性，这已经违反了《法官行为守则》3（A）6的规定：禁止法官对悬而未决的案件发表公开评论。①

波斯纳很快对德沃金的批评进行了回应。在同年4月27日的《纽约书评》中，波斯纳发表了《国家事务：一次对话》一文，为自己的著作和言论进行辩护。波斯纳认为德沃金对他进行了私人的攻击（a personal attack），使他感到低落。对于德沃金用以攻击他的《法官行为守则》3（A）6，波斯纳辩称，法官确实不应当评论一个"即将发生"（impending）的案件（波斯纳引用辞典的解释，认为"impending"意味着"about to happen"或者"imminent"，即"正待发生"或"迫在眉睫"），对克林顿的起诉虽然在理论上可能发生，但事实上很可能永远不会发生（in fact will almost certainly never happen），因此他的行为不构成对该规则的违反。②

波斯纳的自我辩护并未结束《国家事务》的相关争议。随着另一位法学家史蒂文·卢贝特（Steven Lubet）在美国法官协会刊物《法庭评论》上发表文章，附议德沃金对波斯纳的批评，论战的主要阵地转移至《法庭评论》。卢贝特指出，尽管《法官行为守则》并未对"impending"进行明确定义，但明显不应局限于正在审理或开庭（in trial or in court）的案件，独立检察官对克林顿进行的持续的刑事调查明显属于这一范畴；另一方面，撤销克林顿在阿肯色州的律师执业资格的诉讼也正在进行中；卢贝特更进一步指出，波斯纳作为颇具声望的法官，他的言论很可能会影响检察官对于最终是否起诉的判断，这也正是《法官行为守则》希望防止的情况。③

对此，波斯纳同样撰文回应，表示卢贝特过于宽泛地解释了"impending"的概念，和德沃金一样，这将导致法官对公共事件进行评论的自由受到过分的

---

① See DWORKIN R. Philosophy& Monica Lewinsky［J］. New York Review of Books, 2000, 47（4）: 48.

② See RICHARD A. Bosner, An Affair of State: An Exchange, New York Review of Books, 2000, 47（7）: 60.

③ See LUBET S. *On Judge Posner and the Perils of Commenting on Pending or Impending Proceedings*［J］. Court Review, 2000, 37: 4-5.

限制，这与宪法第一修正案所规定的言论自由是相悖的。① 卢贝特再次撰文回应波斯纳，重申自己的观点，并强调对《国家事务》的批评并非因为他的作者是一位现任法官，而是因为"它发表得太早了"（it was published too soon）。②

二、案例简评

波斯纳所著写的《国家事务》一书，可以被视为一种书面发表的庭外言论。德沃金、卢贝特等批评波斯纳违反了美国《法官行为守则》（*Code of Conduct for United States Judges*）的 3（A）6："法官不得对任何法庭中待决或即将发生的事项的是非发表公开评论。法官应当要求法庭的其他主体对法官的指引和控制保持相似的克制。禁止对法庭事项进行公开评论的规定并不适用于法官在履职过程中所作的公开声明、对法庭程序的解释或为法律教育目的所作的学术报告。"③

《国家事务》一书撰写于克林顿与独立检察官达成辩诉交易之前，存在克林顿在卸任后因伪证被起诉的可能性。从常理而言，这种情况应当属于 3（A）6所规定的"impending"的范畴之内。波斯纳在《国家事务》中对克林顿弹劾事件始末的程序、实体法律问题均进行了评述，属于 3（A）6所禁止的"评论是非"（on the merits of a matter）的范畴之内，这一点波斯纳本人也无法进行辩解。此外，该书的出版，也无关履职行为、法庭程序指引或法学教育目的。因此，可以认为波斯纳撰写《国家事务》一书确实违背了作为法官的职业伦理。

尽管波斯纳在面对德沃金和卢贝特时，都使用宪法第一修正案所规定的言论自由为自己辩护，但言论自由也是有边界的。诚如卢贝特所言，该书的问题不在于作者身份（现任法官），而在于发表时间。倘若波斯纳在 2001 年克林顿与独立检察官达成辩诉交易后再发表该书，就可以规避违反法官职业伦理的风险，但波斯纳急于以学者的身份参与公共讨论，忽视了对法官职业伦理的恪守。

---

① See Richard A. Bosner, *The Ethics of Judicial Commentary: A Reply to Lubet*, Court Review, summer 2000: 6.

② See Steven Lubet, *When Is an Investigation Merely an Investigation? A Response to Posner*, Court Review, summer 2000: 7-8.

③ "A judge should not make public comment on the merits of a matter pending or impending in any court. A judge should require similar restraint by court personnel subject to the judge's direction and control. The prohibition on public comment on the merits does not extend to public statements made in the course of the judge's official duties, to explanations of court procedures, or to scholarly presentations made for purposes of legal education." See Code of Conduct for United States Judges.

三、问题思考

（1）德沃金、卢贝特等法学家批评波斯纳违反法官职业伦理的规范依据是什么？

（2）波斯纳在《国家事务》中发表的言论是否违反了法官的职业伦理？

高级法官的沉默比发言更重要？
——我国最高院原副院长评"许霆案"

一、案情介绍

（一）"许霆案"基本情况

2006年4月21日，本案被告人许霆于广东省广州市天河区黄埔大道西平云路的广州市商业银行离行式单台柜员机提款时，发现银行系统存在故障，即人民币1,000元以上的取款交易，自动柜员机每出钞人民币1,000元，持卡人实际扣款仅人民币1元。许霆遂在第一次取款后，又利用系统错误先后取款170次，累计取款人民币174,000元，后许霆向单位辞职，携款逃匿。2007年5月22日，许霆被羁押，6月5日被刑事拘留，7月11日被逮捕，10月15日，广东省广州市人民检察院向广东省广州市中级人民法院提起公诉。

同年11月20日，广东省广州市中级人民法院认定，被告人许霆的行为构成盗窃罪，且数额特别巨大，判决判处了被告人许霆无期徒刑，剥夺政治权利终身，并处没收个人全部财产；许霆提出上诉，2008年1月9日，广东省高级人民法院以"事实不清、证据不足"为由撤销原判，发回重审；2008年3月31日，广东省广州市中级人民法院另行组成合议庭公开审理许霆盗窃案，该院认为许霆构成盗窃罪且数额特别巨大，但鉴于案发的偶然性与被告人主观恶性较低等因素，可以在法定刑以下判处刑罚，最终判决被告人许霆犯盗窃罪，判处有期徒刑五年，并处罚金二万元；许霆提出上诉，2008年5月23日，广东省高级人民法院裁定驳回了许霆的上诉，维持原判，并将该裁定依法报请最高人民法院核准；2008年8月20日，最高人民法院核准了广东省高级人民法院的刑事裁定。①

---

① 案情参见广东省广州市中级人民法院（2007）穗中法刑二初字第196号刑事判决书；广东省广州市中级人民法院（2008）穗中法刑二重字第2号刑事判决书；广东省高级人民法院（2008）粤高法刑一终字第170号刑事裁定；最高人民法院（2008）刑核字第18号刑事裁定。

（二）最高人民法院副院长评"许霆案"引发争议

2007 年 11 月 20 日，许霆案一审判决作出后，立即引发了社会的广泛关注，社会舆论对于无期徒刑这一判决结果存在诸多争议，观点纷呈。同一时间内，即广东省高级人民法院撤销原判发回重审和广州市中级人民法院重新作出判决的期间（2008 年 1 月 9 日至 2008 年 3 月 31 日），最高人民法院副院长姜某某也通过媒体对该案发表了个人意见。2008 年 3 月 10 日，全国人大代表、最高人民法院副院长姜某某接受了媒体的采访，表示就目前的情况看来，许霆案在性质上属于恶性取款且数额巨大，应当定罪量刑，法院判决其行为构成盗窃罪并无不当，但该案具有特殊性，一审所判处的无期徒刑量刑过重，根据《中华人民共和国刑法》第六十三条的规定，犯罪分子如不具有减轻处罚情节的，根据案件的特殊情况，经最高人民法院核准，可以在法定刑以下判决刑罚；① 此外，姜某某还透露，许霆案发回重审后，判决结果最早将于本月底（2008 年 3 月）知晓。②

姜某某的言论一出，立即引发又一轮争议。虽然有部分论者支持姜某某就许霆案发表言论的行为，认为姜某某的发言是在该案舆论性极大、二审无果、将决定权交予最高人民法院定夺的情况下作出的，属于正常程序，不会对法官独立判案和司法公正造成不良影响；③ 但从整体上看，社会舆论中更多的是持否定态度的观点，如有的评论就认为姜某某有妨碍下级法院法官判案独立性之嫌，④ 因为姜某某虽有言论自由，但具有最高人民法院副院长的特殊身份，其言论经舆论传播、社会议论形成滚动效应后难免会对案件产生影响，因此有时法官的"沉默比发言更重要"。⑤ 该案在其时正处于特殊的审理阶段，案件比较敏感且仍未宣判，最高人民法院副院长不宜随意发表看法和见解，⑥ 姜某某的言论

---

① 《中华人民共和国刑法》第六十三条：犯罪分子具有本法规定的减轻处罚情节的，应当在法定刑以下判处刑罚；本法规定有数个量刑幅度的，应当在法定量刑幅度的下一个量刑幅度内判处刑罚。犯罪分子虽然不具有本法规定的减轻处罚情节，但是根据案件的特殊情况，经最高人民法院核准，也可以在法定刑以下判处刑罚。
② 参见最高法副院长称许霆一审被判无期明显偏重［EB/OL］．凤凰网资讯，2008-03-11.
③ 参见冯兴．驳"鬼鬼郎君"网友 谈许霆案的罪与非罪［EB/OL］．中国经济网，2008-03-16.
④ 参见许霆案改判：从无期到五年［EB/OL］．新浪财经，2008-04-04.
⑤ 参见毕舸．许霆案：有时沉默比发言更重要［N］．潇湘晨报，2008-03-12.
⑥ 参见吴盟初．最高法院副院长不宜对"许霆案"发言［EB/OL］．新浪新闻中心，2008-03-12.

可能形成上级法院及其领导对下级法院审判活动的非程序化干涉，① 更有部分意见认为该案的调查取证仍在继续，最高人民法院副院长的言论易让人产生"未审先判"的怀疑，根据《中华人民共和国法官职业道德基本准则》的相关规定，姜某某的行为可能违反了法官的职业道德准则。②

二、案例简评

（一）姜某某评论许霆案的行为是否违背了法官的慎言义务？

姜某某评论许霆案的行为可能违背了法官的慎言义务。慎言，即言论需谨慎，慎言义务是法官职业伦理的内容之一：国家秘密、审判秘密、正在审理案件的情况等事项都属于法官应当慎言的范围。③ 本案中，姜某某就许霆案的审理向媒体发表意见的时间正处于广东省高级人民法院撤销原判发回重审和广州市中级人民法院重新作出判决的期间（2008 年 1 月 9 日至 2008 年 3 月 31 日），即案件正处于审理阶段，尚未宣判，作为法官的姜某某便向媒体发表了对于审判的意见并透露了案件可能的宣判时间，不符合慎言义务的要求。

（二）如何看待言论自由与法官的慎言义务之间的关系？

客观上，姜某某的身份具有双重性，其既是普通公民，同时也是依法行使国家审判权的审判人员，作为公民，姜某某享有言论自由，可以对案件的审判结果发表个人意见；但由于其作为审判人员——法官的特殊身份，这一自由应当加以必要的限制。姜某某不仅身为法官，而且是最高人民法院副院长，其言行特别是针对司法审判工作做出的相关言行所具有的社会影响力是不容小觑的，尤其是针对许霆案这一社会关注度极高的、复杂的案件，其在两会期间通过媒体发表的意见更易引发舆论的关注。作为结果，可能引发公众对司法公正的质疑；其次，一个有影响力的法官对未生效判决的评论，在当前的行政化司法体系内，很可能在无意中成为对下级法官的隐性暗示与所谓的"风向标"。

---

① 徐光木. "许霆案"您本该保持沉默［N］. 浙江工人日报，2008-03-13.
② 大法官，您能评论"许霆案"吗？［EB/OL］. 凤凰资讯，2008-03-12.
③ 《中华人民共和国法官法》第十条："法官应当履行下列义务：（五）保守国家秘密和审判工作秘密，对履行职责中知悉的商业秘密和个人隐私予以保密。"《中华人民共和国法官职业道德基本准则》第七条："维护国家利益，遵守政治纪律，保守国家秘密和审判工作秘密，不从事或参与有损国家利益和司法权威的活动，不发表有损国家利益和司法权威的言论。"

不过需注意，慎言，并非让法官一律"缄口"，而是应当慎开"金口"。在向法官群体强调该法律职业伦理重要性的同时，也应当在规范层面不断地进行完善。

三、问题思考

（1）姜某某评论许霆案的行为是否违反了法官的慎言义务？

（2）如何看待言论自由与法官的慎言义务之间的关系？

美国联邦最高法院如何以法律技术处理政治问题？
——罗伊诉韦德案被推翻

一、案情介绍

罗伊诉韦德案（Roe v. Wade）是对美国历史产生重要影响的重大案件之一，该案件的判决及其争议一直都是美国司法系统和政治领域的热门话题，特别是对各州禁止堕胎的立法和后期各法院对堕胎相关案件的裁判产生了深远影响。

罗伊诉韦德案的主角是一名化名为简·罗伊的女性，她于 1969 年向得克萨斯州法院提起诉讼，指控该州一部限制堕胎的法案违宪。根据该法令，州内禁止任何妊娠期女性实施人工终止妊娠术，除非是为了保护女性的生命。罗伊在诉讼中主张，该法令的存在导致她在意外怀孕后无法自由终止妊娠，这是对她生育权的剥夺，因此要求德州承认妇女堕胎的权利，宣告政府禁止堕胎的法律违宪，并发布禁令来禁止这一法律的实施。

这一案件最终上诉到美国联邦最高法院。随着 20 世纪 60 年代美国社会环境的变化，堕胎运动在各地兴起，女性的堕胎权利逐渐引发广泛关注。联邦最高法院意识到该案件的影响力和政治影响，在判决中采取了司法平衡技术来平衡社会各方诉求。

在审理案件的过程中，保守派法官和自由派法官产生了分歧。除了对堕胎本身态度的分歧之外，两派法官对于宪法的解释和理解也有着完全不同的看法。自由派法官认为，对于宪法条文的解释应采取较为宽泛的原则，特别是要根据时代的变化而不断发展，有些内容虽然在宪法文本中没有体现，但可以从相关内容中推断出来。因此，虽然宪法没有明确提到隐私权，但可以从第十四修正案中的自由推导出"隐私权"，因此"隐私权"属于第九修正案所规定的由人民保留的权利。保守派法官则反对这种扩张性的解释，坚持司法上保守、回归宪法原旨的态度，即宪法解释应该遵循宪法文本的原始意思，宪法中没有规定的内容，就应该交给联邦或各州民选立法机构决定，而非让联邦最高法院来做决定。伦奎斯特大法官在异议中就指出，堕胎并不是美国自由传统中的历史实践，与第十四修正案保护的隐私权没有任何关系，第十四修正案的制定者完全不可能想到可扩及于此。

1973 年，联邦最高法院以 7∶2 的多数意见作出裁定，认定德州全面禁止妇女堕胎的法律违宪，罗伊有权堕胎。① 自由派法官获得了胜利。但是，该判决并未认定妇女有任意堕胎的权利，而是在判决中通过分段考量的形式对堕胎权进行了限制：（1）由于美国宪法第十四修正案所隐含的隐私权，包含女性在与医生进行咨询之后决定是否中止怀孕的自由，因此在怀孕的前三个月，女性及其医生可独立决定是否堕胎，州无权干涉；（2）女性决定权只限于怀孕早期，在中期和后期则须与政府保护女性健康、胎儿生命和卫生标准等方面的利益相平衡。因此，在怀孕的中间三个月，州有权为了保证母亲的健康而对堕胎程序采取规制，如堕胎必须在具有合法执业资格的医生那里进行；（3）在怀孕的最后三个月（即胎动之后），州出于对潜在生命的保护，有权对堕胎进行规制乃至禁止，除非是为了保护孕妇的生命与健康。

然而，由于堕胎问题和自由、宗教、伦理等问题相交织，上述判决并未消除美国社会对女性堕胎问题的分歧。相反，该案件在一定程度上推动了美国政治中保守主义势力的兴起，导致很多州出台了更加严格的反堕胎法案。这种分歧和矛盾在一定程度上推动了美国社会的分裂，堕胎问题也被进一步政治化，成为美国政治中尤为重要的议题，不论是总统大选，抑或联邦最高法院大法官候选人的任命听证会，关于堕胎问题的论争往往不会缺席。直到 2022 年 6 月 24 日，联邦最高法院在多布斯案（Dobbs v. Jackson Women's Health Organization）中以 6∶3 的投票结果推翻了罗伊案。判决认为，哪怕是美国宪法第十四修正案都没有赋予堕胎权，同时表明，规范堕胎的权力在于各州的立法机关，这在事实上否定了美国宪法保护女性堕胎权的司法先例。②

这一巨大的转变与联邦最高法院大法官的变化有关。大法官由于政治立场和观点的不同一直存在较大分歧。自 20 世纪 60 年代以来的多数时间，联邦最高法院 9 名大法官都是自由派占多数。晚近 30 年来，大法官们内部已逐渐形成针锋相对的两派阵营，很多重大案件都是以 5∶4 得出判决结果。而近年来，自由派大法官先后去世，保守派大法官开始占据多数。在多布斯案的判决中可以鲜明地看到这种变化，即保守派 6 名大法官，特别是时任总统的特朗普提名的 3 名大法官，都否定了堕胎权。这也进一步体现了大法官的政治倾向对司法判决

---

① Roe v. Wade, 410 U. S. 113 (1973).

② Dobbs v. Jackson Women's Health Organization, 597 U. S. (2022).

结果有着相当的影响。

美国联邦最高法院一直被认为是司法独立的代表，大法官一直在努力维持联邦最高法院作为中立裁判者的形象，避免法院判决受政治影响。然而，这种去政治化的形象正在不断消失。保守派和自由派大法官在政治和法律理念上存在巨大差别，并且，其由美国总统任命，在具体案件判决中不可避免地受到各自政治派别的影响。多布斯案就是这一现象的具体体现，正是由于特朗普任命了3名保守派大法官，改变了联邦最高法院大法官的组成结构，最终导致罗伊诉韦德案被顺利推翻。

二、案例简评

坚守司法公正是法官职业伦理的核心与基石。美国《司法行为示范守则》原则一即提出了"法官必须维护司法的独立性、适当性和公正性"的职业伦理要求;①《中华人民共和国法官职业道德基本准则》也要求法官"客观公正审理案件，在审判活动中独立思考、自主判断""坚持以事实为根据，以法律为准绳"。② 重大案件具有一定的政治色彩，在司法实践中是难以避免的现象;作为法官，应当恪守职业伦理，独立审判、中立裁决，从政治问题中分离出法律问题，充分运用法律技术，严格依法裁判。

然而，罗伊案被推翻的结果，已经充分展现了法律与政治区分之艰难，以及大法官所处政党和政治倾向对审判活动的强烈影响。在司法实践中，除却政党因素，法官自身的价值观念、法院系统内部的上下级关系、所处的人际关系网络（亲人、朋友等）、过往的知识背景、流动于公共部门和私人部门之间的"旋转门"现象等，都可能影响法官中立地开展裁判活动。司法裁决是社会公平正义的最后一道屏障，因此法官必须严格遵守职业伦理的要求，排除其他因素的干预，依法审判、中立裁决，坚决维护司法公正。

---

① CANON 1 A judge shall uphold and promote the independence, integrity, and impartiality of the judiciary, and shall avoid impropriety and the appearance of impropriety. See ABA Model Code of Judicial Conduct (2020).

② 《中华人民共和国法官职业道德基本准则》第八条："坚持和维护人民法院依法独立行使审判权的原则，客观公正审理案件，在审判活动中独立思考、自主判断，敢于坚持原则，不受任何行政机关、社会团体和个人的干涉，不受权势、人情等因素的影响。"第九条："坚持以事实为根据，以法律为准绳，努力查明案件事实，准确把握法律精神，正确适用法律，合理行使裁量权，避免主观臆断、超越职权、滥用职权，确保案件裁判结果公平公正。"

三、问题思考

（1）法官在司法裁判中是否应该远离政治，保持中立？

（2）法官在司法裁判中能否做到绝对的中立？

第三篇　检察官职业伦理

如何理解检察官的忠诚义务？
——"猎狐"行动追捕孙某案

一、案情介绍

"猎狐行动追捕孙某案"是一起关于反腐败国际追逃追赃的典型案件。猎狐行动是自 2014 年以来公安部每年开展的、国际追捕追逃的系列专项行动，2015年的猎狐行动从该年 4 月 1 日开始，重点对象是外逃经济犯罪嫌疑人、外逃党员和国家工作人员、涉腐案件外逃人员。该年的猎狐行动面临新时代的新要求：2015 年 1 月 12 日，时任中央纪委书记王岐山在中国共产党第十八届中央纪律检查委员会第五次全体会议上作报告指出："加强国际合作，狠抓追逃追赃，把腐败分子追回来绳之以法。"① 2015 年的猎狐行动正是在党和国家反腐败工作总体部署下展开。

随着 2015 年猎狐行动以雷霆之势展开，仅仅两个月之后，本案的主人公孙某落网。2015 年 6 月 9 日，出逃至柬埔寨的原北京市新闻出版局出纳孙某，因挪用公款和贪污被缉拿归案。孙某在担任单位出纳期间，涉嫌利用职务便利，将上千万元公款转入本人担任法定代表人的公司进行营利活动，其中部分款项被转入期货交易所和证券交易所进行交易。② 2008 年 10 月，孙某因案情败露，潜逃出境至东南亚。2008 年 10 月 23 日，北京市检察院第二分院以涉嫌挪用公款罪对孙某立案侦查，此后便开始了对于孙某的追逃工作。

追捕孙某的过程总体历时七年之久，在检察官与公安人员的通力合作下，意图逃避罪责的孙某受到了法律应有的制裁。2015 年 5 月，在中央反腐败协调小组国际追逃追赃工作办公室的领导和协调下，北京市追逃追赃工作办公室在得到孙某藏身于柬埔寨的消息后，组成追逃工作组赶赴柬埔寨，在公安部"猎狐 2015"柬埔寨工作组、中国驻柬埔寨大使馆的大力配合与帮助下，经中柬两国执法司法部门共同努力，成功将孙某缉拿归案。③ 2016 年，孙某因挪用公款

① 王岐山在十八届中央纪委五次全会上的工作报告 [EB/OL]. 新华网，2015-01-29.
② 参见北京市第二中级人民法院（2016）京 02 刑初 38 号刑事判决书。
③ "红通"犯罪嫌疑人孙某被押解回国 [EB/OL]. 中国共产党新闻网，2015-06-09.

罪和贪污罪被判处有期徒刑 14 年 6 个月。①

就检察官的职业伦理角度而言，本案说明检察官应当有忠诚义务与担当意识，这亦是检察官职业伦理的基本要求。据承办该案的北京市检察院第二分院检察官表示："这次境外追捕行动情况十分复杂。工作组克服了天气炎热、水土不服、语言不通等重重困难，终于完成了缉捕任务。"② 因此本案不仅对检察官的业务水平和应变能力有极高的要求，也需要检察官秉承对党和国家的忠诚之心，坚忍不拔，心无杂念，才能在国外的复杂环境中顺利完成追逃追赃的任务目标。

二、案例简评

（一）作为检察官职业伦理重要组成部分的忠诚义务

忠诚是检察官职业伦理不可缺少的重要组成部分，而且相较于其他义务而言，忠诚义务是第一位的义务，是检察官职业伦理的基础。2016 年《检察官职业道德基本准则》第一条规定："坚持忠诚品格，永葆政治本色。"具体而言，检察官的忠诚义务又包括了政治忠诚、法律忠诚和事业忠诚三个方面。政治忠诚即忠于党、忠于国家、忠于人民。法律忠诚即检察官应忠于法律事实与法律规范，检察官的基本工作是查清案件的事实后依据法律规范进行起诉。事业忠诚也可称为"职业忠诚"，即检察官应对整体性的检察事业和检察官的个人职业保持忠诚。

（二）海外追逃追赃过程中检察官忠诚义务的体现

在本案中，忠诚义务并不因为检察官身处环境的变化而放松要求，相反，对检察官的要求更为严格。政治忠诚要求身处异国他乡的检察官坚守正确的政治立场，深刻认识到追捕行动是为了维护党和国家、人民的利益，追捕的对象是损害国家利益的犯罪分子，在与国外执法机关交涉时也应认识到自己代表中国形象。法律忠诚要求检察官虽然身在国外，但仍要严格按照法律法规规定和法律程序办理案件，开具准确的法律文书，确保追捕行动的规范化与合法性。此外，检察官在柬埔寨也必须遵循当地的法律规范，尊重当地人的民俗习惯。事业忠诚要求检察官恪尽职守。当然，在很多场景下，政治忠诚、法律忠诚和

① 参见北京市第二中级人民法院（2016）京 02 刑初 38 号刑事判决书。
② "红通"犯罪嫌疑人孙某被押解回国［EB/OL］. 中国共产党新闻网，2015-06-09.

事业忠诚并没有明显的区别，检察官在国外遵纪守法，从政治角度讲是维护国家利益，从法律角度讲是依法办事，从事业角度讲是履行职业责任。

三、问题思考

（1）检察官职业伦理中的忠诚义务该如何解读？

（2）在海外追逃追赃的过程中，检察官履行忠诚义务体现在哪些方面？

检察官如何履行客观公正义务？
——阿宝电脑租赁骗局案

一、案情介绍①

（一）基本案情

张某保是阿宝电脑科技发展有限责任公司（以下简称"阿宝公司"）法人代表和总经理。他在 1997 年 3 月间，和潘某某购买了两张空白的购货发票，在北京市的青年公寓内填写虚假的购货数量、品种和金额后，把发票提供给北京某会计师事务所验资为 68 万元，以此欺骗公司登记主管部门，骗取公司登记，注册成立了阿宝公司。

1998 年 7 月间，张某保又采用非法拆借的手段，在北京市怀柔县（现为怀柔区）虚报注册资本 100 万元，注册成立了北京烽火科技有限公司。继之，张某保于 1998 年 11 月至 12 月间，以阿宝公司的名义，从北京某技术研究所购进价值人民币 11 万余元的计算机配件，并支付了三张空头的转账支票，与事主约定延期兑付。当约定期限届满，事主将其中的两张支票入账，却发现是空头，于是向张某保索要货款。张某保答应在 10 天之内付款，后却离开北京，去向不明，所欠货款未能偿付。

张某保还于 1998 年 10 月间，以阿宝公司的名义，从北京现代电子科技市场个体经营户郝某、陈某某处购进光驱、软驱等计算机配件，共价值 73，790 元，并先后用 7 张空头转账支票支付货款。同年 11 月间，张某保以用支票兑换现金为名，用 4 张金额为 50，000 元的空头转账支票，从郝某、陈某某处兑换现金 34，000 元。当事主向其索要货款时，张某保给事主打了一张 73，790 元的支票，没有支付就离开北京，去向不明。

此外，张某保从 1998 年下半年开始，就以阿宝公司的名义在报纸上发布电

---

① 阿宝电脑案主犯被判 15 年 检察官两次抗诉追加两罪 ［EB/OL］. 新浪科技，2003-09-06.

脑租赁广告，并先后与林某某、曹某等 228 名客户签订电脑租赁合同，分别收取 3，000 元至 4，500 元不等的租赁电脑押金，共计 140 余万元。同年 12 月，由于阿宝公司将事主交付的押金用于其他业务，且经营不善，无力退还事主押金，从而引发大规模纠纷。

张某保于 1998 年 12 月 13 日离开北京藏匿他处，后被公安机关抓获归案。张某保逃走时，228 名客户中，15 名客户已经交回了电脑，但阿宝公司却没有退还押金（共有 104，000 元）。3 名客户交付押金和租金 9，700 元后，没有得到电脑。剩下的 210 名客户在合同到期后，发现阿宝公司已是人去楼空。①

（二）检察院对本案的两次抗诉

2000 年 9 月，北京市海淀区人民检察院以张某保涉嫌虚报注册资本罪、票据诈骗罪、合同诈骗罪将其公诉。一审法院采纳了虚报注册资本罪的指控，但认为张某保是以公司的名义实施了票据诈骗、合同诈骗行为，其犯罪所得也归公司所有，应该归为单位犯罪，所以判处张某保有期徒刑五年。

宣判后，检察官认为，张某保以虚报注册资本的犯罪行为设立公司，成立后几乎未进行正常经营，可以推定其成立公司是为了施行犯罪，不能以单位犯罪论处，因此依法提起抗诉。2002 年 9 月，一审法院重新审理后判决张某保有期徒刑 10 年 6 个月。但判决认定，张虽然将押金卷走，但已交付电脑，不构成合同诈骗罪。对此，检察官再次提起抗诉，认为一次抗诉之后的判决在事实认定上依然有误，并指出有证据证实"张某保对部分受害人并未交付电脑，一些已退电脑的受害人押金始终未退"的诈骗行为。2003 年 1 月 29 日，北京市第一中级人民法院做出终审判决，采纳了检察官的抗诉意见，认定张某保构成虚报注册资本罪、票据诈骗罪、合同诈骗罪三罪，依法判处张某保有期徒刑 15 年。

二、案例简评

客观公正，是对检察官超越当事人角色执行职务的伦理要求和法律责任。其对应的检察官客观义务理论最早形成于 19 世纪中后期的德国。20 世纪 90 年代以来，检察官客观义务已上升为国际刑事司法准则。联合国《关于检察官作用的准则》第十三条规定，检察官在履行其职责时应保证公众利益，按照客观标准行事，适当考虑到犯罪嫌疑人和受害者的立场，并注意到一切有关的情况，无论是否对犯罪嫌疑人有利或不利。在我国，检察机关是宪法规定的法律监督

---

① 参见北京市第一中级人民法院（2002）一中刑终字第 3404 号刑事判决书。

机关，决定了检察官应恪守客观公正立场。① 2019 年修订的《中华人民共和国检察官法》第五条也首次明确提出，检察官履行职责，应当以事实为根据，以法律为准绳，秉持客观公正的立场。

本案中检察官对法院不当判决的两次抗诉，毅然表明了这一立场。并且，本案的骗局造成 200 多人受害，扰乱市场秩序，对社会造成恶劣影响，检察官依法抗诉，不仅追求了个案判决的纠正，也通过法律监督帮助了受骗的当事人群体合理维权，挽回了他们对法律的敬仰、对司法的信任。这不仅是为民办事，更是责任担当，彰显了司法公正。

三、问题思考

本案体现了何种检察官职业伦理？

---

① 朱玉. 刑事诉讼中检察官客观公正立场的实践展开 [J]. 人民检察，2022（5）：1-4.

检察院如何深化刑事立案、侦查、审判监督?
——检察院积极介入"唐山打人案"

一、案情介绍

(一)事件经过

2022年6月7日,陈某亮等4人从江苏驾车至河北唐山,9日与陈某志等人合谋实施网络赌博洗钱违法犯罪活动,涉案资金66.03万元。[①] 6月10日凌晨,陈某志等5人与陈某亮等4人在唐山市路北区机场路"老汉城烧烤"聚餐饮酒,凌晨2时40分,走到一位女子(王某某)背后敲打其背部,并且进行言语上的性骚扰与脏话挑衅。女子拒绝并表示反抗,陈某志接着对其实施殴打,女子好友见到其受辱,遂实行正当防卫,拿啤酒瓶反击。陈某志同行的用餐人员刘某等人恼羞成怒,冲入店内用板凳、啤酒瓶殴打女子及其同伴,并拉住女子头发将其拖行至店外进行暴力殴打,女子随后跑进烧烤店旁边一条长11.6米、宽7.3米的小巷子里,陈某志等6人也追入巷子继续对被害人实施殴打。[②] 其间,烧烤店内其他女性试图营救被打女子,都被陈某志及其同伙殴打,被殴打的女性头部伤势严重。案发后,犯罪嫌疑人逃离现场,4名被害人由120救护车送医接受治疗,伤情稳定,无生命危险。后经法医鉴定,被害人王某某、刘某某两名女性构成轻伤二级、李某、远某构成轻微伤。6月11日,9名涉事嫌疑人全部落网。

(二)案情处置

6月11日22时53分,廊坊公安网络发言人发布通报称,根据省公安厅指定管辖,发生在唐山市路北区某烧烤店的寻衅滋事、暴力殴打他人案件,由廊

---

① 河北省公安厅公布陈某志等涉嫌寻衅滋事、暴力殴打他人等案件侦办进展情况 [EB/OL]. 央视新闻, 2022-06-21.
② 总台记者独家采访还原唐山某烧烤店打人案侦办经过 警方讯问陈某志现场视频首次公开 [EB/OL]. 央视新闻, 2022-08-29.

坊市公安局广阳分局侦查办理。① 6月12日，廊坊市公安局广阳分局发布通报，经廊坊市广阳区人民检察院批准，陈某志等9名犯罪嫌疑人已由廊坊市公安局广阳分局执行逮捕。② 6月21日，河北省公安厅发布关于陈某志等涉嫌寻衅滋事、暴力殴打他人等案件侦办进展情况的通报。③

8月11日，陈某志等涉嫌恶势力组织违法犯罪案件由河北省廊坊市公安局广阳分局侦查终结，移送廊坊市广阳区人民检察院审查起诉。廊坊市广阳区人民检察院8月26日根据《中华人民共和国刑事诉讼法》第一百七十六条之规定，对陈某志等28名被告人提起公诉。④

9月13日上午，"唐山打人案"在河北省廊坊市广阳区人民法院第一审判庭公开审理。9月23日，廊坊市广阳区人民法院判决，被告人陈某志犯寻衅滋事罪，抢劫罪，聚众斗殴罪，开设赌场罪，非法拘禁罪，故意伤害罪，掩饰、隐瞒犯罪所得罪，帮助信息网络犯罪活动罪，数罪并罚，决定执行有期徒刑24年，并处罚金人民币32万元；对其余27名被告人判处6个月至11年不等的有期徒刑，另对其中19名被告人并处人民币3000元至13.5万元不等的罚金。陈某志等6名被告人对寻衅滋事罪4名被害人的医药费、护理费、误工费、伙食补助费、营养费、交通费等各项损失承担相应的赔偿责任。⑤

（三）违纪处理

6月21日，河北省纪委监委通报，经河北省纪委监委指定管辖，唐山市路北区政府党组成员、副区长，市公安局路北分局党委书记、局长马某某，正接受廊坊市纪委监委纪律审查和监察调查；经唐山市纪委监委指定管辖，唐山市公安局路北分局机场路派出所所长胡某、长虹道警务站副站长韩某某、机场路派出所民警陈某某、光明里派出所原所长范某某，正分别接受唐山市曹妃甸区纪委监委、唐山市丰南区纪委监委纪律审查和监察调查。⑥ 唐山市公安局路北分

① 唐山烧烤店暴力殴打他人案件由廊坊警方侦查办理 [EB/OL]. 人民网，2022-06-12.
② 唐山打人案9名嫌犯已被廊坊警方逮捕 [EB/OL]. 人民日报客户端，2022-06-12.
③ 河北省公安厅公布陈某志等涉嫌寻衅滋事、暴力殴打他人等案件侦办进展情况 [EB/OL]. 央视新闻，2022-06-21.
④ 关于陈某志等涉嫌恶势力组织违法犯罪案件审查起诉情况的通报 [EB/OL]. 中新网，2022-08-29.
⑤ "唐山烧烤店打人案"一审公开宣判：主犯陈某志被判有期徒刑24年 [N]. 人民日报，2022-09-24（05）.
⑥ 唐山市公安局路北分局局长马某某等人接受审查调查 [EB/OL]. 新华网，2022-06-21.

局副局长被免职。①

8 月 29 日，河北省纪委监委通报，此前被采取留置措施的唐山市路北区政府党组成员、副区长，市公安局路北分局党委书记、局长马某某及唐山市公安局路北分局机场路派出所所长胡某、长虹道警务站副站长韩某某、机场路派出所民警陈某某、光明里派出所原所长范某某、光明里派出所副所长王某 1、乔屯派出所副所长王某 2、唐山市公安局交警支队四级警长安某等 8 名公职人员，已被初步查出违纪违法及涉嫌滥用职权、徇私枉法、行贿、受贿等职务犯罪问题。②

二、案例简评

（一）检察官的角色定位与职业属性

我国检察机关独立于行政机关和审判机关，是国家法律监督机关。检察官作为国家机关工作人员具有独立性，是法律监督官员，是维护法律统一和正确实施的专门官员。③ 检察官最重要的职业活动之一是参与诉讼，在刑事诉讼活动中，通过履行侦查、公诉、监督及刑罚执行等职能，维护法律权威和尊严，尊重保障人权。

关于检察官的职业属性，理论界与实务部门有不同的看法，有学者认为，检察官是以积极的方式行使职权，以维护法律实施和保护公益的国家法律官员，检察官的职业具有法律性、公益性、主动性的特点。④ 还有学者认为，检察官的职业属性主要体现为司法性、独立性与客观性。⑤ 最高人民检察院政治部认为，检察官存在有别于法官、律师的职业特性，主要表现在主动性和客观性两方面。前者表现在检察官是法秩序的积极守护者，这要求检察官主动对违反法律秩序的犯罪行为进行追诉并对诉讼中的其他违法行为进行纠正；后者则要求检察官

---

① 河北省公安厅公布陈某志等涉嫌寻衅滋事、暴力殴打他人等案件侦办进展情况［EB/OL］. 央视新闻，2022-06-21.
② 关于严肃查处陈某志等涉嫌恶势力组织背后的腐败和"保护伞"问题的通报［EB/OL］. 河北省纪委监委网站，2022-08-29.
③ 参见李瑜青主编. 法律社会学理论与应用［M］. 上海：上海大学出版社，2007：260-261.
④ 参见李瑜青主编. 法律社会学理论与应用［M］. 上海：上海大学出版社，2007：261-262.
⑤ 参见刘万丽. 再论检察官的角色定位［J］. 河南师范大学学报（哲学社会科学版），2014（2）：55-59.

适用法律时要严格遵循客观性义务，客观公正地进行司法活动。①

　　备受舆论关注的"唐山打人案"，施暴者在公众场合，众目睽睽之下对几名女子大打出手，公然挑衅法律的尊严，他们劣迹斑斑的前科更进一步造成了恶劣的社会影响。检察机关积极主动介入，站在客观的立场上进行扎实的案情调查和严格的司法活动，彰显了检察官维护国家利益、社会公平正义的角色定位和职业属性。

　　（二）监察官的职业伦理

　　《中华人民共和国监察法》和《中华人民共和国监察官法》均提到"建设忠诚、干净、担当的监察队伍"②。忠诚、干净和担当是监察官职业伦理的基本要求。

三、问题思考

　　（1）唐山打人案件发生后，检察院依法主动提前介入，查明陈某志等人涉嫌恶势力组织等犯罪事实，切实有效地维护了社会公平与正义。这体现了检察官何种角色定位与职业属性？

　　（2）陈某志等人得到了应有的审判，相关官员也受到了纪委监委的纪律审查和监察调查。从监察的角度，这体现了监察官哪些职业伦理？

---

① 参见最高人民检察院政治部编写组编．中国特色社会主义检察制度学习材料［M］．北京：中国检察出版社，2006：155-156.
② 《中华人民共和国监察法》第五十五条规定："监察机关通过设立内部专门的监督机构等方式，加强对监察人员执行职务和遵守法律情况的监督，建设忠诚、干净、担当的监察队伍。"《中华人民共和国监察官法》第二条规定："监察官的管理和监督坚持中国共产党领导，坚持以马克思列宁主义、毛泽东思想、邓小平理论、'三个代表'重要思想、科学发展观、习近平新时代中国特色社会主义思想为指导，坚持党管干部原则，增强监察官的使命感、责任感、荣誉感，建设忠诚干净担当的监察官队伍。"

如何理解检察官规范言行的重要性？
——检察官当庭发表"受贿不办事"论事件

一、案情介绍

2020 年 6 月 27 日，一段庭审音频通过网络传播。音频系由中国庭审公开网的直播截取而得，音频中，一位检察官于庭审中发表了"收受贿赂不办事，说明司法工作人员保证了道德底线"的言论，由此引发了广泛的关注和讨论。

发表该言论的是辽宁省盘锦市大洼区人民检察院检察官孙某。音频截取自一起"套路贷"刑事案件，由大洼区人民检察院提起公诉、大洼区人民法院审理①，孙某为出庭的 3 名公诉人之一。该案的被告人共 10 余名，其中"首要分子"滕某某涉嫌虚假诉讼、诈骗、非法拘禁、虚开发票、职务侵占五项罪名。该案于 2020 年 6 月 10 日、6 月 12 日、6 月 13 日公开审理，法院直播了三次庭审，"受贿不办事"音频截取自 6 月 12 日的庭审直播。②

在庭审过程中，孙某发表了以下言论："在我们的司法机关当中，收受贿赂不办事，正是说明了相关的司法工作人员保证了他们的道德底线。"孙某发表该言论是基于公诉人所出示的证据，即最高人民法院研究室民事处原副处长黄某某受贿案的刑事判决书。③ 黄某某受贿案由北京市东城区人民法院审理，并于 2017 年 12 月 22 日作出判决书。根据判决书"经审理查明"第（九）项：滕某某的"老乡"金某曾向黄某某行贿，希望黄某某为其疏通关系，"协调"股权纠纷案件。黄某某接受了金某及滕某某的请托，多次联系丹东市中级人民法院时任院长孙某 2 和分管副院长王某 1。滕某某和金某曾一起凑了 8 万美元，装在空茶叶盒中送给孙某 2；黄某某随即接到孙某 2 的电话，称"茶叶不好喝"，之

---

① 该"套路贷"刑事案件的具体内容，参见辽宁省盘锦市大洼区人民法院（2020）辽 1104 刑初 90 号刑事判决书。

② 该案庭审直播视频已无法于中国庭审公开网查看。案件信息参见柴会群. 检察官"受贿不办事"论背后：来自法院的"诉讼掮客"［EB/OL］. 南方周末，2020-07-05.

③ 北京市东城区人民法院（2017）京 0101 刑初 187 号刑事判决书。

后一段时间，黄某某联系金某，称孙某2已将8万美元退回黄某某处。①

对于检察官孙某提供的判决书，滕某某的代理律师聂某发表质证意见，认为该证据与案件无关，并提出："如果说别人（指孙某2和王某1）帮他（指滕某某）去疏通关系，为什么他这个案子还败诉了呢？"孙某在此情况下，作出了"受贿不办事说明保证了道德底线"的回应，并称："否则我们就有另外的判决书，就是相关的院长、副院长的行受贿（判决书）向法庭出示了。"②

除"受贿不办事"论之外，孙某作为公诉人，还发表了以下引发争议的言论：

辩护律师王某2指出："你看这12份，没有一份录音录像资料里的时间和笔录上的时间一样的。"对此，孙某回应："存在这样的合理误差，恰恰体现了侦查人员在相关的提讯过程中严谨扎实的作风。"王某2质疑："法律明确规定要同步，你现在说不同步，反倒体现了严谨性。"孙某再次回应："我们侦查人员的能力和水平，可能还没有达到我们辩护人员要求的标准。我们是盘锦，我们不是一线二线特大城市，也希望辩护人对此能够予以谅解。"③

2020年6月29日，针对上述引发争议的庭审言论，盘锦市人民检察院发布《情况说明》④：

关于盘锦市大洼区人民检察院检察官庭审言论的情况说明

6月28日，网络上出现盘锦市大洼区人民检察院检察官在滕某某案庭审中的有关音视频。我院立即审看了庭审视频，核查了相关情况。

1. 关于"受贿不办事说明了司法人员保证了道德底线"这一言论。经了解，滕某某涉嫌虚假诉讼犯罪涉及原民事诉讼中有关司法人员于2015年2月退回了贿赂款，没有为行贿人谋取利益。但在庭审辩论中，检察官没有准确表述这一事实，发表意见明显不当。

2. 关于"笔录时间和同步录音录像时间不一致，证明了侦查人员工作的严谨性"这一言论。经了解，侦查人员对犯罪嫌疑人进行讯问的笔录与

---

① 参见北京市东城区人民法院（2017）京0101刑初187号刑事判决书。
② "相关的院长、副院长"指孙某2和王某1。参见柴会群.检察官"受贿不办事"论背后：来自法院的"诉讼掮客"[EB/OL].南方周末，2020-07-05.
③ 参见柴会群.检察官"受贿不办事"论背后：来自法院的"诉讼掮客"[EB/OL].南方周末，2020-07-05.
④ 关于盘锦市大洼区人民检察院检察官庭审言论的情况说明[EB/OL].盘锦人民检察院官网，2020-06-29.

同步录音录像记载的时间确实存在不一致的情形，检察官对此问题发表的观点不正确。我院已开始对上述涉及的证据是否合法进行审查。

3. 根据上述调查情况，我院责成大洼区人民检察院对此事件进行严肃处理。由该院对办案检察官在案件办理过程中是否有违规违纪行为进行调查，根据调查结果作出相应处理。

今后，我们将进一步加强对全市全体检察人员的教育、监督、管理，不断提高法律素养和履职能力，确保严格、规范、公正、文明司法。

感谢社会公众对检察机关司法不规范行为提出的批评意见！

盘锦市人民检察院

2020 年 6 月 29 日

根据"辽宁长安网"报道，孙某于 2013 年入职盘锦市大洼区人民检察院公诉科，2016 年被任命为检察员，2018 年获得"盘锦市第二届十佳检察官"称号。①

二、案例简评

检察官孙某的言论，不但违反了作为检察官的个人职业伦理，而且将对整个检察官群体的职业形象，甚至对司法的形象和权威性造成损害。

第一，孙某违反了忠诚、公正、文明的检察官职业伦理。孙某的行为是对法律监督职责和中国司法事业的背叛，违背了人民的利益和社会公共利益。

第二，孙某作为检察官，其言论的社会效应对司法形象造成了损害。孙某的言论通过网络大范围传播，导致了恶劣的影响：其法律素养、职业素养的缺失和履职态度的不端正，严重违背了检察官的职业伦理，不利于公众树立对中国司法的信心。因此，在严厉批判孙某言论的同时，更应当引以为戒，积极推进政法队伍教育整顿工作。

三、问题思考

检察官孙某在法庭上发表的"受贿不办事说明司法工作人员保证道德底线"等争议性言论，被盘锦市人民检察院《情况说明》批评为"发表意见明显不当""发表的观点不正确"，从检察官职业伦理的角度分析，具体存在哪些问题？

---

① 参见孙硕辰. 【人物】孙某：在检察事业中绽放绚丽青春 [EB/OL]. 辽宁长安网，2018-12-21.

检察官如何自我约束业外活动？
——重庆"黑老大"指认检察官"保护伞"事件

一、案情介绍

（一）基本案情

2019 年 1 月 16 日，重庆市大足区公安局以涉嫌寻衅滋事罪、敲诈勒索罪逮捕尹某某，3 月 25 日，尹某某被发现"另有重大罪行"；重庆市大足区公安局侦查终结后，该案于 5 月 22 日移送重庆市大足区人民检察院审查起诉，大足区人民检察院于同年 9 月就该案向大足区人民法院提起公诉，指控尹某某等人自2014 年以来，为维护组织利益、扩张势力范围、树立非法权威，先后实施了开设赌场、寻衅滋事、敲诈勒索、非法拘禁、故意伤害、诈骗、强迫交易等违法犯罪活动，致 9 人轻伤、13 人轻微伤；11 月 18 日，重庆市大足区人民法院开庭审理尹某某等 25 人涉嫌犯组织、领导、参加黑社会性质组织罪一案。[①]

在法庭调查环节中，尹某某称其与大足区人民检察院第一诉讼人唐某（本案的主诉检察官）关系熟稔并当庭指认唐某为其"保护伞"，尹某某还表示，其与唐某经常一同唱歌娱乐，唐某曾协调其与其他黑社会组织成员间的纠纷，其也送过唐某 1 万多元现金；唐某在法庭上承认了其与尹某某系熟人关系，并向尹某某表示如有相关事实可向纪委监委进行举报，尹某某则向法庭提出让唐某回避的申请；基于上述情况，该案审判长决定休庭 20 分钟，并于重新开庭后表示根据法律规定，尹某某所提出的回避申请应提交大足区人民检察院并由该院检察长决定唐某是否回避，当天的庭审继续进行，而原定于次日的开庭审理则未继续进行。事件发生后，一时间舆论哗然，2019 年 11 月 19 日，即事件发生的次日，重庆市扫黑办相关负责人回应称，针对重庆市大足区一涉黑案件被告人当庭指认检察官为"保护伞"的情况，重庆市扫黑办已成立联合调查组，依

---

① 参见神反转？黑老大当庭指认检察官是保护伞！［EB/OL］. 中国新闻网, 2019-11-20; 重庆市大足区人民法院（2019）渝 0111 刑初 499 号刑事判决书.

法依纪开展调查工作，相关调查情况将适时向社会公布。①

2020 年 4 月 27 日，全国扫黑办公布第六批 38 起挂牌督办涉黑涉恶案件，尹某某案被列入其中②；鉴于尹某某涉黑案在当地具有重大影响且社会关注度高，为了案件的公正审理，重庆市第一中级人民法院依据《中华人民共和国刑事诉讼法》的相关规定，指定重庆市渝北区人民法院对该案进行管辖；4 月 30日，渝北区人民检察院以尹某某等人涉嫌组织、领导、参加黑社会性质组织罪，开设赌场罪，寻衅滋事罪等罪名向渝北区人民法院提起公诉③；8 月 10 日，重庆市渝北区人民法院一审公开开庭审理尹某某等 28 人涉黑案④；9 月 29 日，重庆市渝北区人民法院对尹某某等人涉黑案进行了一审公开宣判，法院审理认为：被告人尹某某组织、领导黑社会性质组织，其行为构成组织、领导黑社会性质组织罪，不仅应当对直接参与实施的犯罪行为承担刑事责任，依法还应当对该组织的全部罪行承担责任。尹某某纠集他人多次寻衅滋事，严重破坏社会秩序；以营利为目的开设赌场，情节严重；以非法占有为目的，敲诈勒索他人财物，犯罪数额巨大；非法拘禁他人；故意伤害他人致其轻伤，行为还构成寻衅滋事罪、开设赌场罪、敲诈勒索罪、非法拘禁罪、故意伤害罪。被告人廖某某等 24人参加黑社会性质组织，行为均构成参加黑社会性质组织罪，上述被告人还应当对其具体参与的犯罪承担责任。被告人林某某、彭某、苟某均依法对其具体参与的犯罪承担责任。尹某某、廖某某、肖某某等 9 人系累犯，依法从重处罚。被告人曾某等人在部分犯罪中系从犯，依法从轻或减轻处罚。被告人杨某某、王某有自首情节，依法从轻处罚；被告人龙某某等 18 人到案后如实供述其犯罪事实，依法从轻处罚；被告人龙某某等 17 人认罪认罚，依法从宽处理。

综上，结合各被告人的犯罪事实、性质、情节及对社会的危害程度等，重庆市渝北区人民法院以尹某某犯组织、领导黑社会性质组织罪、寻衅滋事罪、开设赌场罪、非法拘禁罪、敲诈勒索罪、故意伤害罪，判处尹某某有期徒刑 22年，并处没收个人全部财产，剥夺政治权利 3 年；对其余 27 名被告人分别判处1 年 6 个月至 18 年不等的有期徒刑，其中 25 名被告人被并处罚金 2000 元至

---

① 重庆市扫黑办对一涉黑案件被告人当庭指认主诉检察官为"保护伞"的情况开展调查[EB/OL]."重庆政法"微信公众号，2019-11-19.

② 参见全国扫黑办公布第六批 38 起挂牌督办涉黑涉恶案件 [EB/OL]. 环球网，2020-04-27.

③ 参见尹某某涉黑案于今日提起公诉 [EB/OL]. 华龙网，2020-04-30.

④ 参见尹某某等 28 人涉黑案今日在渝北法院开庭 [EB/OL]."重庆市渝北区人民法院"微信公众号，2020-08-10.

15.5 万元不等；对各被告人的违法所得 769 万余元予以追缴或者责令退赔，对作案工具及违禁品等予以没收。[①]

（二）对检察官唐某的处理情况

据媒体报道，事件发生时，唐某为大足区人民检察院检察一部的一名员额检察官[②]，而根据大足区人民检察院的机构设置介绍，检察一部主要负责的是危害国家安全、危害公共安全、扰乱公共秩序、侵犯公民人身民主权利、侵犯财产和危害国防利益犯罪案件的审查逮捕、审查起诉、立案监督、侦查活动监督、审判监督和羁押必要性审查等刑事检察工作以及社会治安综合治理和相应案件的司法救助工作。[③] 截至目前，牵头调查此事的重庆市扫黑办暂未公布相关调查情况，对于唐某的处理，仍有待官方进一步的调查核实。

二、案例简评

（一）检察官职业伦理风险分析

第一，唐某的行为违背了检察官忠诚的法律职业伦理。其作为检察官，却私下与黑社会组织人员保持非正常往来，收受黑社会组织人员的财物，为其协调关系，充当"保护伞"，这样的行为既违反了法律的规定，亦漠视了检察官的职业荣誉，更是对人民利益——国家公务员一切利益的根本出发点——的违背。[④]

第二，唐某的行为违背了检察官公正的法律职业伦理。唐某明知其与本案被告人尹某某存在利害关系，仍担任本案的主诉检察官，可能对司法公正造成不利影响，自觉遵守法定回避制度是检察官公正法律职业伦理的基本要求。

第三，唐某的行为也违背了检察官清廉的法律职业伦理。唐某私下与尹某某等黑社会组织人员长期保持不正当往来，足见唐某在业内、业外的活动中都未能进行严格的自我约束，抵挡不了种种诱惑。

---

① 参见渝北法院公开宣判尹某某等人涉黑案 [EB/OL]．"重庆市渝北区人民法院"微信公众号，2020-09-29.

② 参见"黑老大"当庭指认检察官是保护伞！当地已成立调查组 [EB/OL]．澎湃新闻，2019-11-20.

③ 参见大足区人民检察院机构设置 [EB/OL]．重庆市大足区人民检察院官网，2019-05-30.

④ 参见许身健主编．法律职业伦理 [M]．北京：北京大学出版社，2014：162.

（二）检察官违背职业伦理的负面影响

根据人民网舆情数据中心/人民在线众云大数据平台的监测结果，重庆"黑老大"尹某某当庭指认主诉检察官唐某系其"保护伞"一事发生后，2019年11月20日舆情信息达到波峰，信息量达2000余条①，司法是维护社会公平正义的最后一道防线，但本案所展现出的"猫鼠同穴"状况，不仅将加大根治、根除黑社会性质组织犯罪的难度②，亦将降低公众对扫黑除恶工作的信心、对国家司法公正的信赖，并造成极负面的社会影响。

三、问题思考

（1）若尹某某针对唐某的指认属实，作为检察官的唐某违背了哪些法律职业伦理？

（2）唐某作为一名检察官，其违背法律职业伦理的行为可能造成哪些负面影响？

---

① 参见袁勃. 黑老大当庭指认检察官系其保护伞舆论哗然［EB/OL］."人民网舆情数据中心"微信公众号，2019-11-20.

② 参见徐永伟. 黑社会性质组织"保护伞"的刑法规制检视与调试——以涉黑犯罪与腐败犯罪的一体化治理为中心［J］. 北京社会科学，2019（5）：4-14.

如何理解检察机关的职能边界？
——桂林市全州县人民检察院履职不当事件

一、案情介绍

2022年5月26日，关于人教社小学数学教材丑化儿童插图的讨论登上热搜。有网友发现，人教社小学数学教材中部分插图人物形象丑陋，眼神呆滞，甚至带有色情意味，容易引人误读，被称为"毒教材"。

2022年6月1日，为净化未成年人阅读环境，全州县人民检察院联合该县教育局、新闻出版局等行政部门深入全州县两所小学、新华书店等城区多家书店，对相关小学教材、少儿读本进行了专项督查，以充分履行未成年人检察、公益诉讼检察职能。据全州县人民检察院称，在检查中，检察官和执法人员发现部分儿童读物存在低俗化内容与配图，执法人员当场责令书店下架以上图书，进行整改，并于次日在微信公众号"广西全州县检察院"上发布了《净化未成年人阅读环境 全州县人民检察院联合多部门对问题书籍开展专项督查》的工作信息，引发了舆论关注。①

2022年6月5日，桂林市人民检察院调查后在微信公众号"桂林检察"上发布如下通报：

> 2022年6月1日，我市全州县人民检察院自行联合该县教育局、新闻出版局等行政部门到学校、书店对小学教材、少儿读本进行专项检查，次日在该院官方微信公众号发布《净化未成年人阅读环境 全州县人民检察院联合多部门对问题书籍开展专项督查》的工作信息，引发舆论关注。按照自治区要求，我院及时组成工作专班进行调查核实。经核查，全州县人民检察院联合开展此次专项检查存在履职不当行为，我院已责成该院进行整改。桂林市检察机关将以此为戒，举一反三，强化规范司法，严格依法履

---

① 相关信息来自微信公众号"全州县人民检察院"，目前该宣传已被删除，部分内容参见广西全州检察院被整改：对新华字典等执法不当［EB/OL］.正观新闻，2022-06-05.

职，并请社会各界予以监督。①

对于全州县人民检察院的联合督查行动，部分网友表示了赞扬，认为全州县人民检察院关注孩子的教育问题，动机是好的，第一个发声，让人们看到了责任和担当，在一定程度上让网友看到了解决问题的希望。②

但更多的专家学者和网友对此提出了批评。第一，全州县人民检察院代表国家执行批捕、提起公诉只能是对具有严重社会危害性的行为，小学教材和少儿读物中的"低俗色情"内容还没有达到"淫秽物品"的严重程度，检察机关作为"最后的手段"，不能越俎代庖。此外，全州县人民检察院所具有的法律监督职能只能监督"官"，也就是说，只有在全州县教育局、新闻出版局对小学教材、少儿读物进行检查的过程中，存在不当行为，人民检察院才能进行监督，对此，检察院可以在调查核实的基础上，提出纠正意见、检察建议，不能越过行政机关，直接处罚经营者。第二，对于检察院的提起公益诉讼的职能，检察院只是提出侵权事实，至于事实是否成立，如何承担责任，则由法院裁决。如果全州检察院认为相关出版物有"低俗色情"内容，损害青少年的身心健康，可以提起公益诉讼，但不能直接下架相关出版物，更不能要求书店审查相关书籍内容，否则就是把自己从原告的身份变成了法官，容易出现权力滥用的风险。③

二、案例简评

（一）检察官所应遵守的法律职业伦理

本案主要体现了忠诚、公正、文明这三项检察官职业伦理原则。

一是忠诚原则。全州县人民检察院因为小学教材插图的种种问题，出于对孩子审美和心理健康发展的忧虑联合行政部门开展督查活动，在一定程度上体现了其坚持"立检为公、执法为民"的宗旨。然而，根据《中华人民共和国检察官法》第三条，检察官必须"忠实执行宪法和法律"，检察院在履职时不能超越法律行使职权。本案中，全州县人民检察院联合行政机关对于可能存在淫秽

---

① 严格依法履职 规范专项检查工作［EB/OL］."桂林检察"微信公众号，2022-06-05.

② 在下架新华字典后全州检察院因执法不当被整改，网友表示不理解［EB/OL］.百度，2022-06-07.

③ 邹佳铭.全州检察院"履职不当"，是一个宪法问题［EB/OL］."北京和昶律师事务所"公众号，2022-06-06.

色情的小学教材、少儿读物进行检查，要求书店直接下架相关出版物可能超越了法律给予检察官的职权，违背了对于法律的忠诚原则。

二是公正原则。对于损害未成年人身心健康的"毒教材"，检察机关应该发挥相应的作用。不过，根据《中华人民共和国检察官法》第五条，检察官在履职时必须"以事实为根据，以法律为准绳，秉持客观公正的立场"。根据《中华人民共和国检察官职业道德基本准则》第四条："坚持公正理念，维护法制统一。"检察官履职必须恪守公正原则，严格遵守法定程序。

三是文明原则。检察官的执法方式和工作态度应当成为社会表率。《检察官职业行为基本规范（试行）》第十九条规定："坚持文明执法，树立文明理念，改进办案方式，把文明办案要求体现在执法全过程。"对检察官职业行为的文明规范提出了更高的需求。

（二）检察院的履职边界

人民检察院的第一类职能以犯罪行为为对象。此案中，全州县人民检察院检查的小学教材和少儿读物中的"低俗色情"内容还没有达到"淫秽物品"的严重程度，应该由行政机关进行管理。

人民检察院可以依照法律规定提起公益诉讼。但在公益诉讼中，检察院只是提出侵权事实，至于事实是否成立，如何承担责任，则由法院裁决。也即，如果全州检察院认为相关出版物有"低俗色情"内容，损害青少年的身心健康，可以提起公益诉讼，但是不能直接下架相关出版物，更不能要求书店审查相关书籍内容。即使出于公益之心，也不能僭越权力边界。①

三、问题思考

（1）全州县人民检察院对"毒教材"开展专项督查，体现了哪些职业伦理？

（2）全州县人民检察院积极主动地进行了履职，为何会被上级检察院认定为"履职不当"？检察院的职能边界在哪里？

---

① 邹佳铭. 全州检察院"履职不当"，是一个宪法问题［EB/OL］."北京和昶律师事务所"微信公众号，2022-6-6.

如何理解韩国检察体制的特殊性？
——李明博案与李在镕案中的韩国检察官

一、案情介绍

韩国有一个有趣的社会现象，即检察官权力独大。现实生活中韩国检察官剑指前任总统、拳打最强财阀，在政商两界风光无二。甚至在 2019 年，韩国检方与青瓦台（韩国政府）进行强势对峙，最终以青瓦台的妥协而告终，下以李明博案与李在镕案为例说明韩国检察官的权力行使与行事风格。

（一）剑指前任总统：韩国检察官与李明博案①

韩国检察官对于前任总统的调查毫不手软，如有违法犯罪情形则立刻深究和起诉，前有全斗焕和卢泰愚，后有朴槿惠和李明博。以李明博为例，李明博于 2008 年到 2013 年间任韩国总统，卸任退休后第四年即遭遇检察危机。2017年 12 月，韩国大检察厅收到李明博涉嫌私设秘密基金的相关举报，成立特别调查组展开调查。三个月后，首尔中央地方检察厅传唤并指控李明博涉嫌受贿、挪用公款、玩忽职守、滥用职权和违反选举法等多项罪行，首尔中央地方检察厅遂向首尔中央地方法院起诉李明博。韩国检察官要求法院对李明博判刑 20年，并处以 150 亿韩元（当时折合人民币 9100 万元）的天价罚款，没收犯罪所得 110 亿韩元（当时折合人民币 6690 万元）。2018 年 10 月，首尔中央地方法院对李明博涉嫌贪污受贿案件作出一审判决，判处李明博有期徒刑 15 年，处罚金130 亿韩元（当时折合人民币 7894 万元）。李明博不服向首尔高等法院提起上诉，但最终二审不仅没有如李明博所愿减刑，甚至还加刑两年，二审法院判决李明博有期徒刑 17 年。2020 年 10 月韩国最高法院终审宣判，维持二审判决的刑期，李明博正式锒铛入狱，韩国检察官与前总统的法律战争以检察官取胜而告终。

---

① 参见"青瓦台魔咒"再上演 韩前总统李明博获刑 17 年［EB/OL］.中国新闻网，2020-10-29.

(二) 拳打最强财阀：韩国检察官与李在镕案①

在韩国，掌握国民经济生活的三星集团等大财阀的影响力无处不在，甚至有人戏称韩国是"三星共和国"，而韩国检察官则敢于拳打最强财阀，起诉三星集团的接班人——李在镕。李在镕是韩国最强财阀三星集团的第三代掌门人，是三星第二代掌门人李健熙的独子。2017年1月，时任韩国总统朴槿惠的"亲信干政门"事件曝光，韩国政商两界震动，李在镕也被卷入其中，涉嫌向朴槿惠的亲信崔顺实提供大量资金行贿。韩国检察机关派出精干人员组成独立检察组并传唤李在镕，全面调查李在镕是否以向崔顺实行贿来谋取非法利益。同年2月，检察组正式宣布以行贿指控起诉李在镕。同年8月，韩国法院对李在镕行贿案作出一审判决，李在镕获刑5年。2018年2月李在镕在二审中被判缓刑，但韩国实行三审终审制，韩国最高法院于2019年8月在终审判决中撤销原审判决，将该案发回二审法院重审，2021年1月，李在镕案重审宣判，李在镕被判处有期徒刑2年6个月。在李在镕被卷入"亲信干政门"的同时，韩国检察机关对李在镕穷追猛打，顺藤摸瓜，又揭露出其财务造假的违法行为。2020年9月，韩国首尔中央地方检察厅宣布，以涉嫌非法继承经营权为由起诉李在镕，该案直到2022年年底仍在法院审理过程中，韩国检察机关与财阀之间的法律战争硝烟弥漫，仍在继续。

二、案例简评

(一) 检察独立，无冕之王：韩国检察制度改革前的检察官

韩国检察系统虽然在行政隶属关系方面名义上属于法务部，但韩国检察系统保持相对独立性，按照韩国一般的司法习惯，法务部长官不会随意干涉检察事务。韩国检察制度有"检察官独立"和"检事一体"的基本原则。②

韩国检察体制与检察官权力以2020年检察制度改革为分界线分为前后两个时期。前一个时期为"超级检察权"时代。韩国检察官是政府中的"无冕之王"，其检察权在司法实践中往往缺乏制约和监督，无法保障侦查权公平正义地

---

① 参见．李在镕获刑2年6个月，三星未来不确定性增强？[EB/OL]．环球网，2021-01-18．

② 顾军，温军．论日本、韩国检察制度及其启示 [J]．江汉论坛，2014 (12)：72-76．

实施，最终造成由掌握侦查指挥权的检察机关左右刑事诉讼程序的局面。① 就检察官的起诉裁量权而言，韩国检察官的起诉裁量权几乎不受法律限制，完全在于其"自由心证"，即便是有充足的犯罪证据，检察官仍然可以根据刑事政策和各种案件具体因素而酌情不起诉。② 而且，各级检察机关设有特别搜查部，大检察厅设有中央搜查部，针对重大案件还会设立特别检察组。手握生杀予夺大权的检察机关可谓悬在韩国政治头上的一把"双刃剑"。2020 年后为"相对限缩的检察权"时代。因超级检察权带来的弊端日益浮现，例如，检察官可能沦为政治斗争的工具，韩国政府于 2020 年全面推行检察体制改革，并取得历史性成果，使法、检、警三方权力趋于平衡。

（二）权力越大，责任越大：韩国检察官职业伦理的启示

在 2020 年检察制度改革前，由于韩国检察权的过度扩张和膨胀，韩国检察官需要更高标准的职业伦理道德来约束自身，否则就容易陷入滥用权力和以权谋私的泥淖，其违法犯罪的危害性相较一般公务员更大。一方面，巨大权力的诱惑容易导致检察官贪腐渎职案件频发，2012 年，高级检察官金光浚被爆涉嫌收受巨额贿赂，检察总长为此引咎辞职；2016 年，高级检察官金庆俊因涉嫌收受数亿韩元贿赂并进行股票内幕交易遭到韩国检方起诉。另一方面，掌握无限制权力的检察官也被韩国政客视为有力的政治武器，检察机关不可避免沦为韩国政坛政治角力的工具。

韩国检察官制度与实践情况的启示是：检察官的权责成正比，权力越大，责任就越大，检察官自我约束的自律意识就要越强。"欲戴王冠，必承其重。"此外，只讲求检察官的道德自律是远远不够的，更需要法律规范的外在约束与制度设计的事前防范，将权力关进制度的笼子里。

三、问题思考

（1）韩国检察体制是如何架构的？检察官权力呈现什么样的情状？

（2）韩国特殊的检察体制与检察官职业伦理的特殊性给我们什么启示？

① 方海日. 韩国 2020 年检警侦查权调整改革及其启示 [J]. 山东警察学院学报，2020（5）：71-79.

② 张书铭. 韩国、日本检察制度之概要比较及启示 [J]. 中国检察官，2011（13）：55-58.

检察官利用舆论影响案件有何危害？——华裔教授陈某被捕案：美国检察官被指利用舆论干扰司法公正

一、案情介绍

2021 年 1 月 14 日，华人学者、麻省理工学院（MIT）机械工程系前主任、美国工程院院士陈某遭起诉并被逮捕。根据当日马萨诸塞州检察官办公室发布的标题为《MIT 教授因被指控拨款诈骗而被捕》的新闻稿，陈某面临"电汇欺诈"，即未向美国能源部披露从中国的多个机构获得的合同、任命和奖项；"未能提交外国银行和金融账户报告"和"向美国政府机构作出虚假陈述"三项指控。一旦罪名成立，陈某最高可能被判处 20 年监禁和 25 万美元的罚款。[1]

根据 2021 年 1 月 13 日美国国土安全局调查员提交的刑事起诉书[2]，陈某在中国出生和长大，于 1989 年赴美读博，2000 年成为美国公民，2013 年至 2018 年曾担任 MIT 机械工程系系主任。2020 年 1 月 22 日，陈某从中国乘飞机抵达波士顿洛根国际机场，在他抵达后，美国海关和边境保护局对他及其行李进行了二次检查和边境搜查。在此期间，海关询问了陈某的旅行目的和主题，以及他在中国的情况，陈某回答道，他在中国的会面是"合作"。海关认为，陈某的回答简短而且草率，便收走了他身上的一部苹果手机、一部华为手机和一台苹果笔记本电脑，并于 3 月 18 日结束调查。

起诉书称，自 2012 年以来，陈某在中国担任了多项职务，他应中华人民共和国驻纽约总领事馆的要求，担任了中国政府的"海外专家"，并成了两项中国人才项目的成员，而担任以上职务的目的在于促进中国的技术和科学发展。自 2013 年以来，陈某的研究获得了来自美国能源部、国防部和其他联邦机构的约

---

[1]　United States Attorney's Office, District of Massachusetts. "MIT Professor Arrested and Charged with Grant Fraud." News release, January 14, 2021. Accessed March 17, 2023. https：//www. justice. gov/usao-ma/pr/mit-professor-arrested-and-charged-grant-fraud.

[2]　See United States v. Chen, No. 21-mj-1011-DLC, criminal complaint（D. Mass. Jan. 14, 2021）.

1900 万美元的联邦拨款和奖励；与此同时，陈某和他的研究小组获得了大约2900 万美元的外国资助，其中 1900 万美元来自中国南方科技大学。自 2015 年开始，陈某担任了中国国家自然科学基金委员会的评审专家，该委员会的运作类似于美国国家科学基金会等联邦拨款资助机构，但他从未在向美国能源部，甚至他的雇主 MIT 申请经费时披露这一点。其有五项任职未向美国能源部披露，包括南方科技大学顾问、中国国家自然科学基金委员会评审专家、中关村发展集团海外战略科学家、中国留学生基金会顾问和中国政府第四届海外专家顾问。最后，调查显示，陈某还未向国税局披露其在中国一个存款额超过 1 万美元且有利息的中国银行账户。

在起诉状披露后的几小时，美国马萨诸塞联邦地区法院检察官莱林举行了新闻发布会，介绍陈某案件的情况。1 月 14 日，马萨诸塞州检察官办公室发布了新闻稿，指控陈某未能向美国能源部披露他为中国所做的工作。新闻稿称陈某面临电汇欺诈、未能提交外国银行和金融账户报告和向美国政府机构作出虚假陈述三项指控，并截取了刑事起诉书中有关陈某的部分信息，包括陈某的身份、他所获得的资助，以及他在中国担任的各种职务等。之后，新闻通稿截取了陈某在 2016 年 2 月发给自己的一封电子邮件，内容是关于促进中国科学和经济发展的提纲，以说明陈某对中国发展所作的努力。此外，新闻稿还称自 2017年到 2019 年陈某在中国多个实体担任咨询职务，还向美国能源部申请了一个项目，资助其在 MIT 的工作，但没有根据美国能源部的要求披露其与中国的这些关系。①

2021 年 1 月 22 日，MIT 校长拉斐尔·赖夫（Leo Rafael Reif）就媒体报道中提到的 MIT 与南方科技大学的合作以及陈某在其中的作用进行了澄清，他表示，此合作为 MIT 与南方科技大学合作，而非陈某个人，而且合作中涉及的 2500 万美元用于双方的合作研究和教学活动，以及 MIT 的建筑翻新和研究生奖学金。而国际合作对于推进前沿科学至关重要，在学术界也很常见。②

2021 年 2 月 4 日，陈某的律师布莱恩·凯利（Brian T. Kelly）和罗伯特·

---

① United States Attorney's Office, District of Massachusetts. "MIT Professor Arrested and Charged with Grant Fraud. " News release, January 14, 2021. Accessed March 17, 2023. https：//www. justice. gov/usao-ma/pr/mit-professor-arrested-and-charged-grant-fraud.

② MIT 校长公开信参见邓志有，译. MIT 校长公开信澄清：是学校与南科大合作，不是陈某个人［EB/OL］. "知识分子"微信公众号，2021-01-24.

费舍（Robert A. Fisher）向法院提出动议①，申请制裁美国司法部马萨诸塞州区检察官安德鲁·莱林（Andrew Lelling），因为其在陈某这一案件中利用公共舆论干扰司法公正，其中包括在大陪审团决定正式起诉之前，通过新闻发布会和新闻通稿发布不实信息，且在知晓真实情况后对不实信息未作任何纠正，违反了《美国马萨诸塞联邦地区法院地方法规》（*Local Rules of the United States District Court for the District of Massachusetts*）第83.2.1条的规定。

2018年11月1日，美国时任司法部部长杰夫·塞申斯（Jeff Sessions）宣布提出由司法部牵头、联邦调查局等多个部门共同参与的"中国行动计划"，称要从盗窃商业机密、经济间谍、情报活动和学术渗透等方面，对其所认为的中国对美国国家安全造成的威胁进行反制。马萨诸塞区的美国检察官安德鲁·莱林是该计划美国检察官工作组的五位成员之一。

《美国马萨诸塞联邦地区法院地方法规》第83.2.1条规定：

> 在未判决或即将审理的刑事诉讼中，任何律师不得发布或授权发布理性自然人期望通过公共方式传播的信息或意见，如果此类传播有合理的可能性干扰公正审判或以其他方式损害司法公正。……从被捕之时起……直到开始审判或未经审判的处置开始，与起诉或辩护有关的律师不得发布或授权发布理性自然人期望通过公共方式传播与该事件有关并与……被告的品格或名誉有关的法外陈述……（或者）对被告的有罪或无罪、案情实质或案件证据的任何意见。

动议书指出，在起诉状公开后的几小时后，莱林举行发布会，并在会上向媒体发表了大量虚假、极具煽动性的言论，称他质疑陈某教授的"品格和名誉"，并就案件的是非曲直或证据提出"对被告是否有罪的意见"，违反了上述法规。例如，莱林声称，申诉的指控暗示，这不仅仅是出于贪婪，而是出于对中国的忠诚。莱林对于陈某是否忠于美国的猜测是非常侮辱人的，因为陈某在美国度过了整个成人生活。这一点涉及对于被告"品格和名誉"的陈述。

此外莱林还说："需要明确的是，联邦拨款申请要求披露有关受资助的外股活动和奖项的信息。"这样的说法针对"案情的是非曲直"，但事实上，陈某教

---

① See Brian T. Kelly & Robert A. Fisher, Motion for Sanctions Pursuant to Federal Rules of Civil Procedure 11 and 37 and Local Rule 83.2.1 Against United States Attorney Andrew E. Lelling, No. 1: 21-cr-10018-PBS (D. Mass. Feb. 4, 2021).

授在申请美国能源部资助时所填写的表格上规定得并不明确，表格在之后才被改变，要求进行更广泛的披露。美国能源部申请表上写道："警告：这些说明已进行了重大修订，要求披露各种潜在的利益冲突或承诺，包括参与外国政府资助的人才招聘计划。"而陈某教授是在"重大"修订之前提交的他的申请。

最后，莱林还回到了他虚假的"贪婪"主题，他说："自2013年以来，陈收到了约1900万美元的美国联邦拨款，但他也收到了约2900万美元的外国资金，其中包括中国政府资助的一所公立研究型大学的大量资金。"这一说法亦涉及了"案情的是非曲直"，也是完全错误的。在2021年1月22日，MIT校长发表公开信纠正了这一说法。无论莱林在举行新闻发布会时是否真的知道他的声明是虚假的，现在他意识到了却没有作出任何纠正它的努力。

除此之外，动议书还提出，在新闻发布会后，莱林授权发布新闻稿，也违反了上述规定。新闻稿中包含了陈某教授写给他自己的邮箱的一封邮件。新闻稿称：

> 据称，陈为促进中国的科学和经济发展所作的努力在2016年2月，陈用他的MIT电子邮件账户给自己发的一封电子邮件中有部分细节。邮件中写道：
>
> 1. 促进中国合作。
>
> 2. 中国把创新（科学上的）作为关键和核心，而不是时尚，无论是从历史哪个阶段开始，我们都必须这么做。
>
> 3. 中国的经济排名第二，但从技术（经济结构）和人力资源来看，我们远没有达到第二。
>
> 4. 我们在环境还有劳动力成本方面付出了巨大的代价，这是不可持续的。
>
> 5. 环境保护和发展应该放在同等位置上，环境的位置甚至还可以更高，清洁能源如果成本更高，可以缩减钢铁和水泥的产量，我们必须依靠技术，而不能像过去那样增长。
>
> 6. 十八大会议将科技创新放在核心位置。我们意识到不仅要独立创新，还意识到要进行国际化的规划和促进。闭门造车是徒劳的，创新是驱动力。

在政府发布这篇新闻稿时肯定拥有第二封电子邮件，而第二封电子邮件明确表示第一封陈某教授给自己的邮件是他参加一位中国政府官员在波士顿的公开演讲的讲座笔记，不是他自己的想法，因此，这封邮件并没有反映出新闻稿中所宣称的陈某教授的"努力"。除此之外，在该讲座中，一位负责联络外国政府官员的 MIT 高管也出席了此次演讲，他对陈某教授的出席进行了感谢，并和他讨论 MIT 是否以及如何可能与演讲者的组织合作。

动议书指出，起诉状和新闻稿对于电子邮件的截取都没有包含最后一句话："如果 MIT 和我有相同的想法，我们可以认真规划，（MIT 高管出席了讲座）我们可以一起工作。"政府在新闻稿以及起诉状中加入了这封被截短的电子邮件，为伪善的新闻发布会提供素材，干扰了公正审判或损害了司法公正。而在 1 月 19 日，大陪审团通过的正式起诉书完全删除了对这封电子邮件的任何引用，但目前并不清楚莱林是否在大陪审团之前对这封电子邮件做过不当提及。

由此，动议书根据《美国马萨诸塞联邦地区法院地方法规》第 83.6.4 条，要求该法院依法制裁莱林。包括公开谴责美国联邦检察官莱林，要求美国联邦检察官莱林遵守《美国马萨诸塞联邦地区法院地方法规》第 83.2.1 条，要求美国联邦检察官莱林从其网站上删除其办公室的新闻稿，或至少要求其办公室引用 2016 年 2 月 26 日的第一封电子邮件的全文，以及大约 5 小时后的第二封电了邮件，其中一名 MIT 高管明确表示陈教授代表 MIT 参加了一次演讲，或采取法院认为适当的任何其他补救措施。

2022 年 1 月 20 日，美国司法部正式撤销对陈某教授的指控。报道称，波士顿联邦检察官在一份法庭文件中说，新的证据削弱了华裔教授陈某面临的指控。新任命的检察官蕾切尔·罗林斯（Rachael Rollins）在声明中称，检察官已确定，他们在审判中无法再证明自己。罗林斯说，撤销指控是"为了正义"。①

二、案例简评

根据美国联邦宪法，美国的检察权属于行政权，检察官属于政府雇员，需要遵守公务员的职业伦理规范。此外，美国的检察官的角色定位是"政府律师"，在美国要想成为检察官必须首先成为律师，而且都必须加入美国律师协会或者当地的律师协会，因此也需要遵守律师的职业道德规范。同时，美国检察官还承担着检察职能，因此还要受到特别针对检察官提出的伦理规范的约束。可见，美国检察官职业伦理的内容非常宽泛，其中内容也多有交叉。1974 年《美国律师协会刑事司法准则》（*American Bar Association Standards for Criminal Justice*）、1977 年《全美检察准则》（NPS, *National Prosecution Standards*）和

---

① 美司法部撤销对华裔教授陈某所有指控，"中国行动计划"或取消［EB/OL］. 搜狐网，2022-01-21.

1998 年《合众国检察官手册》（USAM, *United States Attorneys' Manual*）等文件基本能够包含美国检察官所要遵循的职业伦理。①

对于陈某案，莱林试图运用舆论影响案件，干扰了公正审判。他还进行了有关被告"品格和名誉"的陈述，指责被告对美国不忠，违反了检察官客观公正的义务。莱林还违反了独立判断的伦理。《全美检察准则》指出，检察官在决策过程中应当独立判断。《合众国检察官手册》规定，检察官起诉时应考虑既定的社会政策、适当的非刑事替代性措施、被告是否愿意合作等合理因素，而不得将个人种族、宗教、性别、民族、政治、派别、个人活动及信仰；检察官个人对于被告的情感、被告的社会关系及被害人的因素以及对检察官个人职业或个人情况存在影响等偏见，作为是否对被告人提起公诉参考标准。② 在本案中，莱林作为"中国行动计划"的美国检察官工作组中的一员与本案的结果存在一定的利益冲突，他的身份使他有可能存在对于陈某的偏见，因而不能够做到独立判断，违反了检察官的伦理。

三、问题思考

本案中，陈某的律师提出动议，认为莱林在该案件中利用公共舆论干扰司法公正，包括在大陪审团决定正式起诉之前，通过新闻发布会和新闻通稿发布不实信息，且在知晓真实情况后对不实信息未作任何纠正，发表关于被告"品格和名誉"的陈述等，违反了《美国马萨诸塞联邦地区法院地方法规》第 83.2.1 条的规定。根据案情和陈某方提出的动议，莱林违反了哪些检察官的法律职业伦理？

---

① 上述年份为规范文件的第一版面世的年份，后续不断修订。参见梁春程. 美国检察官职业伦理规范的特色及启示［J］. 人民检察，2020（13）：69-73.
② 参见梁春程. 美国检察官职业伦理规范的特色及启示［J］. 人民检察，2020（13）：69-73.

第四篇　警察职业伦理

警察如何平衡使用暴力和保护人权之间的关系？
——黑人弗洛伊德死于警察暴力执法事件

一、案情介绍

（一）基本事实

2020 年 5 月 25 日，在美国明尼苏达州明尼阿波利斯鲍德霍恩社区，46 岁的非裔美国人乔治·帕里·弗洛伊德（George Perry Floyd）因涉嫌使用假钞被捕，在讯问期间受到白人警察德里克·迈克尔·肖万（Derek Michael Chauvin）单膝跪压其脖颈长达 8 分钟。其后，弗洛伊德被跪压期间失去知觉并在急救室被宣告死亡。一名目击者用手机直播弗洛伊德被跪压期间的视频上传至社交平台并引起了社会广泛关注。次日，4 名涉事警察被解雇，其中肖万于事发的 4 日后（5 月 29 日）被逮捕，他被控以二级谋杀罪和二级过失杀人罪，于 2021 年 6 月 25 日被判处 22 年 6 个月的监禁，其余 3 人亦被起诉协助与教唆谋杀罪，分别被判处两年至三年半不等的有期徒刑。

（二）本案中警察的执法行为

据起诉书记载，接到报警后，当天 20 点 08 分许，托马斯·莱恩（Thomas Lane）和 J. 亚历山大·金（J. Alexander Kueng）佩戴执法记录仪驾驶 320 号警车首先抵达案发现场，在向店员简单了解情况后，2 名警察从左右两侧走向弗洛伊德的汽车。莱恩用手枪朝向弗洛伊德，令其就范，随后将弗洛伊德从车里拉出，并按拘捕手续给他戴上手铐，其间弗洛伊德曾有过反抗行为。接着，弗洛伊德坐在路缘石旁，接受了警察约 2 分钟的讯问，并被告知是因故意使用伪钞被捕。讯问结束后，弗洛伊德被警察带往警车，途中弗洛伊德突然跌倒，声称自己罹患幽闭恐惧症。此时，杜滔（Tou Thao）和肖万驾驶另一辆警车到达现场；4 名警察数次试图将弗洛伊德押上 320 号警车的左后座，但是弗洛伊德跌倒、歪斜地站立，还不断说自己不能呼吸。然后，肖万在莱恩和金的协助下，从右后座将弗洛伊德拉入警车。①

20 时 19 分，肖万将弗洛伊德从警车的右后座拉出，弗洛伊德脸朝下倒在地上；杜滔以外的 3 名警察同时将弗洛伊德按倒在地，金摁住他的背，莱恩摁住他的腿，而肖万将左膝顶在他的脖子上，杜滔则站在肖万和直播拘捕过程的目击者中间，以阻止旁观者干预。

由于肖万是莱恩和金的实地培训警官（field training officer）②，因此相较于其他 3 人，在实施警察约束性措施过程中，肖万具有实务上的经验优势。③ 其间，莱恩曾问"是否要把他翻过来"，而肖万回答"不，就保持我们摁住他的姿势"；莱恩又问道，"我担心他有兴奋性精神错乱"④，而肖万表示不必这样做，并认为当前压制弗洛伊德的姿势是最合适的。在此期间，3 名警察一直保持着最初的姿势⑤，而弗洛伊德也一直在动。20 时 24 分许，他不再动弹。20 时 25 分31 秒许，执法记录仪显示弗洛伊德停止说话和呼吸，莱恩表示要"把他（弗洛伊德）翻过来"，金检查了其手腕脉搏，没有发现脉象，其间，3 名警察姿势不变。肖万警官的膝盖抵住弗洛伊德脖颈处的时间长达 8 分 46 秒，在弗洛伊德没

---

① See Minnesota *v*. Chauvin, No. 27-CR-20-12646 (4th Minn. Dist. Ct. April 20, 2021).

② 一般而言，实地培训的主要目的是培训新警员。实地培训警官负有在指定巡逻区域内提供警察服务以及对新警员进行培训与评估的双重责任。更多内容介绍参见 *Field Training Officer (FTO) Program*, https：//www.sjpd.org/about-us/organization/bureau-of-field-operations/field-training-program.

③ 一个显而易见的例证是，金与杜滔是刚刚离开实地培训的新秀，当他们在庭审中被问及为何不告诉肖万把膝盖从弗洛伊德的脖子上移开时，金认为肖万在部队中受到广泛尊重，加之自己深受警校等级文化的影响，因此其权威不容置疑；杜滔则回答道："我认为我会相信一个有 19 年军龄的老兵来处理此事。"可见，二人都顺从了肖万的业务资历。See ALLEN J. Minneapolis ex-cop trusted colleague's use of knee in deadly Floyd arrest [EB/OL]. World News, 2022-02-16.

④ 本案中，弗洛伊德是否嗑药是警方的关注内容之一。有证据显示，弗洛伊德有阿片类药物成瘾史，尸检报告中每毫升血液含有芬太尼 11 毫微克。案发前，商店员工马丁（Christopher Martin）在与弗洛伊德交谈互动时察觉其似乎有药瘾迹象；初次被讯问时，莱恩和金询问他是否嗑药。See MARCELO P. Experts：George Floyd died from knee to neck, not drug overdose [EB/OL]. AP News, 2022-10-22; Also see CHAPPELL B. Cashier Says He Offered To Pay After Realizing Floyd's $20 Bill Was Fake [EB/OL]. NPR news, 2021-03-31.

⑤ See Minnesota *v*. Chauvin, No. 27-CR-20-12646 (4th Minn. Dist. Ct. April 20, 2021).

有反应之后仍然持续了 2 分 53 秒，直到 20 时 27 分 24 秒才挪开膝盖。① 在这之后，亨内平县医疗中心的救护车驶来并将他转移到医院进行抢救，遗憾的是，弗洛伊德最终被宣告不治身亡。②

事后据媒体披露，肖万、杜滔之前曾因过度使用武力被投诉。③ 其中，肖万的投诉记录多达 18 次，在此前所办理案件中有 3 次开枪记录，其中一次直接将对方击毙。④ 在场的另外两名警官莱恩和金则没有投诉记录。⑤

---

① See Minnesota *v.* Chauvin, No. 27-CR-20-12646 (4th Minn. Dist. Ct. April 20, 2021); Also see Sarah Rumpf, *Officials Say Derek Chauvin Had Knee on George Floyd's Neck for Almost 3 Minutes AFTER Floyd Was Unresponsive*, Mediaite (May 29, 2020), https://www.mediaite.com/uncategorized/officials-say-derek-chauvin-had-knee-on-george-floyds-neck-for-almost-3-minutes-after-floyd-was-unresponsive.

② See The death of George Floyd: A timeline of a chaotic, emotional week in Minneapolis [EB/OL]. FOX 9 News, 2020-06-01.

③ See MANNIX A. What we know about Derek Chauvin and Tou Thao, two of the officers caught on tape in the death of George Floyd [EB/OL]. Star Tribune Local, 2020-05-26.

④ See Minneapolis police officer involved in weekend shooting ID'd [EB/OL]. Twin Cities News, 2008-5-26; Also see MELENDEZ P. Minneapolis Man: Cop Who Kneeled on George Floyd "Tried to Kill Me" in 2008 [EB/OL]. U.S. News, 2020-05-28.

⑤ 社群联合反警察暴行组织（Communities United Against Police Brutality，简称 CUAPB）网站收集了美国警察投诉的公共记录，并建立了相关数据库。公众通过"警方投诉查询"（Police Complaint Lookup），即可快速了解涉及的警员及其投诉状态。对较为严重的投诉，还可以进一步了解该投诉的性质和所施加的纪律处分等信息。See Police Complaint Lookup, http://complaints.cuapb.org/; Also see *May 25, 2020 officer-involved death*, Minneapolis (June 10, 2021), https://www.minneapolismn.gov/resident-services/public-safety/police-public-safety/police-reports-and-data-requests/frequently-requested/critical-incidents/may-25-2020-officer-involved-death/.

MPD Internal Affairs Public Summary

Chauvin, Derek (1087)

PM MATTER #	Status	Allegation Type/Discipline Issued
15-12394	Closed with No Discipline	
14-23776	Closed with No Discipline	
15-04541	Closed with No Discipline	
14-14106	Closed with No Discipline	
13-32189	Closed with No Discipline	
13-09814	Closed with No Discipline	
12-3244	Closed with No Discipline	
13-10527	Closed with No Discipline	
P12-174	Closed with No Discipline	
A11-185	Closed with No Discipline	
P11-115	Closed with No Discipline	
A10-269	Closed with No Discipline	
IA10-172	Closed with No Discipline	
A10-140	Closed with No Discipline	
FR08-06	Closed with No Discipline	
IA07-39	Closed with Discipline	Discretion/Letter of Reprimand
	Closed with Discipline	MVR/Letter of Reprimand
IA06-76	Closed with No Discipline	

图 1　德里克·肖万（Derek Chauvin）的投诉概况

MPD Internal Affairs Public Summary

Thao, Tou (7162)

PM MATTER #	Status	Allegation Type/Discipline Issued
17-01125	Closed with No Discipline	
17-23282	Open	
17-12750	Closed with No Discipline	
15-01571	Closed with No Discipline	
13-15433	Closed with No Discipline	
13-021	Closed with No Discipline	

图 2　杜滔（Tou Thao）的投诉概况

（三）各方回应

事件发生后，美国多地爆发大规模民众示威游行活动。在此期间，却有不少警察加入抗议人群之中，以表示声援该运动，譬如，丹佛警察局局长保罗·帕森

（Paul Pazen）、纽约市警察局局长特伦斯·莫纳汉（Terence Monahan）等人。①

　　明尼阿波利斯市警察局局长梅达里亚·阿拉东多（Medaria Arradondo）认为肖万的执法行为违反了规定，他在庭审中指出，虽然使用一定程度的武力在"最初的几秒钟内控制他"可以说得通，但肖万随后的行为不符合"客观合理的武力"（objectively reasonable force）标准。②

　　明尼阿波利斯市市长雅各布·弗雷（Jacob Frey）在社交平台声明"解雇这4位 MPD（Minneapolis Police Department）警员是一个正确的决定（This is the right call）"③。同样的声音还有明尼苏达州州长蒂姆·沃尔兹（Tim Walz）、参议院议员埃米·克洛布彻（Amy Klobuchar）、蒂娜·史密斯（Tina Smith）等人。④ 而在肖万等人被解雇之前，明尼阿波利斯警察联合会主席鲍勃·克罗尔（Bob Kroll）声称："现在不是急于作出判断并立即谴责我们的警官的时候。我们要求社区保持冷静，全面完成调查。"⑤

　　6月5日，亨内平县法官命令明尼阿波利斯市警员在处置犯罪嫌疑人时停止适用所有颈部约束和窒息性装备（neck restraints and chokeholds）。⑥ 本案发生后，美国绝大多数州对锁喉、掐脖等警察使用武力行为进行了立法和行政规制。⑦

　　2021年，美国众议院通过了《弗洛伊德警察执法公正法案》（*George Floyd Justice in Policing Act of* 2021），该法案旨在防止警察不当行为，包括禁止使用"扼喉""扼颈"等动作，建立国家警察不当行为登记册，为执法机构制定统一的认证标准等。⑧

---

① SILVERMAN H, Police officers are joining protesters for prayers and hugs in several US cities［EB/OL］. CNN, 2020-06-02.

② See MCGREAL C, Chauvin's use of force on George Floyd was "in no way" policy, says police chief［EB/OL］. The Guardian News, 2021-04-05.

③ https：//twitter. com/MayorFrey/status/1265359374010273792? ref_src=twsrc%5Etfw.

④ *"This is the right call"*：*Officers involved in fatal Minneapolis incident fired*, *mayor says*, KSTP（May 26, 2020）https：//kstp. com/special-coverage/george-floyd/this-is-the-right-call-officers-involved-in-fatal-minneapolis-incident-fired-mayor-says/.

⑤ See MAVRATI L, JANY L. As Mayor Frey calls for officer's arrest, violence intensifies in Minneapolis［EB/OL］. Star Tribune Local, 2020-05-28.

⑥ June 9 George Floyd protest news［EB/OL］. CNN, 2020-06-10.

⑦ Kaur H, Mack J. The cities, states and countries finally putting an end to police neck restraints［EB/OL］. CNN, 2020-06-02.

⑧ *George Floyd Justice in Policing Act of* 2021, H. R. 1280 — 117th Congress（2021-2022）.

二、案例简评

（一）警察的伦理困境：职业角色与个人情感

从成因上分析，警察作为社会生活实在的个体，在执法过程中容易受到其内心所确信的正义观、道德情感等伦理因素的影响，在严格依法履职与根据自身感知选择其他方式解决之间陷入两难境地。导致这一警察执法道德困境的原因很多，比如，"纸面上的法"与"行动中的法"之间存在抵牾，警察执法权威及公信力弱化，等等。解决这一伦理困境的路径方法为，将维护秩序与安全作为警务核心价值，树立统一道德价值规范；重塑警察权威，提升社会公信力；落实从优待警，保障民警身心健康等。

（二）警察的伦理要求：平衡使用武力与保护人权

警察使用武力具有法定性、强制性、技术性等特征，当警察在执法中为保护公众权益免遭侵害或自身免遭不法侵袭时，有权使用武力制止或消除此种危险。换言之，警察在特定情境下使用武力具有必要性。

然而，警察使用武力必须以最大可能保障公民人权（生命权和健康权）为底线，须遵循依法使用武力原则、最小使用武力原则、比例原则、效率原则、保护公民合法权益与保护自身安全并重原则。

三、问题思考

（1）从职业伦理的角度，如何看待警察在执法过程中职业角色与个人情感冲突的伦理困境？

（2）如何平衡警察使用武力与保护人权二者之间的关系？

美国警察即时强制盘查权的边界在何处？
——特里诉俄亥俄州案

一、案情介绍①

1963 年 10 月 31 日，美国俄亥俄州克利夫兰市，一位拥有 39 年警务经验的巡逻警察马丁·麦克法登（Martin McFadden）身着便衣在他常年巡逻的市中商业区正常巡逻。他看到两名男子在一个街角站着，事后知道其中一名叫特里（Terry），另一名叫理查德·奇尔顿（Richard Chilton）。

马丁在法庭上做证时声称，虽然他不能回忆起到底是什么情况引起了他对这两名男子的注意，但他当时已经做了 39 年警察，被任命为侦探 35 年，在该地区巡逻、负责商店盗窃与扒窃案件的侦查已有 30 年。他说自己在从业生涯中逐渐发展出了观察人们行为的独特习惯。根据他的经验，这两个人不正常。

马丁看见他们轮流沿同一道路来回溜达，并停下来共计约 24 次凝望同一家店的橱窗。每次走完这段路，两人都会在一个角落里商谈。其中一次有第三名男子卡茨（Katz）加入，卡茨随后迅速离开。马丁怀疑他们是在"为了持枪抢劫而踩点"。在卡茨离开后的 10 多分钟之后，两名男子也离开了，并沿着卡茨离开的方向走去。马丁对他们进行了跟踪，并发现他们在十几条街外的一家商店前与卡茨会合并交谈。

马丁走上前去，表明其警察身份，询问三人的姓名。这三人含糊不清地嘟囔了几句。于是马丁让两名男子中的其中一名特里转过身去，拍身搜查其外衣。在特里的上衣口袋里，马丁感觉有枪。他把手伸进上衣口袋，却没能把枪拿出来。于是，马丁命令三人进入商店，脱掉了特里的上衣，从中抽出了一把左轮手枪。其后，马丁又命令三人双手抱头贴墙站，拍身搜查了奇尔顿和卡茨的上衣，从奇尔顿的上衣外套口袋中又发现了一把左轮手枪。随后，三人被带到警察局。

① See Terry v. Ohio, 392 U. S. 1 (1968) [EB/OL]. https：//supreme. justia. com/cases/federal/us/392/1/.

最终，特里和奇尔顿被检方指控持有武器。在特里的审判中，他的律师提出了一项动议，要求排除手枪这一证据。律师辩称，"搜身"违反了美国联邦宪法第四修正案：公民享有不受任意搜查、扣押的权利。因此根据非法证据排除规则，在搜身过程中发现的手枪应该被排除在证据之外。但主审法官以"拦截搜身"通常被认为是合法的为由驳回了他的动议，特里以持有隐匿的枪支罪被判处 3 年监禁。特里向俄亥俄地方上诉法院提出上诉，该法院维持了对他的定罪。此后特里上诉至俄亥俄州最高法院，该法院也驳回了他的上诉。依旧不服判决的特里向联邦最高法院提出上诉，最高法院同意审理他的案件并授予调卷令。

联邦最高法院指出，该案"提出了之前从未提出过的前沿问题，也是一个很棘手的问题"。联邦最高法院首先回顾了有关该问题的理论观点。

一种观点认为，应当区分以下两组概念：第一组是"截停"（stop）与"逮捕"（arrest）、"扣押"（seizure）；第二组是"拍身"（frisk）与"搜查"（search）。一般情况下，警察都有权"截停"（stop）某人并对其是否卷入有关犯罪活动进行询问；如果警察有合理怀疑（suspicion）某人携带武器，就可以进行"拍身"（frisk）。经过"截停"或"拍身"之后如果有适当根据（probable cause），警察则有权对其进行完全的"逮捕"和"搜查"。

另一种观点则认为，无论是"截停"还是"拍身"都应当受第四修正案传统法理的约束，都应当以适当根据和令状为行为正当化的基础。

联邦最高法院的大法官们指出，那种认为截停（stop）、拍身（frisk）完全不受第四修正案约束的观点绝对是不正确的。本案中的截停（stop），已经构成了对被告人特里人身的扣押（seizure）；本案中的拍身（frisk），也构成对被告人的搜查（search）。因此应当按照第四修正案的法理来决定此案。但最高法院同时指出，针对本案情形，也不一定要求警察事先申请司法令状方能采取行动。相反，本案应当在第四修正案规定的不受不合理搜查的一般性规定中加以考察。在进行此种考察时，法官应当秉持客观的标准，来决断当时的情形是否足以使一个合理谨慎的人相信应当采取行动以进行相关的搜查或扣押。

在确立了上述标准之后，联邦最高法院指出，本案中，当马丁警官观察到特里、奇尔顿、卡茨的奇怪行为时，就有了进一步查探的正当性。对于一名有 30 多年经验的警官而言，对如此反常的行为不进行进一步的侦查将会是失职的行为。因此，本案的关键不在于马丁是否应当采取进一步的行动，而在于他接下来的行动是否合理。对此问题，我们不能对警察在实施逮捕（arrest）时面对的可能的暴力危险产生的保护自身的需要视而不见。当警察在对嫌疑人进行近距离侦查且怀疑其可能持有武器时，否定其有权采取措施以确定嫌疑人是否持有武器的做法显然是不合理的。联邦最高法院还指出，在没有适当根据的情况下实施逮捕（arrest）并基于自身安全考虑对嫌疑人进行武器搜查（search）时应当以当时引发该搜查情况的紧急程度为限。另外，对嫌疑人持有武器的怀疑不必达到绝对确定的程度，而只需要一个理性审慎的人在当时的情况下认为自己或他人的安全处于危险之中即可。

　　基于上述考虑，联邦最高法院以 8∶1 对特里案作出裁决，最终判定马丁的搜查行为是合理的，审判法庭容许检察官出示警察从特里身上搜出的手枪也是适当的，手枪不应作为非法证据被排除。

二、案例简评

（一）可能侵犯的公民权利

　　1. 美国。美国联邦宪法第四修正案规定："人民对其人身、住宅、文件、物品享有的不受不合理搜查和扣押的权利，不受侵犯。"这些权利作为公民的宪法性基本权利，原则上不能受到任何侵犯。其中对于公民人身保护的要求就给警察行使"即时强制盘查权"的权利带来了挑战。

　　2. 中国。《中华人民共和国宪法》第三十七条第一款规定："中华人民共和国公民的人身自由不受侵犯。"第三款规定："禁止非法拘禁和以其他方法非法剥夺或者限制公民的人身自由，禁止非法搜查公民的身体。"任意、不合理的身体搜查也属于宪法禁止的行为。

　　3. 世界。1948 年 12 月 10 日联合国大会通过并颁布的《世界人权宣言》（*Universal Declaration of Human Rights*）第三条规定："人人有权享有生命、自由和人身安全。"第九条规定："任何人不得加以任意逮捕、拘禁或放逐。"第十二条规定："任何人的私生活、家庭、住宅和通信不得任意干涉。"这一宣言一定程度上代表着整个国际社会对人身权的看重与保护。

（二）规范行使

　　1. 美国。警察行使的"即时强制盘查权"，在本案中可以看到许多类似概念的出现，如"截停"（stop）、"逮捕"（arrest）、"扣押"（seizure）、"拍身"（frisk）与"搜查"（search）等。联邦最高法院的法官无心区分这些概念，选择了以"实质正义"的原则来解释这些行为。在本案中，马丁警官实施的行为，尽管可以被冠以"截停、拍身"的名字，但都被认为就是"搜查、扣押"。可以看出，联邦最高法院对公民人身自由权法益的肯定是毫无保留的。

但出于保护公共安全、调查犯罪的需要，美国宪法在明确支持公民人身自由权的同时，为其不受搜查扣押的权利加上了定语，即不受"不合理的搜查与扣押"。这就给警察的实务工作留下了操作空间。对于警察为防止即将发生或者可能发生的案件而言，美国联邦最高法院采用了"合理性"的判断标准，以判断个案中警察的行为是否符合宪法。① 在这样的判断标准下，法官具有一定的个人裁量权。

2. 中国。《中华人民共和国人民警察法》第三章"义务和纪律"第二十二条规定："人民警察不得有下列行为：……（五）非法剥夺、限制他人人身自由，非法搜查他人的身体、物品、住所或者场所；……"该条对警察个人的执法行为作出了要求和限制。但和美国联邦宪法第四修正案的限制相似，我国的警察法也只禁止"非法搜查"，这一点和宪法规定也一致。

《中华人民共和国刑事诉讼法》对于搜查、扣押的"非法"与"合法"作出了更准确的界定，基本确定了任何形式的搜查、扣押都应当以特定的条件为前提，该前提要么是程序正义的搜查证，要么是实质正义的紧急情况。可见，我国法律对于警察行使的"即时强制盘查权"是有严格程序性限制的，立法对于公民人身自由的保护更倾向于"合法性"标准而非美国的合理性标准。"有证"和"无证"是区别警察即时强制盘查权"合法"与"非法"的主要标准。

但也应当关注到，据学者的观察，尽管我国刑事诉讼法明文规定搜查必须出示搜查证，但是并未规定搜查证的签发主体，实践中均是由公安机关、检察机关签发搜查证，这与西方国家普遍由法官签发搜查证的做法有明显区别。②

三、问题思考

（1）警察行使即时强制盘查权时可能侵犯到什么公民权利？

（2）警察应当如何规范行使即时强制盘查权？

---

① 易延友. 刑事诉讼法：规则 原理 应用 [M]. 北京：法律出版社，2019：320.

② 易延友. 刑事诉讼法：规则 原理 应用 [M]. 北京：法律出版社，2019：319.

第五篇　仲裁员职业伦理

如何理解仲裁员的披露义务？
——敖劳不拉煤矿申请撤销仲裁裁决案

一、案情介绍①

2017 年 12 月 24 日，内蒙古伊东煤炭有限责任公司敖劳不拉煤矿（以下简称"敖劳不拉煤矿"）与鄂尔多斯市万泽泰工贸有限公司（以下简称"万泽泰公司"）签订《敖劳不拉煤矿采空区灾害综合治理工程承包合同书》。准格尔旗川发煤炭有限责任公司（以下简称"川发公司"）为二者的合同关系作担保，于同日出具《不可撤销连带责任保证担保书》。在敖劳不拉煤矿和万泽泰公司发生纠纷后，前者根据上述合同中的仲裁协议向北京仲裁委员会（以下简称"北仲"）提出仲裁申请，北仲于 2019 年 7 月 24 日受理了合同项下的争议案。该案适用《北京仲裁委员会仲裁规则》（2015）项下普通程序的规定审理。然而，因为万泽泰公司、川发公司没有按期共同选定仲裁员，各方也没有按期共同选定首席仲裁员，北仲主任依据仲裁规则指定陈某某担任该案首席仲裁员、指定王某某担任仲裁员，与敖劳不拉煤矿选定的仲裁员赵某某组成仲裁庭审理该案。2020 年 9 月 27 日，北仲作出（2020）京仲裁字第 2179 号裁决。

其后，敖劳不拉煤矿向北京第四中级人民法院（以下简称"北京四中院"）申请撤销该仲裁裁决案件，提出的事实和理由包括：仲裁裁决系根据伪造证据作出重大错误认定、万泽泰公司隐瞒相关事实和证据而导致仲裁庭出现重大误判、仲裁员背离庭审中已查明并记录在笔录中的事实枉法裁判、仲裁庭的组成或仲裁的程序违反法定程序等。

敖劳不拉煤矿特别指出，根据证人刘某、郭某的证言，仲裁员赵某某在仲裁审理期间与单方当事人就案件进行讨论。具体而言，根据敖劳不拉煤矿法律顾问刘某律师和北京 C 律师事务所郭某律师的陈述，2019 年 3 月中旬，在北京市朝阳区团结湖大董烤鸭店，两名证人一同与敖劳不拉煤矿仲裁案的代理人王某某、仲裁员赵某某及其他敖劳不拉煤矿工作人员等讨论仲裁案涉合同的相关问题，敖劳

---

① 参见内蒙古伊东煤炭有限责任公司敖劳不拉煤矿与准格尔旗川发煤炭有限责任公司等申请撤销仲裁（2020）京 04 民特 715 号民事裁定书。

不拉煤矿以此证言主张仲裁员未尽披露义务。敖劳不拉煤矿认为，根据仲裁规则中仲裁员信息披露义务的规定，赵某某未履行披露义务，违反了仲裁规则规定。根据《中华人民共和国仲裁法》第五十八条的规定，仲裁裁决应予撤销。

对此，万泽泰公司辩称，两名证人与敖劳不拉煤矿有利害关系，证言本不能单独作为证据使用。如果证言属实，敖劳不拉煤矿在明知仲裁员赵某某与其代理人王某某律师是同学关系，并且在申请仲裁前就知晓案情的情况下，仍然选定赵某某作为仲裁员，显然是恶意促成仲裁庭组成，在仲裁庭组成后，敖劳不拉煤矿明知仲裁员赵某某存在回避情形而未申请其回避，仲裁裁决作出后，因为认为裁决结果不如预期，再以己方选定的仲裁员与己方代理人存在其他关系且事前知晓案情为由，主张仲裁员违反了仲裁规则，不属于《中华人民共和国仲裁法》第五十八条的情形。经法庭询问，万泽泰公司、川发公司在仲裁程序及本案中，均未对仲裁员赵某某提出异议。

北京四中院审理认为，关于敖劳不拉煤矿提出仲裁员未尽披露义务，仲裁违反法定程序的主张，查明认定敖劳不拉煤矿对于其仲裁案的代理人在仲裁期间会见己方选定的仲裁员赵某某并讨论案件，是明知的，却未在仲裁程序中提出异议，而是在仲裁裁决作出之后以该仲裁员未尽披露义务、仲裁违反法定程序为由申请撤销仲裁裁决，不应予以支持。

敖劳不拉煤矿对仲裁员赵某某的行为及应予回避事由在仲裁程序中既已知晓，如需对仲裁员提出回避，应该在《中华人民共和国仲裁法》规定期限内提出。而敖劳不拉煤矿未在仲裁庭首次开庭前甚至整个仲裁程序依法提出回避申请，是基于其自身原因怠于行使权利。当仲裁裁决作出后，敖劳不拉煤矿不认可裁决结果，再以己方选定的仲裁员私自会见己方代理人等由，主张仲裁员未尽披露义务，申请撤销仲裁裁决，于法无据。此外，依据最高人民法院《关于适用〈中华人民共和国仲裁法〉若干问题的解释》第二十条的规定，仲裁法第五十八条规定的"违反法定程序"，是指违反仲裁法规定的仲裁程序和当事人选择的仲裁规则可能影响案件正确裁决的情形。敖劳不拉煤矿主张的"违反法定程序"所涉情形并不属于上述法律规定的"违反仲裁法规定的仲裁程序和当事人选择的仲裁规则可能影响案件正确裁决的情形"，即现有证据不足以证明仲裁员与一方代理人之间存在利害关系而导致影响公正仲裁，故敖劳不拉煤矿的该项撤销仲裁裁决的理由，不予支持。

此外，关于敖劳不拉煤矿提出仲裁员枉法裁决的主张，北京四中院认为，根据最高人民法院《关于审理仲裁司法审查案件若干问题的规定》第十八条，仲裁员在仲裁该案时有枉法裁决行为，是指已经由生效刑事法律文书或者纪律处分决定所确认的行为。本案中，敖劳不拉煤矿以仲裁裁决认定己方违约责任错误、免除万泽泰公司违约赔偿责任错误以及认定事实错误为由主张仲裁员枉法裁判，与上述规定第十八条所规定的仲裁员枉法裁判构成要件不相符。敖劳不拉煤矿提出仲裁员存在枉法裁判行为，但是所涉理由均涉及仲裁裁决实体处理问题，而仲裁裁决实体处理是否得当，不属于人民法院对仲裁裁决的司法审查范围。

综上，北京四中院驳回了敖劳不拉煤矿撤销仲裁裁决的申请。

二、案例简评

（一）仲裁员的披露义务和回避

仲裁的好坏取决于仲裁员，而仲裁员职业伦理的核心在于其独立性和公正性。披露义务和回避是保障仲裁员独立、公正的两项重要制度。就两者关系而言，披露义务应当是双方当事人申请仲裁员回避的前提之一。

现行《中华人民共和国仲裁法》并未明确规定仲裁员的披露义务，只规定了回避制度。[①] 这是当事人提出回避的法律依据。而仲裁员的披露义务更多是由仲裁机构的仲裁规则予以补充和完善。[②] 在本案中，敖劳不拉煤矿主张的撤销仲裁裁决事由之一为己方选定仲裁员"未履行披露义务，违反仲裁规则规定"，而法院实际上从"回避"的角度进行了回应，略显龃龉。

在本案所述情形下，敖劳不拉煤矿对己方选定的仲裁员，本就具有告知仲裁员和当事人之间关系的义务，而其选择对该信息作出隐瞒，一方面未履行告知义务，另一方面便不能以此为由申请撤销仲裁裁决。[③]

[①] 《中华人民共和国仲裁法》第三十四条规定："仲裁员有下列情形之一的，必须回避，当事人也有权提出回避申请：（一）是本案当事人或者当事人、代理人的近亲属；（二）与本案有利害关系；（三）与本案当事人、代理人有其他关系，可能影响公正仲裁的；（四）私自会见当事人、代理人，或者接受当事人、代理人的请客送礼的。"第三十五条规定，当事人提出回避申请，应当说明理由，在首次开庭前提出。回避事由在首次开庭后知道的，可以在最后一次开庭终结前提出。

[②] 例如，《北京仲裁委员会仲裁规则》（2015）第二十一条、《北京仲裁委员会仲裁规则》（2019）第二十二条、《北京仲裁委员会北京国际仲裁中心仲裁规则》（2022）第二十二条均对"仲裁员信息披露"进行了规定，并要求"当事人应当自收到仲裁员书面披露之日起10日内就是否申请回避提出书面意见"。

[③] 参见我国最高人民法院《关于人民法院办理仲裁裁决执行案件若干问题的规定》有关隐瞒证据的一项规定在原理上可供参照，其第十六条第二款规定："当事人一方在仲裁过程中隐瞒己方掌握的证据，仲裁裁决作出后以己方所隐瞒的证据足以影响公正裁决为由申请不予执行仲裁裁决的，人民法院不予支持。"

（二）仲裁伦理和诉讼伦理

1. 仲裁更高的程序公正要求。不同于诉讼的两审终审加法律监督程序，仲裁系"一裁终局"。仲裁裁决作出后，当事人原则上不能再就同一纠纷申请仲裁或者向法院起诉。虽然法院可以依申请对仲裁裁决进行司法审查，但其并不干预仲裁的实体处理部分。因此某种程度而言，相较于诉讼，仲裁对于仲裁员公正办案有更高的要求。

2. 仲裁的司法性及其有限性。虽然仲裁基于当事人的自愿约定，但本质上，仲裁权来源于国家法律的授权，仲裁程序受到国家法律的约束。仲裁是多元纠纷解决机制的一环，仲裁裁决是与诉讼判决具有同等效力的法律文书，仲裁员亦是法律职业共同体中的一员。而当前在我国，并无一部统一规定仲裁员职业道德的规范。现实情况又显示出，一方面，仲裁员队伍更为庞大、人员组成来源更为复杂，很难依赖个人自觉就达到较高的职业道德水准。另一方面，根据本案可知，现行规定对于仲裁裁决通过司法审查而被撤销、不予执行的要求是非常严格的①，部分有违仲裁员职业伦理的行为，其性质尚未达到触及法律强制性规定的严重程度，因而在引发司法审查的介入时存在一定难度，此等情形下，受到不公正待遇的当事人获得相应的救济手段较为有限。因此，学界也一直在呼吁建立严格、规范且具有约束力的仲裁员职业伦理准则。②

三、问题思考

（1）本案涉及哪些仲裁员职业伦理规范？

（2）仲裁职业伦理和诉讼职业伦理有何异同？

---

① 《中华人民共和国仲裁法》第五十八条规定：当事人提出证据证明裁决有六种情形之一的，可以向仲裁委员会所在地的中级人民法院申请撤销裁决，其中与仲裁员职业道德相关的为其中的第（六）项：仲裁员在仲裁该案时有索贿，徇私舞弊，枉法裁决行为的。《中华人民共和国民事诉讼法》第二百三十七条呼应了《中华人民共和国仲裁法》第五十八条第六项中规定的申请撤裁的适用条件："被申请人提出证据证明仲裁裁决有下列情形之一的，经人民法院组成合议庭审查核实，裁定不予执行：仲裁员在仲裁该案时有贪污受贿，徇私舞弊，枉法裁决行为的。"

② 王小莉. 关于完善我国仲裁回避制度的几点思考 [J]. 仲裁研究，2007（1）：1-7.

仲裁员面对关联案件利益冲突时应如何处理？
——户胡支行申请撤销仲裁裁决案

一、案情介绍①

2018 年，东证融通投资管理有限公司（以下简称"东证公司"）作为申请人，依据其与安徽霍邱农村商业银行股份有限公司户胡支行（以下简称"户胡支行"）、安徽蓝博旺机械集团液压流体机械有限责任公司（以下简称"液压流体公司"）、中海信达担保有限公司（以下简称"中海公司"）签订的《资金监管协议》中的仲裁条款，向北京仲裁委员会（以下简称"北仲"）申请仲裁，北仲于 2018 年 8 月 3 日作出（2018）京仲裁字第 1338 号仲裁裁决，户胡支行向东证公司承担补偿赔偿责任，仲裁费用由户胡支行和东证公司各负担一半。

继之，户胡支行向北京第四中级人民法院（以下简称"北京四中院"）申请撤销该仲裁裁决，认为北仲裁决的事项超出了仲裁协议的范围；北仲违反了"一事不再理"原则，无权再次仲裁；虽然仲裁规则和仲裁法都规定了首席仲裁员可以由仲裁委主任指定，但该案首席仲裁员的指定却违反了仲裁法"公平合理解决纠纷"的原则，且本次仲裁遗漏了需共同参加的合同当事人，故仲裁庭的组成违反法律规定。

北京四中院于 2018 年 11 月 15 日立案后进行审查，作出以下认定（摘录部分）：

> 一、《资金监管协议》虽然没有明确规定户胡支行的违约责任以及违约责任的承担方式，但该协议约定了包括户胡支行在内的各方当事人的权利义务。而违反合同约定，没有履行义务需要承担相应的法律责任，是《合同法》以及相关法律的规定。并且《资金监管协议》第五条规定，因协议引起的争议纠纷，当事各方可友好协商解决，协商不成的，可向北京仲裁

---

① 参见安徽霍邱农村商业银行股份有限公司户胡支行与东证融通投资管理有限公司申请撤销仲裁裁决（2018）京 04 民特 463 号民事裁定书。

委员会申请仲裁裁决。东证公司以户胡支行未履行监管责任、给东证公司造成重大损失为由申请仲裁，并未超出仲裁协议的范围。

二、在1338号裁决之前，东证公司曾作为申请人以户胡支行为被申请人向北仲申请仲裁（案件编号（2015）京仲案字第0073号，以下简称0073号案件）。以户胡支行未履行监管责任、给东证公司造成重大损失为由，请求户胡支行赔偿其损失。北京仲裁委员会作出（2016）京仲裁字第0496号裁决书，认定损失赔偿存在先后顺序，只有顺序在先的责任人无力赔偿、赔偿不足或下落不明等情况下，申请人才能请求被申请人承担责任。裁决驳回了东证公司的仲裁申请。

此后，东证公司曾起诉液压流体公司、中海公司，经北京市第二中级人民法院（2016）京02民初542号判决确认了该债权债务关系并予强制执行中。东证公司的本次申请仲裁的请求系要求被申请人承担补充赔偿责任，故不存在"一事不再理"及无权再次仲裁的问题。

三、户胡支行认为，在0073号仲裁案件中，杨某是首席仲裁员，本次仲裁中，北仲再次指定杨某为本次仲裁庭的首席仲裁员，同一仲裁员会尽力维持前一次仲裁的观点、理由，明显存在利害关系。但依据《仲裁法》第三十条规定，仲裁庭可以由三名仲裁员或者一名仲裁员组成。由三名仲裁员组成的，设首席仲裁员。第三十四条规定，仲裁员与本案有利害关系的，必须回避，当事人也有权提出回避申请。但本案中，户胡支行并未向本院提交仲裁庭的组成或者仲裁的程序违反法定程序或仲裁员在仲裁该案时有索贿受贿、徇私舞弊、枉法裁决行为的证据，其理由系其主观推测，缺乏事实和法律依据。

北京四中院认为，申请人户胡支行的申请理由不能成立，驳回了户胡支行撤销仲裁裁决的申请。

二、案例简评

关联案件中，前案仲裁员能不能继续担任本案的仲裁员是一个很有争议的话题。否定观点认为，如果允许前案仲裁员继续担任本案仲裁员，其可能出于前案的认知影响本案的公正处理。而肯定观点认为，公平、公正处理案件是每一位仲裁员的基本职责，而且相关法律也未禁止关联案件中前案仲裁员继续担任本案的仲裁员。

《中华人民共和国仲裁法》第三十四条第二项规定："仲裁员有下列情形之

一的，必须回避，当事人也有权提出回避申请……（二）与本案有利害关系。"但关联案件的前案仲裁员继续担任本案仲裁员是否就存在"利害关系"？现行法并未予以明确，可参考《国际律师协会国际仲裁利益冲突指南》（*International Bar Association Guidelines on Conflict of Interest in International Arbitration*）加以判断。① 从本案裁定书所披露的内容来看，撤裁申请人并未对此进行及时的反对。因此，本案情形并不属于必须予以回避的"利害关系"。

仲裁员保持公正性和独立性是仲裁裁决的保障，而利益冲突属于可能影响公正裁决的情形。然而需指出的是，《中华人民共和国仲裁法》项下虽然规定了回避制度，但没有统一适用的利益冲突规则，对于何种关系应予回避仅规定了寥寥数语，只能参考国际指南文件等进行判断，表明实践正在越来越向国际标准靠拢。并且，判断"利益冲突"、是否存在"利害关系"及其是否达到"影响公正仲裁"的程度，系从法院这一第三方视角出发，看是否可能对仲裁公正产生合理怀疑，体现了法院自由裁量背后的潜在规律。

三、问题思考

（1）关联案件前案仲裁员继续担任本案仲裁员是否违反法定程序？

（2）如何判断仲裁员利益冲突和仲裁公正裁决的相互关系？

---

① 《国际律师协会国际仲裁利益冲突指南》第一部分为公正、独立和披露的一般标准；第二部分为一般标准的实际适用。在具体阅读和适用时应将两部分结合。根据指南，仲裁员与一方或双方当事人利益冲突问题可以概括为一个标准、两种义务和三个清单。一个标准为判断仲裁员是否发生利益冲突的标准——第三人合理怀疑标准；两种义务即仲裁员披露义务和仲裁员回避义务；而三个清单为在一般标准下给出具体实例的红色清单、橙色清单和绿色清单。指南列举了一些具体情形以供实务指引。一方面，按照不同事实和情形给仲裁员的公正性、独立性造成影响的程度，即是否构成利益冲突的程度，从必然构成到不构成分为红色清单、黄色清单和绿色清单，但并非穷尽式列举，且边界并非十分明晰，故仍需进行个案判断。另一方面，指南将三个清单与仲裁员的披露范围、当事人弃权或异议联系了起来，并在红色清单中区分可弃权的和不可弃权，对当事人与仲裁员之间的利益冲突问题提供了较为全面的实务指引。

第六篇　公证员职业伦理

公证员虚假公证将承担怎样的法律责任？
——公证员协助黑社会"套路贷"诈骗获刑

一、案情介绍

2019 年 12 月 30 日，北京市第三中级人民法院对一起涉案人数较多的黑社会性质"套路贷"案进行了公开宣判，52 名被告人分别获刑，其中主犯林某某以组织、领导黑社会性质组织罪、诈骗罪、寻衅滋事罪、虚假诉讼罪、敲诈勒索罪数罪并罚被判处无期徒刑，剥夺政治权利终身，并处没收个人全部财产。法院审理查明，2013 年 9 月至 2018 年 9 月，被告人林某某通过实际控制的公司，以吸收股东、招收业务人员的方式，逐步形成了以林某某为核心的层级明确、人数众多的黑社会性质组织。该组织通过公证员王某、李某某等人的帮助，以办理房屋抵押借款为名，诱骗被害人在公证处办理赋予借款合同强制执行效力、售房委托、抵押解押委托公证，恶意制造违约事项，利用公证书将被害人房产擅自过户至该组织控制之下。之后林某某犯罪组织及谭某恶势力犯罪团伙采用暴力、威胁及其他"软暴力"手段非法侵占被害人房产，通过向第三人出售或采用虚假诉讼等方式，将骗取的房屋处置变现，共骗取 68 名被害人 70 套房屋，给被害人造成经济损失 1.78 亿余元。①

北京市第三中级人民法院经审理后认为涉案公证人员王某、李某某等 9 人明知林某某等人实施诈骗犯罪，仍为其提供帮助，数额特别巨大，构成诈骗罪的共犯。最终以诈骗罪判处公证员王某有期徒刑 5 年，罚金人民币 10 万元；公证员齐某、王某某、杨某、李某某犯诈骗罪，均被判处有期徒刑 3 年 6 个月，罚金人民币 7 万元。②

---

① 参见人民法院整治虚假诉讼典型案例［EB/OL］.最高人民法院官网，2021-11-09.
② 参见无期徒刑！北京最大黑社会性质"套路贷"案宣判：公证员、律师、民警竟成"帮凶"［EB/OL］.环球网，2020-01-15.

二、案例简评

（一）本案涉及公证员的告知义务和清正廉洁的职业道德要求

第一，公证员的告知义务。公证员应当依职权替当事人把控公证文件的法律风险，尽到告知警示的职责，但林某某案中王某等9位公证员却为追求私利违背公证员应有的职业伦理道德，背离职业操守，突破执业底线，为林某某犯罪团伙提供帮助，不仅没有明确告知被害人面临的法律后果，反而诱导被害人进入房子被骗的陷阱之中。

第二，公证员清正廉洁、忠于职守的职业道德要求。① 公证员虽然不属于体制内的司法工作者，但其手中仍掌握着公证之权力，且独立行使这种国家证明权。并且，公证员办理的公证事务涉及社会生活的方方面面，涵盖物权债权和婚姻继承等事项，大多数公证事项都涉及财产权益。故公证员在执业时须妥善处理好个人事务与职业公务之间的关系，不得利用公证员的身份和职务为自己谋取私利。

（二）公证员虚假公证应承担相应的公证法律责任

公证法律责任包括行政责任、民事责任和刑事责任。《中华人民共和国公证法》第四十二条规定了虚假公证的行政法律责任。林某某案中涉案公证人员均被吊销执业证书，执业资格被剥夺。《中华人民共和国公证法》第四十三条规定了虚假公证的民事法律责任。林某某案中涉案公证人员因其过错行为应当承担对于当事人的经济损失，但本案案情介绍主要涉及法院对公证人员的刑事审判，未涉及公证人员的民事责任。公证员虚假公证造成严重损失的应承担相应的刑事法律责任，本案中涉案公证人员与林某某串通合谋欺骗当事人，遂构成诈骗罪的共犯。此外，公证员也可以作为提供虚假证明文件罪的犯罪主体。

---

① 《中华人民共和国公证员职业道德基本准则》第二十条规定："公证员应当树立廉洁自律意识，遵守职业道德和执业纪律，不得从事有报酬的其他职业和与公证员职务、身份不相符的活动。"第二十一条规定："公证员应当妥善处理个人事务，不得利用公证员的身份和职务为自己、亲属或他人谋取利益。"第二十二条规定："公证员不得索取或接受当事人及其代理人、利害关系人的答谢款待、馈赠财物或其他利益。"

三、问题思考

（1）由该案所延伸出来的与职业伦理课程相关的问题是，公证人员应当具有怎样的职业伦理道德？

（2）公证员虚假公证应承担什么样的法律责任？

公证员玩忽职守将承担怎样的法律责任？
——西安宝马彩票案：公证员不正确履职

一、案情介绍①

2004 年 3 月 23 日，西安男子刘某在西安市新城区东新街即开型彩票的销售现场购买了一张体育彩票。按照规则，如果他抽中图案为"草花 K"的彩票，即获得一等奖，还可参与第二轮抽奖。在第二轮抽奖中，刘某从 4 个信封中抽中了特等奖，奖品是一辆宝马车和 12 万元现金。没想到两天之后的 3 月 25 日，陕西体彩中心告知刘某，其所持彩票系伪造，不予兑奖，并声称将追究刘某的刑事责任。刘某坚持声称自己并未造假，甚至爬上了广告牌，企图通过极端方式证明自己的清白。此举引发了社会的广泛关注和警方的介入。

3 月 26 日，陕西省体彩中心召开新闻发布会，宣布经国家体彩管理中心鉴定，刘某所持的"草花 K"系由"草花 2"涂改而成，系假彩票，此次中奖结果作废。3 月 27 日，刘某在家中召开"新闻发布会"，表示体彩中心手中的"假彩票"绝不是自己当初购买的那张。

经过调查，此案背后的真相浮出了水面。原来西安市即开型彩票的销售早已被违规"承包"给了个人。2000 年 9 月至 2004 年 3 月，杨某某为承销陕西省部分地区的即开型彩票，并在销售过程中取得各种便利、关照，以获取不正当利益，先后 20 次给 8 名体彩机构人员行贿 43.16 万元。2004 年 3 月 20 日至 25 日，杨某某根据他与西安市体育彩票管理中心签订的协议，在西安市东新街十字东北角承办 6000 万元即开型体育彩票实物返奖销售活动。中奖信封虽在公证处的监督下密封，但由承包商杨某某保管。杨某某与此次彩票销售的负责人孙某某预谋，以事先用强光照射装有特等奖的信封以确定编号，以及在兑特等奖时不登记彩票号码的手段，为其重复使用中奖彩票骗领大奖作准备。此前，杨某某与孙某某让事先联系的岳某、刘某 2、王某某编造假名，利用伪造的身份

---

① 案情参见陕西省西安市中级人民法院（2004）西刑二初字第 126 号刑事判决书；陕西省高级人民法院（2005）陕刑二终字第 23 号刑事判决书。

证，持兑过奖的彩票上台重复抽奖，各抽得特等奖一个，共骗取总价值 140 多万元的宝马轿车 3 辆和现金 36 万元。事后，杨某某、孙某某分别给假冒领奖人岳某、刘某 2、王某某等支付了报酬。本次彩票销售过程中，杨某某记错信封编号，意外让刘某抽中了特等奖。

杨某某、孙某某被逮捕归案后，两人依然坚持刘某造假，因为他们为求稳妥，所使用的"草花 K"都是之前回收的真票，然而，3 月 23 日意外让刘某抽中特等奖后，他们对当天的一等奖彩票进行核实，发现确有一张"草花 K"系伪造。并且，当天所有中过"草花 K"的人中，只有刘某未留下指纹存档，因此，他们认为刘某是造假者。后来，经警方调查，假的"草花 K"系当天中奖的刘某 3 与邻居黄某某变造而来，这才引发了后续的一系列案件。

经过法院审理，杨某某、孙某某、收受贿赂的体彩机构工作人员和其他相关人员均受到了法律的制裁，共有 14 名被告人分别被判刑，其中包括犯有玩忽职守罪的公证员董某。

2004 年 3 月 19 日，西安市体育彩票管理中心就 2004 年 3 月 20 日至 25 日在本市新城区东新街发行的 6000 万元即开型体育彩票，向本市新城区公证处申请"二次"开奖公证，并提供了相关文件材料。公证承办人、国家三级公证员、被告人董某未认真审查该材料，亦未查阅索取有关文件规定。在彩票发行期间的 3 月 20 日、22 日、23 日、24 日四天中，董某与其助理在现场公证，但董某没有按规定监督审查"二次"抽奖彩民在中奖登记表上填写的奖票号码和对中奖奖票进行背书情况（指在奖票背面填注中奖彩民的姓名、身份证号码）；在"二次"抽奖彩民申请公证过程中，又未收集应当由公证申请人提供的证明材料，再次丧失了对中奖登记表、中奖奖票背书情况进行监督审查的机会，导致部分已中奖奖票被彩票发行承包人杨某某和其雇员孙某某抽走，交给他们叫来的"托儿"岳某、刘某 2、王某某再次使用，"抽得"三个特等奖（宝马轿车及 12 万元人民币）；且董某对上述三人在申请公证中使用假身份证或过期的身份证未仔细审查，亦未留存身份证复印件，导致杨某某等在彩票发行中诈骗得逞，造成恶劣的社会影响。

法院审理认为：被告人董某系受国家机关委托，代表国家机关行使职权的组织中从事公务的人员，在进行彩票开奖公证的过程中，在重要的公证程序环节上不正确履行职责，致使公证程序不合法，公证结果不真实，导致大奖被他人骗取，严重损害了国家声誉，其行为已构成了玩忽职守罪。检察机关指控被告人所犯罪名成立，依法应予惩处。考虑到"宝马彩票"案的损害后果主要是由杨某某等人的诈骗行为及其他人的渎职、受贿等犯罪行为共同造成的，被告人董某的玩忽职守行为对该后果的发生负有一定的责任。且被告人董某对其犯罪行为认识深刻，具有悔罪表现，故依法可对其酌情处罚，并适用缓刑。最终，公证员董某以玩忽职守罪被判处有期徒刑2年，缓刑2年。①

二、案例简评

（一）本案公证员职业伦理分析

公证员是符合《中华人民共和国公证法》规定的任职资格与条件，由国家依法定程序任命，取得公证员职业资格证书，在公证机构从事公证业务与活动的法律职业人员。② 作为中国特色社会主义法律职业共同体的组成部分，公证员作出的公证证明在法律上具有约束效力，其对自身职业伦理和职业行为准则的严格遵守，对于保障当事人合法权益，彰显国家公信力，推进法治国家建设具有重要作用。

本案中，公证员董某在进行彩票开奖公证的过程中玩忽职守，在重要的公证程序中未能正确履行职责，致使公证程序不合法，造成大奖被他人骗取，违背了"公证员应当忠于宪法和法律，坚持以事实为根据，以法律为准绳，按照真实合法的原则和法定的程序办理公证事务""公证员应当不断提高工作效率和工作质量，杜绝疏忽大意、敷衍塞责和其他贻误工作的行为"的职业道德基本准则。③

（二）公正行为受检察机关监督

公证处办理公证过程中行使的证明权带有国家公权力的属性，能够影响法律关系的调整，因而必须受到规范有效的监督。人民检察院是国家的法律监督机关，检察院基于其法定监督权，能够实现对公证员的公证活动及证明权力的监督。公证员在执行公证的过程中，应当主动接受检察机关监督，不得干扰检察机关的监督工作。④ 现有的公证审查程序及纠错程序难以有效排除虚假公证，检察机关合理运用监督权，对公证行为予以监督，有利于维护当事人的合法权益，保障公平公正。近年来，检察机关已经开展了对虚假公证案件

---

① 参见宝马彩票系列案：公证员被判刑两年［EB/OL］. 中国法院网，2005-1-1.
② 参见马长山主编. 法律职业伦理［M］. 人民出版社，2020：256.
③ 参见《公证员职业道德基本准则》第一条、第十一条。
④ 参见马长山主编. 法律职业伦理［M］. 北京：人民出版社，2020：279.

的检察监督。①

三、问题思考

（1）本案中的公证员董某违反了哪些公证员的职业行为准则?

（2）公证行为是否属于检察官法律监督范围?

---

① 参见张国军，王以曼，唐茜 . 虚假公证检察监督探析［J］. 中国检察官，2022（19）：
45-47.

第七篇　法律职业伦理的历史视野

如何理解古代幕友的职业伦理？
——汪辉祖与《佐治药言》

一、古代幕友的职业伦理概述——以汪辉祖《佐治药言》为例

"幕友"也称"幕宾"或"师爷"，是明清时期地方官雇用来辅助自己处理公务的人员，他们并非朝廷官员，由地方官自行聘请并支付薪俸。幕友大多来自尚不够资格担任官职的秀才，亦有落第士子、革职官员和书吏等。他们的主要职责是协助地方官处理政务，另一重要职能是监督衙门的书吏及衙役。幕友深谙政务的运作之道，在明清地方政治中是不可或缺的重要人物，清代官场甚至有"无幕不成衙"之说。供职于州县衙门的幕友有刑名、钱谷、征比、账房、书记等不同种类，其中，与司法事务联系最为密切的是刑名幕友，刑名幕友的地位通常高于其他幕友。刑名幕友通常负责处理地方的杀人、盗窃、斗殴、诈欺等案件及婚姻、立嗣等方面的纠纷，全程参与案件受理、庭前准备、判词拟写的整个过程，对于需要向上呈报的重大案件，刑名幕友也需负责案件报告的撰写，并应对上级衙门的批驳。①

汪辉祖出生于雍正八年十二月十四日（1731年1月21日），卒于嘉庆十二年三月二十四日（1807年5月1日），晚年入朝为官，但自乾隆十七年（1752）春至乾隆五十年（1785）秋一直在江浙地区从事幕友工作，长达34年。汪辉祖初掌书记之务，此后转任刑名幕友之职，刑幕生涯共计26年，是为时所称的一代名幕。

《佐治药言》一书，乃汪辉祖为有意习幕的外甥孙兰启撰写，完成于乾隆五十年（1785）。全书共计40篇，每篇不过几十字或百余字，均有标题以概括此篇要义。《佐治药言》总结了汪辉祖30余年的幕友经验，虽不过万余字，却很好地概括提炼了为幕之道的要点，自流传开来便被习幕者奉为幕学圭臬。通览全书，《佐治药言》中蕴含的幕友职业伦理有以下四方面：

---

① 参见瞿同祖. 清代地方政府［M］. 范忠信，晏锋，译. 北京：法律出版社，2003：154-178.

（一）幕友的自身修养与执业要领

汪辉祖在《佐治药言》的开篇即提出"佐治以尽心为本"，称"尽心二字，乃此书之大纲，吾道之实济"①。所谓"尽心"，即竭尽己身的所知所能，以认真负责的态度完成幕友的工作。

要做到"尽心"二字，幕友首先应加强自身修养，换言之，即树立正确的职业道德观。在这方面，他提出了"立品""素位""立心要正""俭用""范家"和"勤事"的要求。"立品"是幕道之本，"品"即幕友的内在道德品质，人品清正、律己修身的幕友才能赢得主官的信任，进而开展工作。具体而言，幕友应当端正心态，明确自身的职责和位置所在，"自视不可过高，高则气质用事；亦不可过卑，则休戚无关"②。幕友还应秉公办事，不可存有私心杂念，不可因私废公。③ 并且，幕友的薪俸本就高于一般的教书先生，因此更应廉洁自守，不可堕入贪污受贿的泥潭④；亦不可因物质回报丰厚就养成任性挥霍的习惯，自己和家人均应以节俭为美德，否则难免走上贪污之路，终致身败名裂。⑤汪辉祖还提出，幕友应勤于做事，不可偷懒懈怠，应提高自身的责任心，否则"积之愈多，理之愈难，势不能不草率塞责"⑥。此外，在交游方面，汪辉祖也指出了幕友"自立"的重要性，强调幕友应"慎交"和"勿攀缘"。汪辉祖看到了幕友交游过多反受其累的负面作用，指出"滥交不惟多费，且恐或累声名"⑦，告诫幕友在社交方面应当谨慎，否则难免受到牵连和束缚，甚至影响到工作的开展，"致有不能自立之势"⑧。汪辉祖还指出，面对当权的上位者也不可起攀附之心，"彼须用我，自能求我，我若求彼，转归无用，故吾道以自立为主"⑨。

除加强自身修养外，提高专业知识水平和提升业务能力也至关重要。在《佐治药言》中，汪辉祖谈及的幕友执业要领主要如下：其一，幕友应当投入精

① ［清］汪辉祖．佐治药言·尽心［M］．北京：中华书局，1985：1.
② ［清］汪辉祖．佐治药言·尽心［M］．北京：中华书局，1985：3.
③ 参见［清］汪辉祖．佐治药言·立心要正［M］．北京：中华书局，1985：3.
④ 参见［清］汪辉祖．佐治药言·自处宜洁［M］．北京：中华书局，1985：3.
⑤ 参见［清］汪辉祖．佐治药言·俭用［M］．北京：中华书局，1985：4.
⑥ ［清］汪辉祖．佐治药言·勤事［M］．北京：中华书局，1985：12.
⑦ ［清］汪辉祖．佐治药言·慎交［M］．北京：中华书局，1985：13.
⑧ 同上。
⑨ ［清］汪辉祖．佐治药言·勿攀缘［M］．北京：中华书局，1985：13.

力去读律和读书。作为刑名幕友,佐政之要"全在明习律例"①,律例因时而改,刑幕必须时时关注律例的更新并深谙律意,方能引律无误。在律例之外,幕友还应广泛阅读,如此才能在遇到疑难案件时引经以断,且读书"最能开心思,长识见,动文机,活笔路,且可医俗,致人括目"②,对幕务多有助益。其二,除读律和读书外,幕友还应善于体察人情,"盖各处风俗往往不同,必须虚心体问,就其俗尚所直,随时调剂。然后传以律令,则上下相协,官声得著,幕望自隆"③。此外,汪辉祖还阐述了一些刑名幕友从事司法实务的具体要领,如追求息讼、定罪量刑以"求生"为要、慎初报、处理命案详察情形、处置盗案谨防株累、勿轻引成案等④,为学幕之人提供了自己为幕多年的切身经验。

(二)与主官的相处之道

幕友的身份地位高于衙门中的书吏和衙役,"幕友""幕宾"之称反映出他们在观念中被其所辅佐的主官视为朋友和宾客。在《佐治药言》中,汪辉祖指出,幕友与主官相处,一方面应做到尽心尽力,为主官分忧,必要时虚心听取主官的合理意见⑤;另一方面也不应唯主官之命是从。具体而言,幕友"居宾师之分"⑥,应做到"尽言"二字,必要时与主官据理力争,直言劝诫,及时发声纠正主官的决策偏差。如主官刚愎自用,一意孤行,反复言之仍无济于事,则幕友不妨"不合则去",不必一味在公事上迁就主官而丧失本心。⑦ 此外,幕友平日应注意不要过受主人之情,原因在于"受非分之情,或不得不办非分之事"⑧,与主官在相处时应把握好尺度,以免陷于人情纠缠之中而不得洁身而去。

(三)对涉讼者的态度

刑名幕友深度参与地方司法全程,自然与涉讼之人少不了发生联系。关于幕友对待涉讼者的应有态度,汪辉祖在《佐治药言》中主要谈及以下三点:其一,民间百姓往往因词讼而花费大量的精力和金钱,故幕友应以为百姓"省事"

---

① [清]汪辉祖.佐治药言·读律 [M].北京:中华书局,1985:8.
② [清]汪辉祖.佐治药言·读书 [M].北京:中华书局,1985:9.
③ [清]汪辉祖.佐治药·须体俗情 [M].北京:中华书局,1985:15.
④ 参见 [清]汪辉祖.佐治药言 [M].北京:中华书局,1985:6-8,11.
⑤ 参见 [清]汪辉祖.佐治药言·虚心 [M].北京:中华书局,1985:2.
⑥ [清]汪辉祖.佐治药言·尽言 [M].北京:中华书局,1985:1.
⑦ [清]汪辉祖.佐治药言·不合则去 [M].北京:中华书局,1985:2,15.
⑧ [清]汪辉祖.佐治药言·勿过受主人情 [M].北京:中华书局,1985:16.

为原则，减少讼案对百姓的干扰和牵累。汪辉祖指出："事非急切，宜批示开导，不宜传讯差提，人非紧要，宜随时省释，不宜信手牵连……少唤一人，即少累一人，谚云堂上一点朱，民间千点血，下笔时多费一刻之心，涉讼者已受无穷之惠云。"① 幕友在处理讼案时，应做到不随意传唤百姓，一旦发现某人与案情无关，即应及时放归，以防牵连无辜。其二，妇女不可轻易传唤。非万不得已，幕友断然不可轻易传唤妇女，令其对簿公堂，否则将损害妇女名节。② 其三，幕友应怀有同理心，为犯人着想。汪辉祖谈道，幕友虽辅佐主官处理司法事务，但身份仍是平人，不可以官员自视，而忘却民间疾苦。在面对讼案时，幕友应做到为犯事者着想，综合考虑人犯及其亲眷的实际情况，细心推鞫，避免处置轻重失当。③

（四）与同行、吏役的关系

《佐治药言》还呈现了幕友与衙门中其他同行的相处之道，以及幕友对待地位较低的书吏、衙役的应有态度和应负之责。

就前者而言，汪辉祖提出，幕友虽有不同的种类和职能，但幕友之间"须以官事为己事，无分畛域。知无不言，言无不尽，而后可"④。幕友不可因他人之事与己无关而坐视不理，亦不可在自己的职责范围内独断专行，不接纳他人的合理建议，否则皆不利于公事的开展。汪辉祖同时强调，幕友向同行表达意见时应视其性情而采取妥当的方式，以委婉为佳。

就后者而言，幕友负有约束书吏和衙役的责任。书吏在州县衙门中通常按照吏、户、礼、兵、刑、工六房分配，各房书吏负责本房的特定事务和文书工作，是衙门的基层办事人员；衙役包括皂隶、捕役、门子等，地位较书吏更为低下。二者虽然身份颇低，却是政务运作中不可或缺的人物，往往借机滥用职权，索要钱财（"陋规"），欺扰百姓，危害一方，成了地方难以根除的痼疾。监督书吏和衙役是幕友的一大要务。汪辉祖指出："约束书吏，是幕友第一要事。"⑤ 幕友应时时留心检查书吏所呈的文书，以防奸吏营私舞弊。对于差役禀报的百姓拒捕之词，幕友也应审慎对待，因为普通的户婚田债案件中，平民往往见差役则心生畏惧，不敢公然抗命，拒捕之说多半由差役索要钱财而起。对

① ［清］汪辉祖. 佐治药言·省事［M］. 北京：中华书局，1985：5.
② ［清］汪辉祖. 佐治药言·妇女不可轻唤［M］. 北京：中华书局，1985：9-10.
③ ［清］汪辉祖. 佐治药言·须为犯人着想［M］. 北京：中华书局，1985：11.
④ ［清］汪辉祖. 佐治药言·办事无分畛域［M］. 北京：中华书局，1985：14.
⑤ ［清］汪辉祖. 佐治药言·检点书吏［M］. 北京：中华书局，1985：5.

此，幕友不可轻信，应当建议主官查明真相。①

二、案例简评

（一）古今对比：相通之处

幕友作为受聘于地方官员、协助地方官处理政务的专业人士，其与主官的关系与当今之律师与委托人的关系有相近之处。依据律师职业伦理，律师必须对委托人忠实，律师对委托人负有诚信义务、勤勉义务和保密义务②，与幕友与主官的相处之道有相通点。

幕友与衙门中其他幕友的关系，与律师与同行的关系也有相似之处。刑名幕友与其他类别的幕友之间应该做到"办事无分畛域"，依据法律职业伦理中的律师与同行的关系规则，当今律师与同行在合理竞争的同时，也应强化彼此之间的合作共赢意识，建立起合作型同行关系。③ 如此才能更好地维护当事人利益，提升律师行业的整体发展水平。

刑名幕友虽然不具备官员身份，但其在地方司法中发挥了重要作用，此类幕友的为幕之道与当今法官的职业伦理也存在一定相通之处，如《法官职业道德基本原则》第二条规定"法官职业道德的核心是公正、为民、廉洁"，这些也是幕友职业伦理的要求。

（二）以古鉴今：借鉴意义

古代幕友的职业伦理对今日的法律职业者来说有很多可以借鉴之处，例如，对律师来讲，律师可以从幕友和主官的关系中得到启发，在做到忠实、勤勉的同时把握好和委托人之间的交往分寸。律师还可以学习幕友与同行的相处之道，加强同行之间的交流合作。就法官而言，法官可以效仿幕友正己修身、读律读书，树立正确的职业道德观念，努力提升自己的专业知识水平和综合素养。法官还可以从幕友对待涉讼者的态度中得到启示，以同理心对待案件当事人，等等。

---

① 参见［清］汪辉祖. 佐治药言·检点书吏［M］. 北京：中华书局，1985：10.
② 参见马长山主编. 法律职业伦理［M］. 北京：人民出版社，2020：234.
③ 参见许身健主编. 法律职业伦理［M］. 北京：北京大学出版社，2014：72.

三、问题思考

（1）对比古代幕友的职业伦理与当代律师、法官职业伦理，有何相通之处？

（2）古代幕友的职业伦理对今日的法律职业者有何借鉴意义？

如何理解中国古代的君与司法官、司法官与吏的关系？——李离自刎

一、案情介绍

李离者，晋文公之理也。过听杀人，自拘当死。文公曰："官有贵贱，罚有轻重。下吏有过，非子之罪也。"李离曰："臣居官为长，不与吏让位；受禄为多，不与下分利。今过听杀人，傅其罪下吏，非所闻也。"辞不受令。文公曰："子则自以为有罪，寡人亦有罪邪？"李离曰："理有法，失刑则刑，失死则死。公以臣能听微决疑，故使为理。今过听杀人，罪当死。"遂不受令，伏剑而死。①

二、案例简评

（一）中国古代司法官与吏的关系

在古代中国，官吏是为政府工作人员的总称。一般而言，官指具有一定级别，经过君主任命的主事人员；吏指熟悉政事，负责具体操作的业务人员。② 从春秋到两汉，官、吏之间虽存在上下层级关系，但尚可以流通，"汉以前，胥吏士也，卿大夫多出焉"③。《左传·成公二年》："王使委于三吏。"杜预注："三吏，三公也。三公者，天子之吏也。"相对于最高统治者天子而言，高级官员如三公也可称"吏"，可知二者并无绝对的贵贱之别。材料中的故事发生于晋文公时，此时的李离作为司法官，"居官为长"，与下吏更倾向于上下级关系。

自魏晋南北朝至唐宋，官吏开始分流，尤其在科举制度的影响下，进士科的诗赋地位日重，而明法科、明算科等侧重实务的科目则为人所轻，士大夫阶层渐不习吏事，因此"唐宋以后，士其业者，不为胥吏"。自元代以降，官、吏

---

① ［汉］司马迁. 史记 ［M］. 北京：中华书局，2010：7090-7091.
② 马长山主编. 法律职业伦理 ［M］. 北京：人民出版社，2020：40.
③ 语出牟愿相。

的分流走向完全，流品观念深入人心，胥吏从参加科举应试、后续担任官员等多方面都受到了限制，官吏之间泾渭分明，难以逾越。

（二）中国古代司法官与国君的关系

李离自断死罪并自刎而死，系因触犯了当时针对司法官（"理"）的法律："理有法，失刑当刑，失死当死。"晋文公试图以王令挽救李离的生命，但遭到拒绝。李离以生命维护了法律的尊严和权威性，即使是国君也不能凌驾其上，高度体现了司法官尊法、敬法、守法的职业操守。

李离自刎一案，体现了中国古代司法官与国君之间关系的两面性。一方面，司法官对国君负责，诚如李离所言，"公以臣能听微决疑，故使为理"；另一方面，从职业伦理的角度出发，司法官应当明律令、持公心、奉法循理，以遵守法律而非顺从命令作为忠诚的第一评判标准，在这一维度上，又相对于国君保持了一定的独立性。

三、问题思考

（1）结合本案，如何理解中国古代司法官与吏的关系？

（2）结合本案，如何理解中国古代司法官与国君的关系？

中国古代司法官员应遵循怎样的职业伦理?
——张释之执法

一、案情介绍

汉文帝尝行中渭桥,有一人闻跸,匿桥下。久,以为跸过,走出,乘舆马惊。廷尉张释之①奏:"犯跸,当罚金。"帝怒曰:"赖吾马和柔,他马已伤败我,廷尉乃罚金耶?"释之曰:"法者,天子所与天下公共。且方其时,上使诛之则已。既下廷尉,廷尉,天下之平也,为之轻重,民安所错手足乎?是法不信于民也。"帝良久曰:"廷尉当是。"后有盗高庙坐前玉环,释之奏:"当弃市。"帝大怒曰:"此人无道,吾欲族之。君以法奏之,非吾所以恭承宗庙意也。"释之曰:"且罪等,俱死罪也,盗玉环不若盗长陵土之逆也。然以逆顺为本。今盗宗庙器而族之,假令愚人取长陵一抔土,陛下何以加其法乎?"帝许之。②

二、案例简评

(一)张释之对案件的处理及其伦理

乡民无意中惊扰汉文帝的仪驾,把出巡的车队搅得人仰马翻、乱成一团。审理该案的张释之询问清楚后,依法对"犯跸"的乡民判处了罚金四两。③ 汉文帝最初不悦,认为此人几乎伤了自己的性命,为何只判罚金而非死刑?张释之的回答是:法律,是天子和黎民百姓都要遵守的。如果更改法律规定加重刑罚,法律就不能为民众所信服。又补充道,当初在桥上时,若汉文帝将乡民当场击杀,自己也无话可说。但既然把乡民交给自己来审判,便要依法办案。最后汉文帝同意了张释之的意见。

---

① 张释之,河南南阳人,以司法公正闻名,本案彼时为廷尉(汉代最高级的司法官员)。

② [唐]杜佑. 通典:卷一百六十九 [M]. 北京:中华书局,1988:4367.

③ 犯跸,即违反交通规则、穿插首脑车队。

本案中张释之对汉文帝的据法力争蕴含了法律面前人人平等、罪刑法定的法治精神和法官之依法量刑、独立审判的职业伦理，其核心是公平正义的追求。

（二）中国古代司法官员的伦理

中国古代司法官员既有行政的角色，也有司法的角色，所谓"行政兼理司法"。对于从政官员而言，清正廉洁、勤恳务实、言行谨慎是基本伦理要求。其中尤其强调官员自身修养，以达到善政的目的。对于司法官员而言也是如此，多凭借个人职业操守成为后世的司法角色典范，对司法职业伦理的形成大有裨益。其自身的道德品行如何，直接影响着案件的法律效果、社会效果和司法权威性。如张释之这般躬亲审判的司法者，既保持了法家"法不阿贵"的公平原则，也强调儒家"明德慎罚"的公正、恤刑伦理要求，坚持依法量刑，规范有序。由此，不仅使案件当事人信服，而且很好地发挥了对百姓的教化作用。

三、问题思考

（1）张释之如何处理法与天子的关系及其背后的伦理？
（2）中国古代司法官员应遵守什么样的伦理？

如何理解中国古代讼师的地位和背后的成因？
——邓析之死

一、案情介绍

郑国多相县以书者。子产令无县书，邓析致之。子产令无致书，邓析倚之。令无穷，则邓析应之亦无穷矣。是可不可无辨也。可不可无辨，而以赏罚，其罚愈疾，其乱愈疾，此为国之禁也。故辨而不当理则伪，知而不当理则诈。诈伪之民，先王之所诛也。理也者，是非之宗也。

洧水甚大，郑之富人有溺者，人得其死者。富人请赎之，其人求金甚多，以告邓析。邓析曰："安之。人必莫之卖矣。"得死者患之，以告邓析。邓析又答之曰："安之。此必无所更买矣。"夫伤忠臣者，有似于此也。夫无功不得民，则以其无功不得民伤之；有功得民，则又以其有功得民伤之。人主之无度者，无以知此，岂不悲哉？比干、苌弘以此死，箕子、商容以此穷，周公、召公以此疑，范蠡、子胥以此流，死生存亡安危，从此生矣。

子产治郑，邓析务难之，与民之有狱者约，大狱一衣，小狱襦袴。民之献衣襦袴而学讼者，不可胜数。以非为是，以是为非，是非无度，而可与不可日变。所欲胜因胜，所欲罪因罪。郑国大乱，民口喧哗。子产患之，于是杀邓析而戮之，民心乃服，是非乃定，法律乃行。今世之人，多欲治其国，而莫之诛邓析之类，此所以欲治而愈乱也。①

二、案例简评

（一）邓析的死因

邓析之死，追根究底，是因为他威胁和妨碍了以子产为代表的主流统治者的治理。在上述材料中，邓析挑战了法律的权威，一方面，他对郑国新颁布的

---

① 吕氏春秋：审应览第六：离谓 [M]．北京：中华书局，2011：648-649．

法律提出反对、进行曲解，甚而以层出不穷的方式针对新法①；另一方面，他以相对低廉的报酬②，为民众提供狱讼的指导，"操两可之说，设无穷之词"，从洧水溺尸案可见，邓析具有高超的辩说技巧。邓析的行为导致了"以非为是，以是为非"的结果，是非的标准和界限被模糊。材料的作者认为，邓析的作为造成了郑国的混乱，子产通过诛杀邓析，平定了民心，法律不再受到阻碍而得以推行，这事实上是巩固统治的手段。

（二）中国古代讼师的地位与原因分析

严格而言，邓析并不完全是一名讼师：他出身贵族，曾任郑国大夫；他提供狱讼方面的教学，只收取衣物作为报酬，可见并不以此为职业。但邓析确实提供了类似后代讼师的法律服务，也因此，可以视其为讼师职业的鼻祖；邓析的遭遇同样一定程度上反映了讼师这一职业的地位及其背后的成因。

讼师作为一种法律职业，并不具备合法性，讼师（讼棍）及其专业书籍讼师秘本皆是国家严禁的对象，处罚严厉。例如，清代专门制定了"积惯讼棍恐吓取财"条例打击讼棍，"违禁撰印贩卖及藏匿讼师秘本"条例查禁讼师秘本，等等。③ 明清皆有"教唆词讼"律，若致"增减情罪诬告人"，则与犯人同罪；若只是为人作词书、罪无增减，则不坐罪，二者的界限并非黑白分明。一如讼师的职业名称，"师"的尊称与"讼棍"的贬斥并存，讼师（讼棍）在崇尚"无讼"的古典中国始终游走在灰黑色地带。

讼师地位的背后成因，与邓析见诛于子产的原因是一致的，即危害了国家法律的权威与公信力。从邓析到后代的讼师，他们的相似之处在于，在功利性目的而非事理判断下，使用法律知识和语言技巧，"所欲胜因胜，所欲罪因罪"；这与"息讼贵和"的法律文化传统和定分止争的立法原初目的都是背道而驰的。这也注定了讼师这一法律职业不可能得到官方承认的合法性。

---

① 如案情介绍中所言，"郑国多相县以书者"，所谓"书"，当指邓析私自拟定书写的《竹刑》，其时子产"铸刑书于鼎，以为国之常法"，邓析私作《竹刑》反对之。"县"，通悬，悬挂。"子产令无致书，邓析倚之；令无穷，则邓析应之亦无穷矣"，致，细密，有修饰之意。倚，偏颇、邪曲，此处作动词。参见陆玖译注．吕氏春秋：下［M］．北京：中华书局，2020：647-650.
② "大狱一衣，小狱襦袴"，襦，短衣，袴，胫衣，类似今天的裤子。
③ 马长山主编．法律职业伦理［M］．北京：人民出版社，2020：47.

三、问题思考

（1）邓析的死因是什么？

（2）中国古代讼师的地位如何，背后的原因是什么？

如何理解中国古代法律文化中"家"与"国"的关系？——舜负父而逃

一、案情介绍

桃应问曰："舜为天子，皋陶为士，瞽瞍杀人，则如之何？"

孟子曰："执之而已矣。"

"然则舜不禁与？"

曰："夫舜恶得而禁之？夫有所受之也。"

"然则舜如之何？"

曰："舜视弃天下犹弃敝蹝也。窃负而逃，遵海滨而处，终身诉然，乐而忘天下。"①

二、案例简评

（一）舜对案件的处理及其伦理

本案中，舜的身份有三：对于瞽瞍，为人子；对于皋陶，为上级；对于天下百姓，为天子。不同的身份决定了他对案件采取复合的处理方式，以实现公与私、德与刑、理法情的平衡。首先，对杀人者治罪是国法的要求，舜作为司法官员皋陶的上级、作为天下的君主，对犯罪者该抓的当然要抓。这也是皋陶的职业伦理所在②，舜不应就具体的司法进行限制干涉，才能对天下人有所交代。而继之，舜会像丢掉破鞋一样为了亲情舍弃天下共主之位，救下父亲，背着他逃到遥远的海边享受天伦之乐。这里就体现了孟子在该杀父案处理方式上细致的区分，由此舜并非全然大义灭亲，而是在尊重公法的基础上留下了"私"的场域。在"亚圣"孟子看来，"亲属容隐"也具有某种绝对性、正当性的伦

---

① 孟子译注［M］. 北京：中华书局，2018：354.

② 朱熹指出，"言皋陶之心，知有法而已，不知有天子之父，皋陶之法，有所传受，非所敢私，虽天子之命亦不得而废之也"。载［宋］朱熹. 宋本孟子集注（5）［M］. 北京：国家图书馆出版社，2016：63-65.

理价值。

其现代启示为，在一起案件的背后，多种社会因素和法官个人因素都可能进入司法过程中，坦诚地承认和考虑法官作为人的"有私性"而综合考虑，对于一个公正裁决的达成反而可能是有益的。所谓"于理于情、于公于私"①。

（二）中国古代家国之间的关系

本案中，舜既为人子又为天子，其"执之而已"又负父而逃的处理集中了家与国的关系和价值排序问题。家庭是古代社会的基本单元，在儒家思想中，一方面，相较于国，家居于基础和根本的位置，没有家庭的和睦稳定，宗法国家大厦也不会保持稳固。另一方面，家并非就优先于国，两者处于不同的逻辑层级。职业分殊，公私有别。在家的场域外，舜作为国主和国之权力的绝对掌握者，在家国价值冲突时，须首先以天下苍生为念。

三、问题思考

（1）舜如何处理其父杀人案及其背后的伦理？

（2）如何理解中国古代家与国之间的关系？

---

① 王金霞. 职业伦理视角下的"舜窃负而逃"[N]. 人民法院报，2021-02-19（7）.

民国时期的律师应遵守哪些职业伦理？
——杨光宪与他的《大律师宣言书》

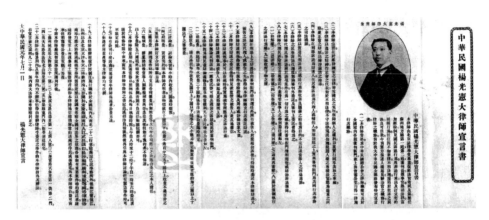

图3　中华民国杨光宪大律师宣言书（以下简称《宣言书》）

一、案情介绍

《宣言书》全文内容如下：

中华民国杨光宪大律师宣言书

本律师由北京法律学堂毕业，复经法官考试及第，历任苏州地方厅第一庭、第二庭审判长、推事官，熟谙法律，富加经验。洞见国民诉讼行为与非讼行为，以及订立契约种种行为，往往因不知新律、不明法理，屡陷于败诉之旋涡，良可浩叹。今为实力保护人权起见，辞法官之职务，行律师之职务。对于我大中华民国全部而发布特别《宣言书》：

（一）本律师资格为中华民国总公会之律师，职权可及于全国境内各级审判衙门并上海会审公堂，均得一律施行其职务。

（二）本律师宗旨在于维持国家之法律、伸雪国民之冤枉、保障个人之权利，以冀实行同享共和之幸福。

（三）本律师以遵法之精神，作社会之代表。对于不明法律、不守法律、蔑

196

视公理、蹂躏人权之专横法官，应为严重之纠察并正当之辩驳，以扫净满清之馀（余）毒。

（四）本律师在刑事诉讼为辩护人，在民事诉讼为代理人或辅佐人。对席法庭之上，实与审判衙门为共同行其事务之司法机关。

（五）本律师以贯达民刑诉讼之适法行为，而收善良圆满之结果为目的，不徒以谋当事人之利益为能。

（六）本律师之民事诉讼代理权，无论审判外委托及审判上委托，皆得为之。

（七）本律师代理民事诉讼，关于该项案件有为一切行为之权，并得向审判衙门声明阅览或缮钞（抄）诉讼笔录。

（八）本律师代理民诉，除应受普通委托外，并得受当事人之特别委任权如下①：（1）和解权；（2）认诺权；（3）舍弃权；（4）控告权；（5）上告权；（6）撤回权；（7）请求再审权；（8）关于强制执行之诉讼行为权；（9）领收争物之权。

（九）本律师在刑事上之辩护，除由审判衙门特别选任外。所有被告人，于提起公诉后，均得随时委托本律师辩护。又被告之法定代理人或被告之夫，亦得向本律师独立行其委托辩护。

（十）本律师辩护刑事，得就担任案件查验证据，及周视或钞（抄）录该案文书。

（十一）本律师受辩护之委托后，得接见被监禁之被告人，并互通书信。

（十二）本律师辩护刑事，于可以莅视时，得实施被告所应为之诉讼行为。

（十三）本律师辩护刑事，为被告人利益起见，得更声明上诉。

（十四）本律师无论民刑诉讼，一经委托，即可缮具适法之诉状，提出于审判衙门。

（十五）本律师既为国民尽辩论之义务，自应享相当权利，凡有委托，征收公费如下②：

（1）出庭费

到庭辩论，每次收费二十圆（元）。如系华洋讼案，公费临时酌定。

---

① 如下，原文为"如左"。
② 如下，原文为"如左"。

（2）缮状费

　　缮具诉状，每件收费五圆（元）以上、十圆（元）以下，随事之大小难易而定。如案情复杂者，应酌加三圆（元）以上、十圆（元）以下之审查费。

（3）讨论费。

　　讨论案情，每小时内收费三圆（元），过时类推。

（4）证明费

　　买卖契约须本律师证明者，该物价值在千圆（元）以下，收费不过百分之五；千圆（元）以上，收费不过百分之三。至须本律师订立合同等类，另议。

（5）杂用费

　　办理案件时，所有支出各种杂费，例如旅费等，及代付各项应需之款，应由委托之本人担任。

（6）报酬费

　　办理终结后，当事人愿赠报酬费与否，悉听其便。但如有预约者，不得悔诺。

　　以上各费，除（5）、（6）两项外，须交款方能承办，否则不负责任。如愿包办亦可。

　　（十六）本律师除星期日及通常节日照例休息外，每日执务时间：上午自八时至十二时，下午自一时至六时。委托者请于执务时间中前来，面与本律师事务所之书记员或招待员接谈，然后再引与本律师讨论。但有紧急事件时可不限定时间。

　　（十七）如有公司、行栈、店商欲延请常年律师保护者，公费另议。

　　（十八）如遇析屋置产等事，本律师均可代办。

　　（十九）本律师创办循环律师制度，施行职务于全境内。凡南北二十二行省，除苏沪已设事务所外，他如江宁、镇江、杭州，以及北京、天津、奉天、吉林，并济南、太原、开封、安庆、芜湖、南昌、九江、武昌、汉口、长沙、福州、广州、重庆等处。各省会、各商埠，均应次第推广，组织事务所循环游历，以便调查考察全国司法界之状态。各地如有重要案件特约委托者，请随时发电至上海谦泰栈主张卿君处，即本律师通信总机关。当由该处招待员，或函或电，与本律师接洽，即可前来。但须预寄公费，空电概不答覆（复）。

　　今将本律师苏沪暂设事务所开列于后：

　　（1）苏州桃花坞大街第六十一号；（2）上海派克路昌寿里第一七四八

号；（3）海宁路天保里第一弄第二门；（4）英大马路盆汤弄北高阳里第三
号；（5）如皋县东门内二衙巷胡廷佐宅。

（二十）本律师在盛暑期内及新年期内均不办事。但得由帮办律师受委托之
事件，由本律师指导其办法。

上《宣言书》之说明，凡二十事。① 海内诸大法律家幸鉴察纠正之。

大中华民国元年七月一日

杨光宪大律师宣言

二、案例简评

（一）《宣言书》的性质

《宣言书》通过报刊进行登载，与其称为"宣言"，毋宁将其认定为一则律
师广告。杨光宪大律师于《宣言书》中详细介绍了本人的执业范围（"贯达民
刑诉讼"，民事诉讼同时接受"审判上"与"审判外"的委托，或可类比于今
日的诉讼与非诉）、工作内容、收费标准、联系方式等，是一则相当全面的
广告。

在现代律师制度的发源地英国，律师最初被认为是具有神圣性的职业，广
告的商业性质有悖于"绅士之道"；受此影响，在英国、德国、美国等国家，律
师的广告行为在相当长的时间内都是被禁止的。直至1977年，美国联邦最高法
院才通过判决，确立了律师广告作为商业言论的合法性。不过在初引入律师制
度的清末民初，律师广告行为并未受到限制，大律师广告在《申报》等报刊上
颇为常见。该《宣言书》已属相当含蓄的广告方式。

（二）民国时期律师的职能与伦理

《宣言书》中，杨光宪自陈，"在刑事诉讼为辩护人，在民事诉讼为代理人
或辅佐人"，并详细介绍了作为辩护人和代理人的多项权利。担任民事诉讼代理
人时，既享有相对审判机关的"声明阅览或缮钞（抄）诉讼笔录"之权，也享
有相对当事人的诸项委任权；担任刑事诉讼辩护人时同理，相对审判机关具有
"查验证据，及周视或钞（抄）录该案文书""接见被监禁之被告人，并互通书
信"之权，也享有代被告人实施诉讼行为及声明上诉等权利。上述职权，与当

---

① "上《宣言书》之说明"，原文为"右《宣言书》之说明"。

代律师有颇多相似之处。唯委托辩护方式一项，"又被告之法定代理人或被告之夫，亦得向本律师独立行其委托辩护"，由丈夫代妻子委托律师辩护，浸润了传统家庭观念的色彩。

对于担任律师的宗旨，杨光宪给出的说法是"维持国家之法律、伸雪国民之冤枉、保障个人之权利，以冀实行同享共和之幸福"。《宣言书》中"尽辩论之义务"等表述，也一定程度体现了律师的忠诚勤勉义务。这与今日的律师职业伦理也是相通的。不过，《宣言书》中表示，将对抗专横法官、"以扫净满清之馀（余）毒"，这一表述带有强烈的时代印记，体现了律师作为一种新兴职业，在革命推翻旧政权的特殊历史节点，相应被赋予的反抗强权压迫、维护公义和人权的使命期待。

三、问题思考

（1）《宣言书》的性质是什么？

（2）《宣言书》体现了民国时期律师怎样的职能与伦理？

第八篇　综合性案例

律师如何在庭外言论中恪守忠诚义务？
——王某某藏匿案卷材料案

一、案情介绍

（一）基本事实及判决

王某某原系最高人民法院民一庭助理审判员。2014 年，王某某因与他人违反规定，私自以最高人民法院某直属单位名义举办培训班并私分办班利润，被单位纪律处分；2016 年 11 月参评"全国十大杰出青法学家"时，又因此前在干部档案审核中，被查出多处涂改个人档案受到诚勉的组织处理而未被推荐，由此对单位产生积怨。

2016 年 11 月 25 日，最高人民法院民一庭庭长程某某要求王某某加班起草后者当时所承办某二审案件的法律文书，遭王某某拒绝，程某某告知王某某，如不愿意加班就让别人承办。王某某认为程某某意图在案件收尾期将其调整出合议庭，对此十分不满，加上前期积怨，遂产生藏匿案卷材料、给单位制造麻烦的想法。当天 23 时许，王某某来到办公室，私自将上述二审案件临时装订的副卷拆散，将全部正卷和拆散的部分副卷材料带回家中。据王某某本人于后续调查中所称，其拿走案卷材料时进行了挑选，将单位不能复制或者没有备份的都留在了办公室文件柜中；其窃取卷宗材料的目的是想给单位制造麻烦，使新合议庭承办人不能顺利进行后续工作，最终迫使单位让其继续担任承办人。11 月 28 日，王某某向程某某谎称二审案卷丢失，程某某当即让王某某仔细查找无果。11 月 29 日，程某某在请示分管院领导同意后，正式通知王某某退出合议庭。

在退出合议庭后，王某某又曾拍摄视频、偷拍二审部分副卷材料，其中部分视频、材料后来通过网络对外发布。2018 年 1 月，前述二审案件宣判后，王某某多次与当事人赵某某见面，并经其介绍认识了崔某某。王某某认为案件卷宗"丢失"仍正常宣判，单位对卷宗"丢失"也没有追查，遂臆测有"黑幕"，加之前期积怨，故决定通过写"举报材料"、拍摄自述视频的方式向上级"反映情况"。2018年7、8月，王某某谎称经程某某同意，从书记员李某某处骗取了案卷副卷，并用手机偷拍了部分材料，通过微信发给赵某某，将副卷材料和向上级反映问题的信件交给崔某某；并在赵某某和崔某某帮助下录制了反映所谓案卷丢失、监控视频"黑屏"等问题的视频。2018年12月，崔某某将副卷材料和视频通过网络发布。

2019年1月，联合调查组成立，最终查明所谓"卷宗丢失"系王某某本人故意所为。经国家保密部门鉴定，王某某拍摄、后在网上流出的案卷材料中涉及国家秘密。联合调查组对调查中发现的违纪违法犯罪问题线索移交有关部门立案调查处理。①

2022年5月7日，北京市第二中级人民法院一审公开宣判被告人王某某受贿、非法获取国家秘密案，对王某某判处有期徒刑14年，并处罚金人民币100万元。王某某提出上诉。2022年6月20日，北京市高级人民法院对上诉人王某某受贿、非法获取国家秘密上诉一案依法公开宣判，驳回其上诉，维持原判。同日，北京市高级人民法院还对向王某某行贿的赵某某等人上诉案进行了宣判，均驳回上诉，维持原判。②

（二）一审后辩护律师的言论

王某某辩护人魏某某于一审宣判的次日发布《关于王某某一案的说明》（以下简称《说明》）称：其于2021年2月接受委托后，立即展开辩护工作，在庭前会议、对受贿罪进行的公开审理和对非法获取国家秘密罪进行的不公开审理等阶段都作了充分的辩护，庭后又务实沟通，竭力避免重判结果。

关于受贿罪，魏某某自称重点针对其中共同犯罪的1400万元部分展开辩论，其余部分则当庭劝王某某认罪悔罪，王某某当庭认罪、悔罪。法院仅接受其部分辩护意见，包括认定了自首情节、全部退赃、认罪悔罪等。关于非法获取国家秘密罪，魏某某称其从证据规则、犯罪构成、罪名认定、刑事责任、量刑处罚、司法改革和政策考量化七方面进行了充分的无罪和免刑的辩护，遗憾其辩护意见并未得到法院的采纳。

此外，魏某某称王某某在最后陈述阶段，进行了两小时的自我辩护和最后陈述，悔罪并表示对不起相关领导和与其朝夕相处的民一庭的同事们。

---

① 中央政法委牵头的联合调查组公布"凯奇莱案"卷宗丢失等问题调查结果［N］.人民日报，2019-2-23（7）.
② 王某某受贿、非法获取国家秘密案二审维持原判［N］.人民法院报，2022-6-20（4）.

魏某某表示，他在庭前会议之前曾竭力试图促成北京二分检和王某某达成新的认罪认罚协议而未能成功；庭审中也曾提出对该案程序性处理的建议方案；庭审后因预估很有可能判处无期徒刑，曾竭力劝告王某某"放弃不切实际的幻想"，但他提出的"避免无期、保住有期、争取10年（左右）"的"最现实的方案"和认罪认罚的"一揽子协议"新方案最终遭到王某某本人拒绝。魏某某称"他（王某某）自己有别的想法""我尽力了"。①

二、案例简评

（一）王某某视角：法官职业伦理问题

本案涉及的是法官对于忠诚、公正、廉洁等职业伦理原则和保密义务的违反。

王某某出于自己的私利和私愤，在承办案件期间窃取卷宗、在退出合议庭后偷拍已无权查阅的卷宗材料，又通过他人在网络上发布扭曲事实的所谓"黑幕"的信息，公然违反了司法公正的第一准则；也违反了作为法官的忠诚义务，利用互联网信息的快速传播，煽动人民群众对国家司法的怀疑和对立情绪，对最高人民法院的形象乃至于中国司法的形象都造成了恶劣的损害后果，这是对司法事业的严重背叛。此外，王某某多次与案件当事人赵某某见面，违反了《法官职业道德基本准则》"不得违反规定与当事人或其他诉讼参与人进行不正当交往"的相关规定，违反了法官的廉洁义务，同时构成受贿罪。

从更具体的层面而言，王某某的行为严重违反了法官的保密义务。首先，王某某的行为泄露了国家秘密。经国家保密部门鉴定，由王某某泄露、通过网络传播的案卷材料内容涉及国家秘密；王某某拆散部分卷宗材料、退出合议庭后违规借阅并偷拍卷宗及将其交给知悉范围外的崔某某进行发布等行为，严重违反了《中华人民共和国保守国家秘密法》及《中华人民共和国刑法》的规定，不但违反了法官的职业伦理要求，同时构成犯罪。其次，王某某的行为同样涉及审判工作秘密的泄露。由王某某泄露的案卷材料和"披露黑幕"的"举报材料"属于审判工作秘密之列。王某某故意泄露审判工作秘密，既违反了《中华人民共和国法官法》等法律规定，同时也违背了法官职业伦理中的保密义务。最后，王某某的行为违背了由保密义务派生的从属义务，退出案件合议庭后与

---

① 魏某某. 王某某案辩护人魏某某律师关于王某某一案的说明［EB/OL］."法学阅读汇馆"微信公众号，2022-5-8.

案件当事人赵某某多次见面等行为，既有违法官廉洁义务的要求，同样也妨害其完善地履行保密义务。

（二）魏某某视角：律师职业伦理问题

魏某某作为王某某的辩护律师，在一审宣判后所发表的《说明》，违反了律师的保密义务和忠诚义务。

首先，作为辩护律师，魏某某理应遵循保密规则的要求。魏某某私自通过《说明》进行披露的言行，违背了作为辩护律师的保密义务。[①] 即使魏某某未必会在王某某提出上诉后继续担任其辩护律师，其行为违背保密义务的性质也不会得到改变。其次，魏某某发布《说明》中的部分内容，触及了不公开审理的内容，违反了《中华人民共和国刑事诉讼法》的有关规定。[②] 最后，魏某某在王某某案一审宣判的次日即发布《说明》，可能干扰案件的后续审理工作。[③] 此外，魏某某的言论也明显违背辩护律师对委托人的忠诚义务，实际上放弃了作为律师为委托人争取最大合法权益的努力。

本案反映了律师与委托人关系中的紧张一面。而委托人王某某曾任职于最高人民法院，同属法律人的职业背景和相似的专业知识储备，使魏某某失去了一般情况下作为辩护律师具有的信息优势，更加剧了二人之间的紧张关系。对此的启示是，律师与委托人之间的关系存在复杂性，必要的信赖关系是律师尽最大限度维护委托人合法利益的前提。而唯有律师严格遵守职业伦理的要求，充分发挥自己的专业技能方得以实现。

---

① 《中华人民共和国律师法》第三十八条："律师应当保守在执业活动中知悉的国家秘密、商业秘密，不得泄露当事人的隐私。律师对在执业活动中知悉的委托人和其他人不愿泄露的有关情况和信息，应当予以保密。但是，委托人或者其他人准备或者正在实施危害国家安全、公共安全以及严重危害他人人身安全的犯罪事实和信息除外。"

② 《中华人民共和国刑事诉讼法》第一百八十八条第一款："人民法院审判第一审案件应当公开进行。但是有关国家秘密或者个人隐私的案件，不公开审理；涉及商业秘密的案件，当事人申请不公开审理的，可以不公开审理。"最高人民法院《关于适用〈中华人民共和国刑事诉讼法〉的解释》第二百二十二条第二款："案件涉及国家秘密或者个人隐私的，不公开审理；涉及商业秘密，当事人提出申请，法庭可以决定不公开审理。"

③ 《中华人民共和国刑事诉讼法》第二百三十条："不服判决的上诉和抗诉的期限为十日，不服裁定的上诉和抗诉的期限为五日，从接到判决书、裁定书的第二日起算。"魏某某发布《说明》的时间为一审宣判的次日，尚在上诉期限内，事实上王某某后续也的确提出了上诉。

三、问题思考

（1）王某某作为法官，违反了哪些职业伦理规则？

（2）魏某某在一审后发布的《说明》，从律师职业伦理的角度来看是否适宜？

法官、检察官如何贯彻"有错必纠"？
——聂某某强奸杀人案于 21 年后改判无罪

一、案情介绍①

原审被告人聂某某，男，1974 年出生，初中文化，原河北省鹿泉区冶金机械厂工人。原审被告人王某某，男，1967 年出生，小学文化。

1994 年 8 月 10 日，石家庄市公安局郊区分局接报称：失踪人康某 1 的父亲康某 2 在孔寨村西北的玉米地杂草堆里发现了康某 1 的衣服，怀疑女儿已被杀害。侦查人员迅速赶到现场，因玉米地面积大，且天色渐黑，既没有找到尸体，也没有找到任何证据。第二天，公安人员和当地群众共百余，进行拉网式搜索，终于在新华路南 204 米、田间小路东 15 米的玉米地内发现了一具尸体，随后又在附近找到了自行车、钥匙、鞋子等物品。尸体已高度腐败，经康某 1 的家人辨认，确认为康某 1 之物。据此，侦查人员确定死者就是康某 1。

由于尸体已经高度腐败，法医检验尸体时没有提取到生物物证。但根据尸体的体位和衣着等情况，法医推断是强奸杀人，而死亡原因是凶手用衬衣缠绕被害人脖子勒颈窒息死亡。另外，根据尸体口鼻处腐败突出，法医推断其生前应有皮下出血，极有可能遭受过暴力袭击。根据尸体检验情况以及被害人家属报告的失踪时间，侦查人员确定案发时间是 8 月 5 日下午 5 点至 6 点。

侦查人员根据群众报告的线索于 1994 年 9 月 23 日抓捕聂某某，随后立即进行审讯。聂某某开始时不认罪，后来才认罪。10 月 1 日，聂某某被刑事拘留。10 月 9 日，聂某某被批准逮捕。

1995 年 3 月 3 日，石家庄市人民检察院就聂某某故意杀人、强奸妇女罪提起公诉。3 月 15 日，石家庄市中级人民法院一审认为：聂某某拦截强奸妇女，杀人灭口，手段残忍，情节和后果均特别严重，其行为已构成强奸妇女罪、故意杀人罪，以故意杀人罪判处被告人聂某某死刑，剥夺政治权利终身；以强奸

---

① 案情参见最高人民法院（2016）最高法刑再 3 号刑事判决书。

妇女罪判处其死刑，剥夺政治权利终身，决定执行死刑，剥夺政治权利终身。①一审宣判后，被告人聂某某、附带民事诉讼原告人康某 2 分别提出上诉，聂某某上诉提出，其年龄小，没有前科劣迹、系初犯，认罪态度好，一审量刑太重，请求从轻处罚。

1995 年 4 月 25 日，河北省高级人民法院二审判决认定的事实、证据与一审判决一致，认为聂某某所述认罪态度好属实，但其罪行严重，社会危害极大，不可以免除死刑，根据最高人民法院授权高级人民法院核准部分死刑案件的规定，核准聂某某死刑。4 月 27 日，聂某某被执行死刑。

2005 年 1 月，涉嫌犯故意杀人罪被河北省公安机关网上追逃的王某某，被河南省荥阳市公安机关抓获后自认系本案真凶。2007 年 5 月，申诉人张某某、聂某 1、聂某 2 向河北省高级人民法院和多个部门提出申诉，请求宣告聂某某无罪。

2007 年 3 月 12 日，邯郸市中级人民法院作出一审刑事判决，以故意杀人罪判处王某某死刑，剥夺政治权利终身；以强奸罪判处王某某有期徒刑 14 年，剥夺政治权利 5 年，决定对王某某执行死刑，剥夺政治权利终身。王某某不服，上诉至河北省高级人民法院。

2013 年 6 月 25 日和 7 月 10 日，河北省高院在邯郸市中院两次开庭审理王某某上诉案，控辩双方争论的焦点在于王某某是否系石家庄西郊玉米地案真凶。公诉方河北省人民检察院认为石家庄西郊玉米地强奸杀人案并非王某某所为，并出示了四组证据，理由主要有四：一是，当时被害人尸体身穿白色背心，脚穿尼龙袜，颈部压有玉米秸，拿开玉米秸后，可见一件花衬衣缠绕在颈部。王某某却供述，被害人全身赤裸，也没供述被害人颈部缠绕花衬衣。二是，被害人全身未发现骨折，被害人系窒息死亡。王某某却供述是先掐被害人脖子后踩胸腹致被害人当场死亡。如果被害人是被人踩死，尸体不可能没有骨折。三是，该案案发于 1994 年 8 月 5 日下午 5 时以后。被害人下午上班，5 点下班与同事一起洗澡后，骑车沿新华路至孔寨村之间的土路回家，途中经过案发地遇害。王某某却始终供述是在下午 2 时左右作案。四是，被害人身高 1.52 米，王某某却供述被害人身高和他差不多。王某某身高 1.72 米，比被害人高出 20 厘米。王某某辩护律师朱某某表示，王某某所供述的在石家庄市西郊强奸杀人案，是在没有外界信息来源的情况下作出的，王某某对犯罪现场的描述与现场勘查笔录高度吻合，关于公诉方提出的一些细节问题与王某某供述有出入，应考虑到事

---

① 参见河北省石家庄市中级人民法院（1995）石刑初字第 53 号刑事判决书。

件已过去 19 年，普通人记忆力有所衰退，不能苛求细节完全准确。王某某对该起事实的承认，是对国家和社会的贡献，属重大立功，应从轻处罚。

2013 年 9 月 22 日，河北省高级人民法院就王某某案作出二审刑事裁定：驳回上诉，维持原判，并依法报请最高人民法院核准。对于王某某主动供述自己是石家庄西郊玉米地奸杀案的凶手，二审不予认定。①

2014 年 12 月 4 日，根据河北省高级人民法院请求，最高人民法院指令山东省高级人民法院复查聂某某一案。山东省高级人民法院依法组成合议庭，进行全面审查后认为，原审判决缺少能够锁定聂某某作案的客观证据，在被告人作案时间、作案工具、被害人死因等方面存在重大疑问，不能排除他人作案的可能性，原审认定聂某某犯故意杀人罪、强奸妇女罪的证据不确实、不充分。建议最高人民法院启动审判监督程序重新审判。2016 年 6 月 6 日，最高人民法院定依法提审聂某某案，按照审判监督程序重新审判。②

再审期间，诉讼代理人李某某提出，原审认定聂某某强奸妇女、故意杀人的事实不清、证据不足，应当依法宣告聂某某无罪。主要理由是：（1）公安机关在没有掌握聂某某任何犯罪事实和犯罪线索的情况下，仅凭主观推断，就将骑一辆蓝色山地车的聂某某锁定为犯罪嫌疑人，对聂某某采取的监视居住，实际上是非法拘禁。（2）不能排除侦查人员采用刑讯逼供、指供、诱供方式收集聂某某有罪供述的可能性。（3）聂某某供述、证人证言和尸体检验报告均不能确定案发时间，被害人遇害时间不明，原审认定的聂某某作案时间事实不清。（4）原审认定的作案工具事实不清，物证彩色照片上的半袖上衣极大可能在原始案发现场并不存在，是侦查人员为印证聂某某供述的作案工具而编造出来的物证。（5）现场勘查笔录无见证人参与，不符合法律规定；尸体检验报告结论不具有科学性，真实性、合法性存疑，原审认定被害人系窒息死亡的证据不确实、不充分。（6）聂某某 1994 年 9 月 23 日至 9 月 27 日的供述材料以及聂某某的考勤表缺失，原办案人员的解释不合理，不排除公安机关隐匿了对聂某某有利的证据。（7）证人余某某后来证明，被害人尸体被发现后公安机关立即展开调查，并形成了调查材料，但原审卷宗中余某某等人的多份初始证言缺失，去向不明，这些证言可能对聂某某有利。（8）现有卷宗中存在签字造假等问题，不排除伪造或变造案卷的可能。（9）被害人落在案发现场的一串钥匙是本案中具有唯一性和排他性的隐蔽细节，聂某某始终没有供出，使其所供作案过

① 参见河北省高级人民法院（1995）冀刑一终字第 129 号刑事判决书。
② 参见最高人民法院（2016）最高法刑申 188 号刑事决定书。

程真实性受到严重影响。(10) 王某某异地归案后即主动交代了石家庄西郊玉米地强奸、杀人的犯罪事实，特别是供述出案发现场所留的一串钥匙，且其供述的作案时间、作案地点、作案过程以及抛埋衣物地点等都与本案情况相符，王某某的供述应视为本案出现了新证据，其作案的可能性远远大于聂某某。李某某还提交了聂某某的同学聂某某、件某1、件某2的证言，以证明聂某某胆小、性格内向，思想比较保守，家庭经济状况较好，平时没有偷窃、打架等不良行为。

2016年11月26日，最高人民检察院向最高人民法院提交书面意见提出，原审判决采信的证据中，直接证据只有聂某某的有罪供述，现场勘查笔录、尸体检验报告、物证及证人证言等证据均为间接证据，仅能证明被害人康某1死亡的事实，单纯依靠间接证据不能证实康某1死亡与聂某某有关，而聂某某有罪供述的真实性、合法性存疑，不能排除他人作案可能。原审判决认定事实不清、证据不足，依据现有证据不能认定聂某某实施了故意杀人、强奸妇女的行为，应当依法宣告聂某某无罪。主要理由是：(1) 被害人死亡原因不具有确定性，原审判决所采信的尸体检验报告证明力不足。(2) 作案工具来源不清，原审判决认定花上衣系作案工具存在重大疑问。(3) 聂某某始终未供述出被害人携带钥匙的情节。(4) 原审判决所采信的指认笔录和辨认笔录存在重大瑕疵，不具有证明力。(5) 证实聂某某实施强奸的证据严重不足。(6) 聂某某供述的真实性、合法性存在疑问。应当依法改判聂某某无罪。

经最高人民法院再审查明：原审认定原审被告人聂某某于1994年8月5日下午5时许，骑自行车尾随下班的康某1，将其别倒拖至玉米地内打昏后强奸，而后用随身携带的花上衣猛勒其颈部，致其窒息死亡。这一认定事实不清、证据不足，不予确认。

最高人民法院认为，原审认定原审被告人聂某某犯故意杀人罪、强奸妇女罪的主要依据是聂某某的有罪供述，以及聂某某的有罪供述与在案其他证据印证一致。但综观全案，本案缺乏能够锁定聂某某作案的客观证据，聂某某作案时间不能确认，作案工具花上衣的来源不能确认，被害人死亡时间和死亡原因不能确认；聂某某被抓获之后前5天讯问笔录缺失，案发之后前50天内多名重要证人询问笔录缺失，重要原始书证考勤表缺失；聂某某有罪供述的真实性、合法性存疑，有罪供述与在卷其他证据供证一致的真实性、可靠性存疑，本案是否另有他人作案存疑；原判据以定案的证据没有形成完整锁链，没有达到证据确实、充分的法定证明标准，也没有达到基本事实清楚、基本证据确凿的定罪要求。原审认定聂某某犯故意杀人罪、强奸妇女罪的事实不清、证据不足。

2016 年 11 月 30 日，最高人民法院依法撤销原判，认定原审被告人聂某某无罪。

2020 年 7 月 28 日，最高人民法院以案件出现新的证据为由，不核准王某某死刑，发回邯郸市中级人民法院重新审判。2020 年 11 月 24 日，邯郸市中级人民法院作出刑事附带民事判决，仍未认定石家庄西郊玉米地康某 1 被强奸杀害案系王某某所为，后原审被告人王某某、原审附带民事诉讼原告人王某甲均不服，分别提起上诉。河北省高级人民法院经审理后认为，公诉方所提王某某供述与该案现场勘查、尸检报告、证人证言等证据证实被害人颈部缠绕物、身高等关键情节上存在重大差异属实，公诉方所提该案不是王某某所为的理由应予支持。2020 年 12 月 21 日，最终驳回上诉，全案维持原判。①

二、案例简评

（一）聂某某改判案：法官、检察官职业伦理

从 1994 年核准死刑，到 2005 年"自认真凶"出现，从 2014 年最高人民法院指定复查到 2016 年提审改判，聂某某案纠正过程十分艰辛，但最高人民法院、最高人民检察院始终将公正摆在首要位置，排除各种困难，坚持查明真相，让聂某某沉冤昭雪，所以改判主要体现出法官、检察官对忠诚、公正职业伦理的坚守，切实践行以人民为中心的司法理念。具体而言，一是坚持人权保障理念，二是坚持程序公正理念，三是坚持证据裁判理念。

（二）王某某案：检察官、律师职业伦理

王某某故意杀人、强奸上诉案庭审之际，出现了法律人称之为"奇案""中国诉讼史上罕见"的一幕：律师在法庭上据理力争要求追究被告人未被追究的犯罪，而检察官却力证被告人并非真凶。此案检察官与律师的角色"互换"，是否说明检察官与律师违反了相应的职业道德呢？

细细分析，本案检察官严格坚持证据裁判规则，客观公正地全面审查案件，既审查被告人有罪、罪重的证据，也审查被告人无罪、罪轻的证据，所以，检察官的行为并未违反相应的职业伦理要求。反观辩护律师朱某某，其认定王某某为聂某某案真凶，作出对被告人不利的辩护，违背了辩护律师的职责。

---

① 参见最高人民法院（2016）最高法刑再 3 号刑事判决书。

三、问题思考

（1）聂某某案的改判历程体现出法官、检察官对哪些职业伦理的坚守？

（2）从检察官与律师的职业伦理角度，如何看待王某某案中检察官与律师角色的"互换"？

学者评论司法判决的界限在何处？
——教授刊文"骂法官"事件

一、案情介绍①

2015 年 7 月，武汉大学法学院教授、民法学者孟某某在当年第 4 期《法学评论》上发表了一篇名为《法官自由心证必须受成文法规则的约束——最高法院（2013）民申字第 820 号民事裁判书研读》（以下简称《裁判书研读》）的论文。②

该文评论的"最高法院（2013）民申字第 820 号民事裁判书"的案情内容如下：

原告商某曾在某化工厂（被告）工作。因贡献突出，商某在该化工厂股份制改革后获得 620 股优待股。同时，该化工厂向厂内外人员发行现金股。商某以自有资金和高利贷款向该化工厂借款 18 万元购买了 1965 股现金股。因此商某拢共拥有该化工厂 2585 股股票。后商某与该化工厂的借用协议终止（商某是借用人员），到浙江大学读博并留校任教。在此期间，化工厂（被告）回购了原告商某 1375 股的现金股。争议点之一是，离厂后的商某是否还拥有 620 股优待股和 590 股现金股？原告商某认为有，而被告化工厂认为 620 股优待股因商某离厂而终止，590 股现金股则依据前高利贷借款协议抵扣了商某应返还红利之债。

从学术研究的角度看，孟某某在这 16000 余字的文章中，从"举证责任分配""证据法规则""法官自由裁量权"三个角度分析了该份判决书的内容及相关案情。

第一，在"举证责任分配"上，孟某某将浙江省高级人民法院和最高人民法院认可了被告的主张，以商某"1998 年（化工厂回购商某 1375 股现金股时间）之后长达 10 年时间里未主张剩余 1210 股的红利"推定出商某已不拥有剩余的 1210 股。孟某某认为这应当是无端强加额外的举证责任给商某以否定商某

---

① 事件基本情况参见祁彪. 一篇论文引发的职业伦理思考 [J]. 民主与法制，2015（27）.
② 孟某某. 法官自由心证必须受成文法规则的约束——最高人民法院（2013）民申字第 820 号民事裁判书研读 [J]. 法学评论，2015（4）：144-152.

的 1210 股权利，完全违背程序法和实体法常识与规则。

第二，在"证据法规则"上，孟某某认为本案中，认定商某剩余的 1210 股已被终止和抵扣的书面"证据"只有三个：章程（草案）、借贷协议和 1375 股分红单。这三份"证据"的真实性没有争议，绝大部分内容的合法性也没有争议，问题出在证据的相关性上。孟某某认为：（1）该章程（草案）只是草案，没有政府正式批复也不见股东大会正式通过。（2）被告以贷款协议第九条作为主要证据："未经董事会批准不得擅离本厂，不准到其他企业兼职，不准办私人企业或与他人合股办企业，否则由此项借款所购股份所分得的红利无偿缴还企业。"孟某某认为被告不符合"可构成擅自离厂的三种情形"，就算满足，该协议也只是要求"偿还红利"而未要求"以股抵债"。（3）1375 股分红单本身只能证明商某领取了被回购的 1375 股的 1997 年的红利，至于什么原因使之然，没有其他的证据是无法作出判断的。

第三，在"法官自由裁量权"上，孟某某认为法官在本案中突破了法官使用自由裁量权的底线和规则。在上述"举证责任分配"和"证据法规则"中不客观不忠实地遵守明线规则，在没有证据之处又自行"滥用情理常理"推论。

以上是孟某某在其文章中对该案裁判提出的学术性疑问。然而，在表达这些学术性观点时，孟某某使用了以下字词："三级裁判的……严重缺陷""法官滥用""裁判结果的无理和不公""司法不公""中国民事审判的任性""裁判及其理由……对中国民事审判的现行规则和法理常识具有颠覆性的意义""法官漫无边际的自由心证""中国民事审判或将进入法官自由心证不受成文法规则拘束的时代""这是无端强加""有什么法律保障可言？""随意提交了三份风马牛不相及的书证……居然得到了三级法院的认可""仿佛枉法裁判该由平民百姓侦查似的""认定的案件事实必然是混乱的、变形的或者虚假的""案件事实颠倒黑白""裁判文字冗长""本案裁判……实在荒谬至极""本案裁判……实属断章取义，违背文义解释的常识""本案裁判……不能不说是荒唐至极""一审被告所言……所言显属指鹿为马""本案裁判……就法律专业水准而言，令人难以置信""根本轮不上本案法官们以所谓情理、常理推论和认定案件事实""本案法官们不顾文义，公然曲解证据及证明力，违背'遵循法官职业道德'的法定要求""商某……（难道是）一个不会算账的白痴？""本案裁判……为本案法官们强词夺理，完全违背司法裁判应有的情理常理""这一结果极不公平，极不正义""这一结果毫无理性良心可言""本案法官们就没有听到理性良心的责备吗？""本案法官们理性良心逐渐消退……法官不敢或不愿曲解……文义，只能巧言令色；最高法院法官位高胆大，不怕世人查阅……公然曲解""本案法官们绞尽脑汁直至不顾原文曲解借贷协议""足以让本案裁判载入司法不公的史册"等。

以上用词都直白地表达了孟某某对该案的倾向与态度，这在通常的学术论文里是罕见的。同年 8 月 3 日，法律博客知名博主 P 某针对孟某某的《裁判书研读》，发表博文《法学教授的愤怒与批评法官的尺度》。在这篇博文中，P 某认为孟某某的《裁判书研读》"绝不仅仅是'研读'，而应该叫'批判'，或者叫'批评'，而且批评、批判的对象并不仅限于案件本身，相当多的消极评价针对的是办理此案的各级法院的法官，言辞之激烈，情绪之愤懑，让我始料未及"。在博文最末，P 某表示：

> 这篇文章缺乏一篇学术论文的理性、严肃性与中立性，而更像是一份代理词、法律意见甚至是控诉书。我也不明白享有盛誉的《法学评论》刊载此文的目的是什么，而且对文中显而易见的错误（笔误）也不校正：最高院制作的本案文书应该是"民事裁定书"，孟教授在题目里写成"民事裁判书"是任性还是笔误？文章开头将案号写成"民审字"是个纯粹的笔误，应该是"民申字"。但是设想这些错误如果是最高人民法院犯的，必然会被斥责为天下奇闻，并引起舆论哗然。但在一篇法学学术论文中，这些似乎都不值一提。

随后，更大范围的舆论关注了孟某某及其文章事件，此时舆论明显分成了两派。根据博文下的评论，"倒孟派"尖锐地批评法学学者面对个案审判和对待法院、法官的傲慢态度；而"挺孟派"则认为，P 某的博文在言辞激烈、情绪激动上，较其批评对象《裁判书研读》有过之而无不及，这或许也反映了作者对原文观点批驳的无能。

8 月 4 日，最高人民法院一名法官在公众号中撰文表示，孟某某其实是《裁判书研读》案例败诉方的代理人，孟某某的撰文动机因此受到了质疑。

8 月 5 日、6 日，接连有著名法官、检察官发文批评孟某某。同时一些学者和律师也加入论战，发表对于此事的看法。如 8 月 7 日，北京理工大学法学院一名教授发表博文《教授骂法官，一点也不怪》，提出希望关注点回归案例本身，与此同时，司法机关也应平常地看待批评。同时，他在博文中附上了署名《法学评论》主编的一份声明：

> 孟文最初注明了他作为案件代理人的身份，本刊考虑注明身份可能有碍于读者对文章所讨论问题的理性思考，而陷入情绪化对待，故在编辑时作了技术性删除；本刊用稿方针乃是严格遵循用稿程序及考量文章品质以文取文

而非以人取文，虽作者与刊物同属一校，但并未因此而破坏用稿规范。

8月10日，孟某某撰文回应：

> 以案论道的范式不是我发明的，专利属于民法学大家梁某某教授；我的论文没有骂法官，而且没有理由也没胆量骂法官；《法学评论》用稿无丝毫不当，不是我的共犯更不是主犯；我为浙大博导商某教授提供一二审无偿代理，这让围殴党见笑了。①

在论战过程中，不乏法学学者等法律人，表达了对于学者与法官之间加重立场对立的焦虑，或是对于法律人未能将自诩的"理性"坚持贯彻的失望。

8月9日，作为这一事件的尾声，最高人民法院法官何某在其公众号再度发文。在这篇名为《我们沉默，是因为我们遵守规则一文》的文章中，他写道：

> 鉴于孟某某老师文中涉及的当事人商先生声明不服最高法院驳回申请再审裁定，已申请检察院抗诉，为避免影响当事人依法行使权利，建议法院同仁不再在公开平台上讨论此案。之前有同仁基于公义，撰文讨论，已坦陈基本立场，这里不再赘述。此事由学术伦理而起，话题不宜过度延伸，更与学者言论自由无涉，是是非非，敬请学界自辨。感谢……诸教授发表的意见！唯愿这一事件，对于推动完善中国学术伦理、完善期刊用稿规则和利益申报机制，都能有所助益。

与这名法官提到的学术伦理相似，8月12日，北京C律师事务所律师吕某某撰写《我们终将接受现实的拷问与历史的裁判——孟某某教授论文事件评述》一文，从法官、律师、教授三者的职业伦理出发，回顾了整场论争。其中，吕某某一方面肯定了学者、教授批判法官、裁决具有不言自明的正当性，另一方面，也赞成其应受到限制或自我节制：其一，与所评判对象原则上存在利害关系时，尤其是担任相关案件的代理人、辩护人时，应当限制自身批判权利的使用；其二，"体制内公共资源"不得用于帮助评判。他认为："无论法官、教授或是律师、公众，往往都本能地试图将自己视作最后、最高、最智慧、最公允的裁决者——但实际上，我们每一个人的言行都终将接受现实的拷问与历史的裁判。"

---

① 孟某某. 孟某某关于"孟某某教授骂法官事件"的第一次供述 [EB/OL]. 智合法律新媒体，2015-8-9. 原文已删除；转载自"法律共同体论坛"微信公众号，2015-8-14.

二、案例简评

根据《中华人民共和国宪法》第三十五条规定，中华人民共和国公民有言论、出版、集会、结社、游行、示威的自由。本事件中的言论主要是针对司法裁判与法官本人，对于司法裁判，引用宪法对言论自由的保护是合理的，对其进行的评论应当被允许。

具体在本事件中，教授孟某某评论司法判决的内容可以大致分为两部分，一部分为学理的，一部分显然为非学理的。尽管后者也是由于前者在推理过程中出现了矛盾才招致的结果，但的确两者存在不同。一个较大且显著的不同即是前者基本是针对案件本身，后者基本针对法官本人。

对于前者，作为公开性评价的正当性似乎是不容置疑的。不仅为了上文保障言论自由的需求，也是公众有权对司法进行有效监督之所需，尤其是学者对终审司法裁判的评论，包括批判性的评论，既是基于学术自由所赋予的一项重要权利，也是推动司法判例学理研究、法律制度不断进步的一个重要方途。①

对于后者，作为公开性评价的正当性则被诟病。一方面出于对法官个人名誉权存在的可能性侵犯，另一方面，现行司法模式中，法官、法庭与审判结果、司法体系很难严格区分。事实上，从孟某某的文章中非学理性质的讨论中也可以看到，"裁判不公"和"法官无能、无良"是此起彼伏式地出现的。针对法官和"司法不公"等没有带有足够理由论证的抨击，可能会影响司法权威的地位，可能破坏人民对司法公正的信任。

至于孟某某的"败诉方代理人"身份带来的尴尬倒不应当是"学者评论案例"的重点，事实上，学者亲身积极参与实践随后应用于学术是常态且应当被鼓励。引起争论的爆点在于孟某某的文章夹带情绪化字眼。当事件发酵到参与讨论的多数人都只关心孟某某的"情绪"而不关心占据其文章大篇幅的"学理"讨论时，学者试图传播知识、辩论真理的目的则完全失败了。

三、问题思考

教授或学者是否可以评论司法判决？评论的界限在哪里？

---

① 林来梵. 批评法官应受何种学术规范约束［EB/OL］. 中华人民共和国最高人民检察院官网，2015-8-11.

多种法律职业的伦理如何在冲突中达成平衡？
——小说《全面披露》中的控辩角力

一、背景介绍①

《全面披露》是加拿大首位女性首席大法官贝弗莉·麦嘉琳（Beverley McLachlin）创作的推理小说。全书以温哥华的司法制度为背景，通过刑事辩护女律师吉莉·特鲁伊特（Jilly Truitt）的视角来讲述其代理的刑事案件的始末。

主角吉莉·特鲁伊特是一个命运坎坷的土著孤儿，她的童年并不幸运，曾经出于种种原因更换过数个寄养家庭，因此饱受抑郁的困扰。她的求学之路也并不平坦，学习期间也设想过从法学院退学，从此流落街头。但在恋人、养父母和良师益友的指引下，吉莉·特鲁伊特逐渐成长为一个著名的辩护律师，其认为在法庭上救赎那些无辜或迷失的灵魂可以找到自己人生的意义。

案件的起因是富商文森特·特鲁萨尔迪（Vincent Trussardi）的妻子劳拉（Laura Trussardi）在家中卧室被枪杀而亡，凶器即原本保存在卧室保险柜的枪，但是警察到现场后却发现这支枪已经不翼而飞。警方经过初步排查认定其丈夫文森特·特鲁萨尔迪为犯罪嫌疑人。为了应对庭审，文森特·特鲁萨尔迪选择著名的刑辩律师吉莉·特鲁伊特作为其辩护人，而该案的检察官塞·肯奇（Cy Kenge）恰巧与吉莉·特鲁伊特有着复杂的交集，塞·肯奇不仅是吉莉·特鲁伊特在法学院时的恩师，同时也是工作之后的好朋友。恰巧的是，他们同时也是另一个案件达蒙·切斯基（Damon Cheskey）枪击案的对手。达蒙是一个年轻的贩毒者，因为误入毒枭凯伦控制的地盘上贩卖毒品而受到攻击，他为了自卫连开五枪杀害了凯伦的手下利珀特。在案件中，吉莉·特鲁伊特是达蒙的辩护律师，而塞·肯奇是该案的检察官。为了将达蒙从其悲惨的人生和枪击案的黑暗之境中拯救出来，吉莉·特鲁伊特用其高超的辩护技巧强调案件中存在合理怀疑，从而成功说服陪审团成员，为达蒙争取到了无罪裁定，吉莉·特鲁伊特后来还雇用其成为律所的一员。

---

① 参见［加拿大］麦嘉琳. 全面披露［M］. 陈新宇，译. 南京：译林出版社，2022.

　　但是对于是否要接受文森特·特鲁萨尔迪的邀请担任其辩护律师，吉莉·特鲁伊特身边的亲人朋友和同事出于各种原因都提出了反对，她的男友迈克·圣约翰（Michael St. John）、社工伊迪丝·霍尔（Edith Hole）、养父母以及在律所的工作伙伴都劝告吉莉·特鲁伊特退出特鲁萨尔迪案的代理，但吉莉·特鲁伊特认为这个案件事关她对正义和事业的追求，也为了进一步证明自己，因此她坚决接下这个在大家看来或许是她职业生涯中面临的最大挑战。在接下这个案子后，她接连遭受各种打击，男友迈克（劳拉的表弟）和她走向分手，她的社工伊迪丝陷入困扰并下落不明，自己也因为在案中发生的各种事情大病了一场，而且也不断被跟踪和接到半夜的骚扰电话。

　　但是这些遭遇并没有打倒吉莉，反而促使她坚定地走下去，继续挖掘更多案件背后的细节和事实。随着案件的推进，特鲁萨尔迪案的情况被一步步披露，更多细节不断浮出水面。通过调查发现了大量与案件有关的事实：嫌疑人特鲁萨尔迪在案发当天外出航海，但是并没有足够的证人和证据来证实，因此该事实的证据有限；被害人劳拉和案件发生时房屋的建筑师特雷弗·肖尔（Trevor Shore）有过婚外情，但是在调查特雷弗·肖尔的过程中却发现他已经死在巴西；枪击案中的主角达蒙也和案件有关，调查后发现一个吸毒的男孩经常出现在房子的周围，而这个男孩就是达蒙且达蒙也承认了这件事情，他承认有好几次给劳拉送过毒品并看见过特鲁萨尔迪打开保险柜把枪拿出来，而且案发的时候他就在现场但是对于真凶提供不了直接证据；特鲁萨尔迪有个姐姐拉奎拉（Raquella Trussardi），拉奎拉讨厌特鲁萨尔迪，因为特鲁萨尔迪继承了家族事业，但是拉奎拉同时和劳拉的关系十分密切。

　　到了庭审现场，检察官塞·肯奇和辩护律师吉莉·特鲁伊特开始了真枪实弹的辩论，庭审的焦点在于检方要证明特鲁萨尔迪是真凶并且能够排除案件存在其他合理可能性，对于吉莉·特鲁伊特来说，她要做的就是否认检方排除了其他可能性，即对特鲁萨尔迪的定罪存在合理怀疑。在庭审中，吉莉·特鲁伊特强调检方的举证存在很多瑕疵，例如，警察在现场调查中忽视了很多细节，特别是对于案发现场的脚印没有进行全面调查；建筑师特雷弗·肖尔存在很大的嫌疑，而且在案发后客死巴西，但是警方却没有对其进行调查；在案发现场还有知道枪支位置的达蒙的存在。这些情况的存在都在一定程度上提出了合理怀疑。通过辩论，吉莉·特鲁伊特在一定程度上说服了陪审团，因此陪审团内部开始产生不同意见。但是庭审之后的走向却导致吉莉·特鲁伊特的努力最终付诸东流。特鲁萨尔迪在庭审发言中亲口说出了"是我杀了她"，尽管他想表达的意思是自己没有照顾好她，出海航行丢下她导致她被别人杀害，但是这个发言很大程度上改变了陪审团对案件的认知。另外，吉莉·特鲁伊特的对手塞·肯奇利用他们之间关系进行设计。塞·肯奇利用庭审前一次家庭聚餐的机会，让其妻子洛伊丝（Lois）在聚餐中不经意将一份不利于嫌疑人的报告透露给吉莉·特鲁伊特，导致这份报告满足了审前披露的要求最终被法庭承认。最终，这两个情况使得陪审团最终改变了对案件的看法，达成了一致的有罪裁定。

在裁决宣布的前一天晚上，故事迎来了高潮。特鲁萨尔迪向吉莉·特鲁伊特揭示了她的身世，原来吉莉·特鲁伊特其实就是特鲁萨尔迪的女儿。在知道自己身世后，吉莉·特鲁伊特将案件中发现的一连串线索联系起来还原出了案件真相：原来案件的真凶是特鲁萨尔迪的姐姐拉奎拉。由于劳拉的怀孕使得拉奎拉对其因爱生恨，她利用家中其他人均外出的周日在劳拉的晚餐中下了安眠药，然后进行了杀害。之后为了栽赃给特鲁萨尔迪、使自己成为家族事业的继承人，拉奎拉杀害了发现真相的建筑师肖尔，并不断恐吓和骚扰吉莉·特鲁伊特。

二、案例简评

（一）律师职业伦理的相关问题

在接受特鲁萨尔迪委托、担任辩护律师的全过程中，吉莉·特鲁伊特至少从以下四方面面临职业伦理问题：

其一，前委托人达蒙是本案检方申请的证人，且曾向吉莉·特鲁伊特披露他对本案被害人劳拉的迷恋（甚至曾有过跟踪行为），因此可能涉及利益冲突问题。根据美国律师协会《职业行为示范规则》1.9（a）的规定，律师与前委托人的代理关系结束后，可以代理不利于前委托人的案件，前提是前后案件之间不存在实质性关联（substantially related matter）。[①] 但由于达蒙符合本案凶手的部分条件，吉莉·特鲁伊特在可能提出达蒙作为新的嫌疑人，从而能为特鲁萨尔迪创设合理怀疑的情况下，还是自发疏远了达蒙，这也是吉莉·特鲁伊特遵守职业伦理的体现。

其二，被害人劳拉的情人特雷弗·肖尔曾与吉莉·特鲁伊特秘密会面，暗示

---

① Rule 1.9: Duties to Former Clients (a) A lawyer who has formerly represented a client in a matter shall not thereafter represent another person in the same or a substantially related matter in which that person's interests are materially adverse to the interests of the former client unless the former client gives informed consent, confirmed in writing. See ASA Model Rules of Professional Conduct.

吉莉·特鲁伊特杀害劳拉的凶手另有其人。吉莉·特鲁伊特未曾向警方披露这一部分信息，因此可能涉及保密规则带来的问题。吉莉·特鲁伊特与特雷弗·肖尔并非律师与委托人的关系，因此密探内容不受律师—委托人特权保护。小说中虽未就此产生进一步的情节发展，但可以推想，若法院要求吉莉·特鲁伊特对此次密谈予以披露，吉莉·特鲁伊特作为律师应当披露。

其三，委托人特鲁萨尔迪带来的职业伦理问题。鉴于吉莉·特鲁伊特获知二人的父女关系在后、接受委托开展辩护工作在前，因此书中多次谈及的"不得与委托人密切接触"等观点难以对此产生约束。但由于特鲁萨尔迪的过往风评和重大嫌疑，吉莉·特鲁伊特在担任辩护人的过程中，遭受了强烈的道德和舆论压力。此处也体现了法律世界与现实世界的差异和张力，"律师能否为坏人辩护"的伦理困境始终考验着律师这一职业群体的专业素养。

其四，检察官塞·肯奇与吉莉·特鲁伊特亦师亦友的私交，使吉莉·特鲁伊特面临本案中最严峻的挑战之一。二人的关系虽未到必须回避的程度，但作为案件的律师和检察官，在案件审理期间，二人本应保持一定的距离。吉莉·特鲁伊特未能严格执行，因此在家庭聚会上无意中接受了来自塞·肯奇妻子的信息，导致一份不利于委托人的报告在她未能意识到的情况下履行了审前披露的程序。从职业伦理的角度予以考察，吉莉·特鲁伊特在处理辩护律师与检察官关系时存在过失。

(二) 检察官职业伦理的相关问题

本案的检察官塞·肯奇，利用妻子在家庭聚会上向不设防的吉莉·特鲁伊特传递消息，以一种暗度陈仓的方式完成了审前披露程序，这一行为值得从职业伦理的角度予以分析。塞·肯奇德高望重、疾恶如仇，是一位备受敬仰的法律人。但在本案中，他过度追求将被告定罪，主动逾越了检察官与辩护律师间关系的分寸，并以一种"擦边球"的方式为对手设置陷阱，在履行披露程序时，其实也实质性地逃避了披露义务。因为过度追求定罪的结果，塞·肯奇无疑轻忽了对法庭的义务，一定程度上违背了维护裁判公正的职业伦理要求。但恰恰是对公正的坚守，而非一案的胜负，才是检察官职业伦理的核心要求。

三、问题思考

(1) 辩护人吉莉·特鲁伊特面临哪些职业伦理问题？

(2) 检察官塞·肯奇面临哪些职业伦理问题？